# 내 몸이 불안을 말한다

# 내 몸이
# 불안을 말한다

엘런 보라 지음 | 신유희 옮김

몸으로 드러나는 마음의 징후에
귀 기울이고 대처하는 법

위즈덤하우스

엄마를 위해

# 들어가며

지금 우리는 정신 건강을 어떻게 바라보고 다룰 것인가와 관련하여 의미 있는 전환을 앞두고 있다. 지난 수십 년에 걸쳐 기능의학과 통합의학, 영양 정신의학, 심지어 사이키델릭psyche-delic(치료용 신경정신 약물 – 편집자) 치료법까지 등장하면서 정신 건강을 개선하는 길에 새로운 빛이 비쳤다. 이러한 학문들은 우리가 한때는 순전히 정신적인 것으로만 이해했던 사안들이 사실은 몸과 마음의 정교하고도 밀접한 상호작용의 결과로 볼 때 더 잘 이해할 수 있음을 입증해왔다.

홀리스틱holistic(병을 치료할 때 신체적 원인뿐 아니라 환경, 심리, 영양 등 한 개인의 삶에 영향을 줄 수 있는 모든 요소에 전체적으로 접근하는 관점 – 옮긴이) 정신과의사인 나는 환자의 생활 전반을 들여다본다. 어떤 음식을 먹는지부터 시작해서 수면 패턴은 어떤지, 인간관계에는 문제가 없는지, 어디에서 삶의 의미와 목적과 안식을 찾는지까지 전체적인 그림을 살핀다. 그 과정에서 나는 많은 이들을 괴롭히는 불안이 이제는 현대사회의 기본이 되어버린 습관, 예를 들면 만성적인 수면부족, 영양불량, 밤늦게까지 소셜 미디어를 강박적으로 확인하는 행위

등에서 비롯한 경우가 점점 증가하고 있음을 알아차렸다. 겨우 그런 것들이 우리 마음에 그토록 큰 영향을 미친다는 사실이 의아할 수도 있겠지만, 이들은 얼마든지 신체에 스트레스반응을 일으켜 코르티솔이나 아드레날린같이 뇌에 비상 신호를 전달하여 불안을 유발하는 호르몬을 분비하게 할 수 있다. 쉽게 말하면 신체적 건강이 곧 정신적 건강이다. 불안이란 과민한 감정이 뭔가 끔찍한 일이 생길 것 같다는 느낌으로 빠르게 악화하는 것을 가리키는데, 이러한 불안 역시 마음뿐만 아니라 신체에도 기인한다.

나는 이러한 패러다임 전환이 수십 년 전 프로작과 렉사프로 같은 항우울제의 일종인 선택적 세로토닌 재흡수 억제제selective serotonin reuptake inhibitors, SSRI가 처음 등장했을 때만큼이나 혁신적이라고 생각한다. 우울증과 불안장애 치료에 이러한 약물이 주로 사용되면서 정신질환에 대한 명확한 의학적 모델이 제시됐고 정신 건강을 바라보는 대중의 인식도 성숙했다. 수백 년 동안 이어진 오명과 수치의 시간 끝에 찾아온 이 같은 변화는 환자들에게 큰 위안을 안겨주었다. 그 사람이 이상하거나 나약해서 정신질환이 생기는 것이 아니라, 근본적으로 우리 뇌에서 일어나는 화학반응의 발현이라는 개념이 널리 퍼졌다. 그러나 몸과 마음 간의 심오한 연결고리를 더 잘 이해하게 된 지금, 약물 치료 외에도 정신 건강을 다루기 위해 탐구해야 할 여정이 아직 한참이나 남아 있다. 그리고 우리의 기분이 뇌만큼이나 신체에도 상당한 영향을 받는다는 것을 이해하면서,

인간의 불안이 기존에 알려진 것보다 훨씬 더 예방 가능한 문제라는 사실 또한 깨달았다. 즉 식단과 생활 방식에 비교적 간단한 변화를 주기만 해도 불필요한 스트레스반응을 피하고 불안을 중간에 저지할 수 있다.

물론 단순히 신체적 문제가 아닌 좀 더 깊은 불안도 존재하며, 이러한 유형의 우려와 불확실성에 대한 막연한 두려움은 그리 쉽게 다스릴 수 없다. 그러나 일단 신체적 원인이 만든 불안이라는 첫 번째 껍질을 벗겨내고 나면, 이처럼 좀 더 깊은 곳을 관통하는 고통에 다가가는 길도 훨씬 선명해진다는 것을 나는 여러 환자를 통해 확인했다. 자신의 마음속 깊숙이 자리 잡은 불안의 메시지를 알아차린 환자들은 종종 그것이 일이 됐든 사랑이 됐든 크게는 사회가 됐든, 어쨌든 자신의 삶에서 무언가가 흐트러졌음을 알리려고 내면의 지혜가 보내는 구조 신호임을 발견한다. 이러한 불안은 공동체나 자연과의 단절에 말을 걸기도 하고, 또 자기수용의 부족이나 우리 주변에서 일어나고 있는 참담한 불평등에 대한 예민한 의식을 암시하기도 한다. 이를 탐구하다 보면 자신의 깊은 내면에 묻혀 있던 진실을 마주하는데, 대개 이러한 깨달음은 심한 불안의 감정을 목적의식으로 바꿀 뿐 아니라 행동으로 옮기게 하는 기회를 제공한다.

이러한 의미에서 불안은, 그것이 생활 습관의 결과든 아니면 자신의 내면이 보내는 메시지든 상관없이 최종 진단이라기보다는 탐구의 시작에 가깝다. 즉 불안 자체는 문제가 아니며,

그저 우리 삶에서 다른 뭔가가 잘못됐음을 알리기 위해 우리 몸과 마음이 보내는 경고의 방식이다. 이는 우리의 몸, 마음, 생활, 또는 환경에서 뭔가 균형이 깨졌다는 증거이며, 우리는 호기심을 품고 다양한 시도를 함으로써 이러한 요소들을 다시 균형 잡힌 상태로 되돌리려고 노력할 수 있다. 앞으로 우리가 나아갈 길은 제일 먼저 그 근원이 일상적인 습관의 결과인지 아니면 좀 더 깊은 불안의 발현인지 아니면 둘 다인지를 파악하는 지점에서 시작된다.

솔직히 말하면 나도 이러한 과정을 거쳤다. 컬럼비아대학교 의학대학원과 마운트시나이병원에서 정신과 레지던트로 일하면서 나는 전혀 평온하지 않았다. 수련이 고되기도 했지만 내가 가진 정신적, 신체적 건강 문제가 상황을 더욱 악화했다. 감정적으로 힘들었을 뿐 아니라 소화, 호르몬, 염증 문제로도 고군분투했다. 주류의학만으로 이러한 문제들을 다루기 어렵다는 것을 이제는 잘 알지만, 그때는 그렇지 않았다.

내 몸과 생활에 균형을 되찾아오기까지 수년이 걸렸다. 레지던트 마지막 해에 나는 내 일에서 좀 더 의미를 찾고 싶었고 스스로를 치료할 길도 찾고 싶었다. 그래서 병원 근무 외에도 대안적 접근법들을 공부하기 시작했다. 야간 당직이 없는 날이면 침술 학교에 다녔고, 그러고 나서 브롱크스에 있는 중독 클리닉에서 환자들에게 침 놓는 일을 했다. 선택과목 시간에는 애리조나대학교 앤드루 웨일 센터Andrew Weil's center에서 통합의학 훈련을 이수했고, 뉴욕에 돌아와서는 통합의학 정신건강

내 몸이 불안을 말한다

의학과 전문의에게 멘토링을 받았다. 최면 치료사 밑에서 견습 생활을 했으며, 발리에서는 요가 강사가 되기 위한 집중교육 프로그램을 수강하고 아유르베다Ayurveda(인도의 전통 의학 – 옮긴이)를 처음 접하기도 했다. 그리고 마침내 기능의학을 연구하고 사이키델릭 의학과 그것이 정신건강의학에 미칠 수 있는 잠재적 영향을 탐구하는 쪽으로 넘어갔다.

만약 나를 위해 이처럼 특별한 시도를 해보지 않았더라면 불안을 치유하는 방식이 이토록 다양하다는 사실을 전혀 알지 못했을 것이다. 9년간 의학대학원, 연구 펠로십, 레지던트 생활을 했지만, 다른 문화와 전통에서 출발한 이런 대안적 접근 양식을 집중적으로 다루는 수업은 단 한 번도 보지 못했다. 그러나 대체의학 수련에 몰입하면서 내 의학적 관점이 대단히 중요한 방향으로 확장하고 있음을 느꼈다. 환자들이 더 나은 삶을 영위하도록 도울 길을 발견했을 뿐만 아니라 그렇게 배운 것들을 삶에 직접 적용함으로써 나 역시도 성인이 된 후 그 어느 때보다 건강해졌다. 기존 주류의학의 효과를 훨씬 뛰어넘는 듯한 장점들을 직접 경험했다. 그리고 이러한 깨달음은 정신 건강에 대한 다면적이고 전체론적인 접근으로 응집되어 환자들을 치료하는 데 쓰였으며 이 책 또한 그러한 내용을 담고 있다.

지난 10년간 나는 주변 환경과 불안의 정도가 각기 다른 환자들을 만나왔다. 그중 대부분은 일상적인 습관을 살펴보는 것만으로 크게 나아졌고, 이후 필요한 경우에는 감정적인 부분까지 좀 더 깊이 다루었다. 아주 약간의 도움만으로 좋아지는 사례도 많았는데, 오랫동안 불안과 소화불량, 원인 불명의 발진을 겪어온 스물다섯 살 여성 환자가 그랬다. 우리는 그녀의 식습관을 샅샅이 검토했고 염증을 일으킬 수 있는 음식을 파악하여 금지했다. 한 달 만에 그녀는 소화 기능을 되찾았고 발진이 사라졌으며 불안도 누그러졌다. 한편 정반대로, 수년간 내게 치료를 받았던 저넬Janelle이라는 여성은 조증 발작으로 원치 않게 병원에 입원했다가 30대 중반에 처음 나를 찾아왔다. 당시 그녀는 양극성장애(조울증) 진단을 받았고 많은 약물을 복용하고 있었다. 그러나 우리는 저넬이 양극성장애가 아닌, 하시모토 갑상샘염을 앓고 있다는 사실을 발견했다. 이는 자신의 면역체계가 갑상샘을 공격해서 조울증 증상과 비슷하게 우울 상태와 흥분한 불안 상태가 번갈아 나타나는 질병이다. 우리는 그녀의 갑상샘을 치료하기 위해 식단과 생활 방식을 바꾸는 데 집중했고 신경안정제를 서서히 줄여나갔다. 저넬의 불안은 눈에 띄게 감소했고 이후 다시는 조증 발작이 나타나지 않았다. 또 다른 사례로, 어린 시절 트라우마를 살펴보기 위해 치료를 시작한 청년이 있었다. 그러나 결국 우리는 그가 가진 예민함이라는 재능을 탐구하기로 했고 현재 그는 진로를 바꿔 다른 사람들이 트라우마를 극복하도록 돕는 일을 하고 있다. 이처럼 몸에서 시작된 불안과 삶의 나침반이 되어줄 불안을 구분함으로써 환자들은 좀 더 확장된 삶으로 나아갈 수 있다.

이 책은 불안을 완화하는 데 도움이 되는 현실적이고 실천 가능한 방법들을 제시한다. 정신 건강 관리는 접근하기도 어렵고 경제적으로도 부담이 된다는 점을 고려하여 최대한 주변에서 쉽게 활용할 수 있는 도구들을 제공하기 위해 최선을 다했다. 심각한 어려움을 겪고 있다면 당연히 정신 건강 전문의의 도움을 구하기를 권하지만, 내가 여기서 제시하는 방법의 상당수는 비용이 저렴하고 스스로(물론 전문의를 만나기로 했다면 그의 조언과 함께) 할 수 있는 것들이다. 그러나 당신이 할 수 있는 것이 많다고 해서 당신이 해야 하는 것도 많다는 뜻은 아니다. 그동안 내가 경험한 사례를 바탕으로 가장 효율적이고 효과적이라고 생각하는 방법들을 제시하지만, 그중에서 자신에게 잘 맞는다고 느끼는 방법을 고르는 것은 당신의 몫이다. 당신의 상황에서 가장 적절하고 제일 쉽고 편하게 실천할 수 있을 것 같은 방법은 무엇인가? 책을 읽다가 너무 부담스럽게 느껴지는 부분이 있다면 그냥 넘겨도 되고 그러다가 나중에 다시 돌아와서 읽어봐도 된다. 쉬워 보이는 것부터, 그런 게 없다면 적어도 내가 할 수 있을 듯한 것부터 시작해라. 하나씩 변화를 적용할 때마다 불안이 점점 완화될 것이며 그러면 그다음 변화를 도전하는 일도 좀 더 쉽게 느껴질 것이다. 쉽게 말해서 이 책은 뷔페와 같다. 먹고 싶은 것만 담아도 아무 상관 없다.

무엇보다 중요한 것은, 내 몸과 삶에서 균형이 깨진 부분을 살펴보라고 조언하는 편지처럼 불안을 받아들이는 태도다. 나는 불안이 전하려는 메시지를 당신이 좀 더 잘 이해하길 바라는 마음에서 이 책을 썼다. 물론 그 일이 단순하고 쉽지는 않을 것이다. 몸과 삶은 복잡하고, 변화는 어렵다. 그러나 이제는 정신 건강 문제를 개선하기 위해 그 어느 때보다 많은 기회가 널려 있다. 그중에서 당신도 치유와 행복으로 가는 길을 찾을 수 있기를 바란다.

# 차례

### 3부

## 진짜 불안을 경청하고 앞으로 나아가는 법

1부

모두 다 머릿속에서
일어나는 일은 아니다

# 1장
# 불안의 시대

계속해서 풀리지 않는 문제가 있다면,
질문이 잘못된 것은 아닌지 의심해봐야 한다.
─앨런 와츠Alan Watts, 《책: '나는 누구인가'를 안다는 금기에 대하여
The Book: On the Taboo against Knowing Who You Are》

정신 건강에 관한 한 현대사회는 세계적으로 전례 없는 위기에 처해 있다. 아홉 명 중 한 명꼴인 약 8억 명의 인구가 정신 건강 문제로 고통받고 있으며 그중에서도 가장 흔한 것이 바로 불안이다. 실제로 거의 3억 명에 달하는 사람들이 불안장애를 겪고 있다.[1] 미국은 세계에서 불안이 가장 높은 나라 중 하나로, 33.7퍼센트에 이르는 미국인이 살면서 적어도 한 번은 불안장애의 영향을 받는다고 한다.[2] 사실, 2008년부터 2018년까지 미국 내 불안장애 발생률은 약 30퍼센트 증가했으며, 특히 18~25세 청년층에서는 84퍼센트가 증가했다.[3] 최근 일어

난 코로나19 팬데믹이 이미 심각한 상황을 더욱 급격하게 악화시켰음은 두말할 것도 없다. 카이저 가족 재단Kaiser Family Foundation, KFF(미국의 비영리단체로, 의료 문제와 정책에 초점을 맞추고 있다 – 편집자) 소속 연구원들이 2019년과 2021년을 비교한 결과, 불안과 우울 증상을 호소하는 인구수가 무려 270퍼센트나 치솟았다고 한다.[4]

그러나 이러한 통계들은 암울한 현실을 반영하는 한편 우리에게 희망을 안겨주기도 한다. 우리가 지난 수십 년간 믿어온 것처럼 정신 건강 문제에서 유전의 영향이 지배적이라면 통계수치가 이토록 가파르게 치솟을 수 없기 때문이다. 우리 유전자는 최근의 폭발적인 불안 증가를 설명해줄 만큼 빠른 속도로 적응하지 못한다. 따라서 우리가 점점 더 심한 불안을 겪는 이유는 만성 스트레스, 염증, 사회적 고립 등과 같이 현대사회에서 새롭게 생겨난 압박과 환경에 노출됐기 때문이라고 보는 편이 타당하다. 그러니 다소 이상하게 들릴지 모르겠지만, 최근의 급격한 증가 추세는 사실 좋은 소식이다. 이러한 집단적 분위기를 되돌리기 위해 식단과 수면 습관 개선부터 핸드폰에 대한 집착 내려놓기까지 우리가 시도할 수 있는 간단한 변화들이 얼마든지 존재한다는 뜻이기 때문이다. 뇌에서 일어나는 불안뿐만 아니라 몸에서 시작되는 불안까지 아우르는 방향으로 이해의 폭을 넓히면 지금 당장 전 세계에 유행병처럼 번지고 있는 정신 건강 문제들을 좀 더 효과적으로 다룰 수 있을 것이다.

내 몸이 불안을 말한다

# 나는 지금 정말로 불안한 걸까?

기원전 45년부터 사람들은 불안의 존재를 인지했다. 로마 철학자 마르쿠스 툴리우스 키케로Marcus Tullius Cicero는 저서《투스쿨룸 대화Tusculan Disputations》에서 "괴로운 마음은 병든 신체와 비슷하므로 고통과 염려와 불안은 장애로 불린다"라고 썼다.[5] 그가 신체를 언급했다는 점이 상당히 흥미롭다. 이후 역사를 통틀어 불안은 아주 오랫동안 주로 마음의 문제로 여겨졌는데, 2000년이 지난 지금에야 다시 신체가 정신 건강을 결정하는 데 중요한 역할을 한다는 생각으로 돌아서고 있으니 말이다. 불안anxiety이라는 단어는 '수축하다, 죄다'라는 뜻을 가진 라틴어 단어 angor와 그 동사형 ango에서 유래했다. 실제로 성경에서 욥Job은 자신의 불안을 "내 영혼의 협소함"이라고 표현했다. 시간이 흐르면서 불안은 곧 들이닥칠 불운을 느끼는 감각, 또는 정신건강의학 역사를 연구했던 프랑스인 조제프 레비발렌시Joseph Lévy-Valensi가 "어둡고 고통스러운 기대감"이라고 표현한 것에 좀 더 가까워졌다.[6] 1952년에 발표된 DSM-1, 즉《정신장애 진단 및 통계 편람Diagnostic and Statistical Manual of Mental Disorders》제1판에서 불안장애가 소개된 이후로 점점 더 임상적인 의미를 띠게 되긴 했지만 어쨌든 이 같은 정의의 큰 틀은 근현대사 내내 거의 바뀌지 않았다. 가장 최신 버전인 DSM-5에서는 불안을 "미래의 위협에 대한 예측"이라고 쉽게 정의하면서도, 불안장애를 범불안장애, 사회불안장애, 공황장애, 강박장애, 외상후스트레스장애post-traumatic stress disorder, PTSD 등으로 세분화했다.[7] 현대 주류 정신건강의학은 이러한 분류를 활용해 불안장애를 치료한다.

그러나 나는 내 환자들의 불안에 그렇게 구체적인 이름을 붙이지 않는다. '불안'이라는 단어가 너무 모호하고 광범위하게 변질돼서 이제는 거의 모든 불편한 감정을 가리키는 말이 되어버렸다고 생각하는 사람들도 있지만, 그 단어가 실제보다 더 포괄적으로 쓰이는 것이 불가능하다고 생각한다. 제가 겪고 있는 불안의 정도를 병으로 봐도 될까요?라고 묻는다면, 나는 당신이 괴로움을 느낀다는 사실 자체가 유의미하다고 대답하고 싶다. 객관적으로 병원에서 치료받아야 할 수준인지를 고민하기보다는 본인이 주관적으로 느끼는 불편함을 더 신뢰하기를 바란다. 다년간 여러 환자를 통해 불안이 수없이 다양한 형태로 나타나는 것을 보면서 나는 불안의 증상이 매우 방대하고 끊임없이 변할 수 있다는 사실을 받아들이게 됐다. 어떤 환자들은 자신의 삶에 대체로 만족한다고 말한다. 행복하고 건강하며 자신을 믿고 응원해주는 사람들도 많다고 했다. 문제는 직장에서 압박을 받을 때면 온몸이 굳어버린다는 것이었다. 이를 '가면 증후군'이라고 진단하든 아니면 생각이 한꺼번에 너무 여러 방향으로 진행되는 것을 멈추지 못하기 때문이라고 해석하든, 어쨌든 그들에게 불안은 회사 생활을 방해하는 걸림돌이 된다. 그 밖에도 나는 사교활동에서만 불안을 느끼는 사람, 어떤 걱정이나 고민이 끊임없이 떠올라 한순간도 마음 편

내 몸이 불안을 말한다

히 있지 못하는 사람, 예고 없이 공황발작이 찾아오는 사람도 보았고, 어지럼증, 현기증, 가슴 답답함, 근육 긴장 등과 같이 신체적 증상만 느끼는 사람들도 만나봤다. 이 모든 형태의 감정은 전부 불안의 표현이라 보기에 타당했다.

그러나 내가 환자를 볼 때 진단 그 자체를 강조하지 않는 데에는 또 다른 중요한 이유가 있다. 구체적인 병명을 붙이는 순간, 골치 아픈 상황을 간단명료하게 설명함으로써 환자들을 즉각 안심시키는 데에는 도움이 될 수 있지만, 그 이름이 환자들을 제한적으로 정의하고 그들의 삶이 가진 서사에 깊이 개입할 수 있다는 사실을 깨달았기 때문이다. 환자들은 때때로 자신의 이야기를 진단 내용에 끼워 맞추기 시작한다. 훨씬 폭넓은 삶을 이끌 수 있는데도 자기 자신을 자꾸만 작게 만든다. 그래서 나는 환자들을 회복의 길로 안내하기에 앞서, 그 사람이 광장공포증을 가진 공황장애인지, 강박장애인지, 범불안장애인지를 구분하기보다는 각 환자의 구체적인 삶과 습관을 살펴보는 데에 더 많은 관심을 쏟는다.


## 불안은 나를 보호하고 움직이게 하는 원동력


그러나 불안이 환자의 몸을 통해 말하려는 것이 무엇인지를 명확히 하기 위해 내가 활용하는 구분법도 있다. 바로 가짜 불안과 진짜 불안이다. 이는 의학적 진단이라기보다는, 환자들이 느끼는 불편한 마음의 근원을 찾고 더 행복하고 편안해지는 데 필요한 조치를 한층 신속하게 파악하기 위해 내가 마련한 해석에 가깝다. 이 같은 개념에 처음으로 눈뜨게 해준 것은 영양요법의 선구자 줄리아 로스Julia Ross가 쓴 책《기분 치료The Mood Cure》였다. 로스는 인간이 진짜 감정과 가짜 기분을 갖고 있다고 설명했다. 진짜 감정은 갑자기 힘든 일이 일어났을 때 나타난다. 가족이 세상을 떠나면 비통에 잠기고, 직장을 잃으면 스트레스를 받고, 연인과 이별하면 마음이 아프고 하는 것들이 여기에 속한다. 이처럼 "우리가 살면서 현실적인 어려움을 마주했을 때 느끼는 진심 어린 감정은 견디기가 매우 힘들지만" "또한 꼭 필요한 것일 수 있다"라고 로스는 썼다.[8] 반면 가짜 기분은, 로스의 표현을 빌리면, 좀 더 "감정의 사기꾼"에 가깝다. 단지 평소와 다른 쪽 침대에서 일어났다는 이유로, 또는 그야말로 아무런 이유 없이 짜증이 나거나 슬프거나 화가 나거나 보통은 전혀 실수하지 않는 일에도 괜히 불안해하는 것이다. 이럴 때 우리 마음은 설명을 찾느라 바쁘다. 상사가 차가운 이메일을 보낸 걸 보니 내가 일을 잘 못하고 있나 봐. 아니면, 오래된 친구가 보낸 문자메시지에 찜찜한 구석이 있어. 그래서 내가 불안한 거야. 뇌는 이렇게 생각한다. 마음은 의미 부여하기 선수다. 점 두 개와 선 하나가 그려진 그림만 봐도 우리 마음은 거기서 얼굴을 찾는다. 아침밥을 챙겨 먹는 대신 숙취에 시달리며 차가운 커피를 마시면, 우리 마음은 직장에 뭔가 문제가 생겼거나 애인이 점점 멀어지고 있거나 세상이 끝나가고 있나

내 몸이 불안을 말한다

보다 하고 생각한다. 마음은 신체적 감각을 설명할 수 있는 이야기를 찾는 것을 좋아하기 때문이다. 이처럼 우리가 느끼는 걱정의 상당 부분은 인간의 마음이 자기 몸에 일어나고 있는 스트레스반응을 합리화하기 위한 것일 때가 많다.

로스의 패러다임은 불안에도 적용할 수 있다. 가짜 불안은 우리 몸이 신체적으로 불균형한 상태임을 주로 스트레스반응을 통해 알리는 것인 반면 진짜 불안은 삶에 대한 중요한 메시지를 전한다는 점에서 둘은 다르다. 가짜 불안의 경우, 스트레스반응이 일어나면 이는 우리 뇌에 뭔가가 잘못됐어 하는 신호를 보낸다. 그러면 뇌는 그 불편한 감정을 설명해줄 서사를 찾는다. 일 때문에, 건강 때문에, 세상 때문에 불안한 것이라고 이야기한다. 그러나 여기서 진실은 불편한 감정을 느끼는 뭔가가 존재한다는 사실뿐이다. 이 순간에 우리가 불안에 사로잡히는 이유는 사실 회사 일과는 아무런 관련이 없으며, 단순히 슈거 크래시sugar crash(당분이 높은 음식을 섭취한 후 시간이 흐르면 무력감과 피로감을 느끼는 현상 - 옮긴이)나 장 염증 같은 생리적 불균형 때문일 수 있다. 이런 의미에서 보면 불안의 상당수는 우리가 짐작하는 원인과 전혀 무관하다.

다만 한 가지 명확하게 짚고 넘어갈 것이 있다. 내가 이러한 감각을 가짜 불안이라 표현한다고 해서 그로 인한 고통이나 괴로움이 가짜라고 말하는 것은 아니다. 아무리 생리적 스트레스반응이 만들어낸 기분이라 해도 그 또한 지옥만큼 괴로울 수 있다. 가짜 불안이라는 용어는 그러한 기분과 경험을 부정하기 위한 것이 아니다. 단지 거기서 벗어날 수 있는 가장 빠르고 명확한 길을 알려면 가짜 불안을 파악하는 것이 중요하다는 뜻이다. 이러한 종류의 불안은 깊은 내면에 있는 중요한 무언가를 알리기보다는 몸에 대한 좀 더 단순한 메시지를 전한다. 그리고 자신이 생리적 스트레스반응으로 인한 불안을 경험하고 있다는 사실을 인지하면 식단을 바꾸거나 햇볕을 더 많이 쬐거나 수면 시간을 늘리는 등 신체적 차원에서 문제에 접근할 수 있다. 다시 말해 가짜 불안은 흔하게 일어나며 엄청난 괴로움을 안겨주지만, 대부분은 비교적 쉽게 피할 수 있다.

일단 우리가 느끼는 고통의 생리적 근원을 파악해 제거하고 나면 그다음에는 더 깊은 불안을, 마치 인생의 목표와 의미를 전부 잃어버린 것만 같은 기분인 진짜 불안을 좀 더 직접적으로 다룰 수 있다. 기본적으로 이러한 불안은 인간이라면 피할 수 없다. 어느 날 갑자기 내가 사랑하는 사람을 잃을 수 있으며, 나 또한 언젠가는 죽음을 맞이할 것이라는, 이 세상을 살아가는 인간이라면 누구나 갖는 선천적 취약성에서 비롯하는 것이기 때문이다. 19세기 덴마크의 실존주의 철학자 쇠렌 키르케고르Søren Kierkegaard는 불안을 "자유의 현기증"이라 묘사했다. 이러한 불안은 또한 여러 가지 면에서 우리를 안전하게 지켜준다. 결국 우리가 지금 여기 존재할 수 있는 것은 우리 조상들이 언제나 경계를 늦추지 않고 생존했기 때문이다. 이러한 불안은 우리가 자기 자신을 보호하고 끊임없이 움직이게 하는 원동력이 되어준다. 또 한편으로는 각자가 지닌 특별한 능력과 목적에 맞게 자신의 삶을 가꿀 수 있도록, 깊은 내면에 숨어 있는 직감과 지혜가 전하는 메시지를 담고 있을 때도 많다. 즉 불안은 본질적으로 우리 삶을 최대한 풍요롭게 채우는 방법을 알려주는 안내자다.

# 2장
# 피할 수 있는 불안

때로는 그저 지치고 당이 떨어져서 절망이 오는 것뿐이라고 지적한다 해서
그것이 인간 존재의 복잡성을 무시한다는 뜻은 아니다.
—알랭 드 보통Alain de Botton

불안을 느낄 때면, 세상 모든 것이 나를 힘들게 하는 쪽으로
움직이는 듯 느껴진다. 인간관계는 혼란스럽고, 일은 자꾸 쌓
이며, 세계는 어떤 재앙을 향해 돌진하는 것만 같다. 그러나 우
리가 불안이라 부르는, 이 피 말리는 기분과 두려운 생각 가운
데 상당수는 스트레스반응을 구성하는 단순 생리적 과정을 뇌
가 잘못 해석한 것일 때가 많다. 그런데도 기존 정신건강의학
분야에서는 뇌 내 화학물질에 작용하는 약물, 환자의 생각과
행동을 표적으로 하는 치료법 등을 이용하여 순전히 마음을
다루는 방식으로만 정신 건강 문제에 접근해왔다. 그 결과 정

신과의사들은 대부분 은연중에 기존 정신과의 영역을 넘지 않도록, 환자의 신체적 문제에는 관여하지 않도록 학습되었다. 그러나 나는 몸을 통해 마음을 치유하는 방법이 매우 많은데도 이 같은 접근방식을 고수하는 것이 정신과의사들이 활용 가능한 치료법을 제한함으로써 이 분야의 발전을 막고 있다고 생각한다.

통합의학과 기능의학, 그리고 최근 떠오르고 있는 홀리스틱 정신건강의학의 부상과 함께 우리는 정신 건강 장애를 새롭게 이해하기 시작했다. 실제로, 정신 건강에 좀 더 홀리스틱한 접근을 시도하는 사례는 점점 증가해왔다(환자가 먼저 그러한 접근을 요구하는 사례는 말할 것도 없다). 예를 들어 2017년 오스트레일리아 디킨대학교Deakin University 영양 및 정신역학 부교수 펠리스 잭카Felice Jacka가 이끈, 일명 SMILES Supporting the Modification of lifestyle in Lowered Emotional States(생활 방식 개선을 통한 우울증 치료) 실험으로 알려진 연구에서는 중등도moderate 내지 중증severe 우울증을 앓고 있고 가공식품을 많이 먹는 환자들을 대상으로 식단 개선과 상담 치료의 효과를 비교했다. 그 결과 상담 치료를 받은 환자 중 8퍼센트가 우울증에 차도를 보인 반면, 식이 상담을 받은 환자들은 32퍼센트나 차도를 보였다.[1] 마찬가지로 다른 여러 연구에서도 (인도반도의 고대 약재로서 오랫동안 아유르베다에서 사용된) 강황이 염증을 줄이고 우울과 불안의 병리생리학에 관여하는 신경전달물질의 농도를 조절하는 효과가 있음을 확인했다.[2] (염증은 상처나 감염 같은 위협을 처리하기 위해 면역체계가 동원될 때 나타나며 우리 몸에 직접 전투 신호를 보낼 수 있는데, 이때 우리는 불안을 느낀다.) 따라서 뇌 내 화학물질과 생각 패턴이 불안을 일으킨다는 접근이 완전히 틀린 것은 아니지만 나는 그것들이 그저 '후속' 효과에 지나지 않을 때가 많다고 본다. 즉 신체 내 불균형으로 인한 결과로 뇌 내 화학물질에 변화가 일어나는 경우가 상당히 많다는 뜻이다. 이처럼 가짜 불안의 근원은 몸에 있으며, 따라서 마음뿐만 아니라 몸도 함께 다루어야 한다.

## 가짜 불안은 어디에서 비롯될까

주류 정신건강의학에서는 일반적으로 불안이 주로 유전으로 인한 뇌 내 화학물질의 불균형에서 기인한다고 이해한다. 그러나 불안을 일으키는 메커니즘에 대해 아직 합치된 의견은 없으며 세로토닌이라는 신경전달물질에만 일관되게 관심이 쏠려 있다. 하지만 또 다른 신경전달물질이자 중추신경계에서 주요 억제성 화학전달물질로 작용하는 감마아미노부티르산gamma-aminobutyric acid, GABA 또한 신경을 누그러뜨리는 데 필수적인 역할을 한다. 불안을 다스리기 위해 얼마나 중요한 물질인지 고려하면 GABA는 그 중요성에 비해 적어도 대중적으로는 충분히 주목받지 못하고 있다고 생각한다. GABA는 잔잔하고 편안한 기분을 유도하여 불안의 소용돌이를 막아준다. 우

30

리가 살면서 겪을 수 있는 가능한 모든 최악의 시나리오를 상상하기 시작할 때, GABA는 이렇게 속삭인다. 쉿, 걱정하지 마, 그런 일은 일어나지 않을 거야. 전부 다 잘될 거야. 그래서 주류 정신건강의학은 사람들이 불안을 느끼는 이유가 세로토닌 또는 GABA의 신호전달에 이상이 생겨서 이러한 신경전달물질이 사람들의 마음을 안심시켜주지 못하기 때문이라고 추론한다. 그렇지만 내 생각에 가짜 불안은 유전적 숙명보다는 (지속적인 항생제 처방부터 수많은 현대인이 겪고 있는 끊임없는 스트레스까지) 현대식 생활 방식이 가져온 환경적 요인에서 비롯된 측면이 더 큰 듯하다. 우리 몸에 가해지는 이러한 공격은 GABA 생산량을 줄이기도 하지만 (조금 후에 살펴볼 것과 같이) 몸이 뭔가 문제가 생겼다는 메시지를 여러 경로로 뇌에 전하게 하기도 한다. 이처럼 불안을 일으키는 주요 생리적 프로세스에는 두 가지가 있는데, 하나는 신경계가 위협을 감지했을 때 일어나는 스트레스반응이고 다른 하나는 장과 관련된 전신염증systemic inflammation이다.

## 우리를 괴롭히는 자극적인 음식,
## 끊임없는 알림, 수면부족

사람들은 흔히 스트레스반응이 나쁜 소식이나 물리적 위협 같은 외부 자극에 대한 반사적 반응이라고 생각하지만, 사실은 수면부족[3]이나 심지어 그냥 진한 커피 한 잔(인체의 주요 스트레스호르몬인 코르티솔 분비를 촉진할 수 있다[4])처럼 체내의 여러 불균형 상태 때문에도 일어날 수 있다. 그리 좋은 소식은 아닐지 몰라도 걱정할 필요는 없다. 이처럼 인체 내부의 원인으로 인한 스트레스와 불안은 예방 가능하기 때문이다. 위협적인 포식자의 등장과 같이 일상적으로 생명을 위협받는 상황에서 스스로를 지키기 위해 인류는 수백만 년에 걸쳐 진화를 거듭하면서 스트레스반응을 체내에 프로그램화했다. 이러한 반응은 현재 '투쟁-도피' 반응으로 흔히 알려진 일련의 호르몬 작용으로 시작된다. 위험을 직면했을 때 우리 몸은 즉각 맞서 싸우거나 아니면 도망가기에 알맞은 상태로 준비되어야 한다. 그러기 위해 인체는 소화기관이나 생식기 같은 곳으로 가야 할 혈액을 근육, 심장, 폐, 눈, 뇌로 보내서 더 힘껏 싸우고, 더 빨리 도망치고, 더 잘 보고, 여하튼 눈앞의 위협이 무엇이든 그것보다 더 나은 능력을 발휘할 수 있도록 한다. 스트레스반응은 에피네프린(아드레날린)과 노르에피네프린 같은 호르몬 분비를 통해 동공과 근육의 혈관을 확장하고 장과 피부의 혈관을 수축시킬 뿐만 아니라, 코르티솔을 분비하여 경계를 강화하게 하고 혈당을 동원하여 필요한 에너지를 만든다. 한편 대뇌변연계(뇌에서 생존에 필요한 행동과 감정, 기억을 처리하는 부분)에서는 편도체가 활성화되어 주변 상황을 더욱 위협적으로 느끼게 한다.

오늘날에도 인간은 스트레스에 대응하기 위해 동일한 생

내 몸이 불안을 말한다

리적 무기를 갖추고 있지만, 지금 우리가 맞서야 할 세계는 예전과 무척 다르다. 생사를 건 긴박한 위험보다는 자극적인 음식, 수면부족, 그리고 이메일이나 문자, 슬랙Slack(클라우드 기반의 협업용 커뮤니케이션 도구 - 옮긴이)으로 끊임없이 쏟아지는 메시지 등과 같이 정도는 약하나 만성적인 스트레스요인에 시달린다. 이러한 스트레스요인이 표범을 마주치는 것만큼 심각하진 않지만 어쨌든 이것들도 스트레스반응을 일으킨다. 인지한 위험이 크든 작든 상관없이 우리 몸은 위협에 맞설 준비를 한다. 따라서 사람들 대부분이 (우리 몸에서 흔히 스트레스반응을 촉발하는) 현대식 식단과 습관으로 인해 거의 항상 무언가에 포위당한 기분으로 살아가는 셈이다. 단것을 먹은 후에 혈당이 뚝 떨어진다? 우리 몸은 이를 생존에 대한 가벼운 위협으로 해석한다. 핸드폰을 보느라 늦게까지 깨어 있다? 우리 몸은 이를 위험에 둘러싸인 것처럼 느낀다. 수면부족, 소화 못 하는 음식을 먹어서 생기는 만성염증, 트위터에 올라오는 갖가지 글들, 이런 것들이 전부 신체의 관점에서는 주변 환경이 안전하지 않다는 지표로 해석된다. 그래서 우리 몸은 스트레스호르몬을 분비하고, 이 보이지 않는 화학적 작용은 곧 가짜 불안의 감정과 감각으로 나타난다.

이 같은 반응은 대체로 피할 수 있을 뿐만 아니라 일단 스트레스반응이 시작된 후에도 체내에 흐르는 아드레날린을 배출함으로써 다시 평온한 상태로 회복하는 것이 가능하다. 간단하게 말하면 스트레스 사이클을 끝내는 셈인데, 이러한 개

넘은 에밀리 나고스키Emily Nagoski와 어밀리아 나고스키Amelia Nagoski 자매에 의해 최근 널리 알려졌다. 나고스키 자매는 공동저서《번아웃: 스트레스 사이클을 여는 비밀Burnout: The Secret to Unlocking the Stress Cycle》에서 스트레스 사이클을 종료하려면 뇌에 "넌 위협에서 무사히 살아남았고, 이제 네 몸은 안전해"[5]라고 전해야 한다고 말했다(그런 활동에는 특정 종류의 움직임과 자기표현이 포함된다). 2부에서는 스트레스반응(과 그에 동반하는 가짜 불안)을 예방하는 방법에 대해 좀 더 배워본 다음, 스트레스가 불가피한 경우에는 어떻게 하면 그 사이클을 끝낼 수 있는지 구체적인 기술들을 살펴본다.

---

## 가짜 불안 체크리스트

다음의 질문 목록은 매우 단순해 보이지만, 내 환자들은 이 목록이 그들의 불안을 다스리는 가장 효과적인 방법 가운데 하나였다고 말한다. 불안의 소용돌이 한가운데에 잠시 멈춰 서서 잠재적 기폭제trigger를 체크하다 보면, 지금 존재할지 모르는 가짜 불안을 파악할 수 있을 뿐만 아니라 거기서 벗어날 방법까지도 확인할 수 있다. 또한 이러한 과정은, 특히 우리가 그 원인을 정확히 특정할 수 있을 때, 불안의 주범을 제거하는 데에도 도움이 된다. 나는 환자들에게 이 목록을 냉장고 위에 붙여놓기를 권장한다.

내 몸이 불안을 말한다

## 이유 없이 불안하다. 나는…

- 배가 고픈가? (뭔가를 먹는다.)

- 당분 또는 기타 화학물질에 중독되었는가? (방금 단것, 가공식품, 또는 색소나 보존제가 잔뜩 든 음식을 먹었는가? 일단 간식을 먹되 다음에는 그런 음식을 피하도록 주의한다.)

- 카페인을 과다하게 섭취했는가? (아마도 카페인에 민감해서 초조하고 불안한 기분이 들 수도 있다. 내일은 카페인 섭취를 줄여라.)

- 카페인이 부족한가? (평소보다 카페인을 적게 섭취했다면 카페인을 좀 더 섭취하고, 앞으로는 일일 카페인 섭취량을 일정하게 유지하도록 한다.)

- 피곤한가? (낮잠을 잔다. 오늘은 일찍 잠자리에 드는 것을 최우선으로 생각해라.)

- 수분이 부족한가? (물을 마신다.)

- 몸이 무거운가? (밖에 나가서 잠깐 걷거나 춤을 춘다.)

- 감정 조절이 잘 안 되는가? 혹시 방금까지 인터넷이나 소셜 미디어에 빠져 있었는가? (춤을 추거나 밖에 나가서 신경계를 초기화한다.)

- 술을 마셨거나 숙취가 있는가? (다음에 술을 마실 때는 더 조심한다.)

- 정신과 약을 먹을 때가 되었는가? [다음 약을 먹기 직전에는 약리학적으로 최악인 상태(또는 혈류 속 약물 수치가 가장 낮은 상태)일 것이며 이것이 기분에 영향을 미칠 수 있다. 약을 먹어라.]

# 불안하면 장이 꼬이는 느낌이 드는 이유

지난 10년간의 과학적 연구가 보여주듯이, 장과 마이크로바이옴 mibrobiome(장에서 사는 수없이 많은 미생물로 이루어져 있다)의 기능은 단순히 우리가 먹는 음식을 소화하고 흡수하는 것 이상이다. 먼저 장은 면역체계의 본부로, 면역세포의 70퍼센트 이상이 장의 벽에 모여 있다.[6] 또한 식욕과 대사와 생식 건강을 조절하는 호르몬 등의 내분비계와 밀접한 연관이 있으며, 서른 가지 이상의 신경전달물질을 생산, 사용, 조절하여 '제2의 뇌'로 불리는 장신경계 enteric nervous system의 고향이기도 하다. 사실 바로 이 제2의 뇌인 장에서 체내 세로토닌의 95퍼센트가 생산되고 저장되며, 정작 뇌에서 발견되는 세로토닌은 5퍼센트뿐이다.[7]

그러나 장 건강과 관련하여 아직도 상당히 과소평가되고 있는 또 다른 중요한 사실은 바로 장과 뇌의 소통이 쌍방향이라는 것이다. 사람들 대부분은 상의하달식, 즉 뇌가 불안을 느끼면 장이 소화를 못 하는 것이라고 이해한다. 긴장하면 속이 울렁거리거나 사람들 앞에서 중요한 발표를 앞두고 있을 때 한 차례 설사하는 경우를 생각하면 된다. 이러한 현상이 나타나는 이유는 중대한 스트레스요인을 직면했을 때 우리 몸이 장을 비우도록 적응해왔기 때문이다. 그래야 몸이 좀 더 가벼운 상태에서 싸울 수 있고, 소화기관으로 가는 혈액은 줄이고 근육과 눈과 심장으로 가는 혈액은 늘릴 수 있기 때문이다. 그

내 몸이 불안을 말한다

러나 뇌가 장에 메시지를 전하는 것과 마찬가지로 장도 뇌에 메시지를 보낸다. 만약 장이 편안하고 건강하면 장은 뇌에 이상 없음 신호를 보내고, 그러면 우리는 평온한 기분을 느낀다. 반면 장내미생물 간의 균형이 깨지거나 우리 몸이 잘 소화하지 못하는 음식을 먹으면 메시지가 변한다. 이 경우, 장은 뇌에 이렇게 전한다. 불안을 느껴라.

이러한 소통은 주로 미주신경(인체에서 가장 긴 뇌신경으로 흉부와 복부를 가로지른다)을 통해 일어난다. 사실 미주신경섬유의 약 80퍼센트는 구심성afferent 신경, 즉 장, 간, 심장, 폐와 같은 내부 장기에서 정보를 수집하여 그것을 뇌에 전달하는 신경이다.[8] 다시 말해서 장은 미주신경이라는 핫라인을 통해 장에서 일어나는 모든 일을 뇌에 전달하고 있다는 뜻이다. 따라서 장이 건강하지 않으면 불안해질 수 있다.

이처럼 장 그리고 장과 뇌의 쌍방향 의사소통을 더 깊이 알면 (항생제 복용, 가공식품 섭취, 만성 스트레스 등이 원인인) 장내 세균 불균형이 어떻게 불안에 직접 관여할 수 있는지 이해하는 데 도움이 된다. 게다가 장내 박테리아 중 특정 박테로이데스Bacteroides 균주(이 또한 부실한 식단과 스트레스에 위태로워졌다)가 GABA의 합성에 개입한다는 증거도 있다.[9,10] 사실 나는 GABA가 현대인의 생활 습관 때문에 멸종위기의 위험에 처했다고 생각한다.

그러나 장이 힘들 때 뇌에 SOS를 보낼 수 있는 경로는 이뿐만이 아니다. 예를 들어 장이 자극을 받거나 장에 염증이 생기면 몸에서 사이토카인 같은 염증성 분자가 분비될 수 있으며, 이로 인해 염증이 전신에 널리 퍼지며 뇌에 불안하다는 신호를 보낸다. 이는 다양한 방식으로 나타날 수 있는데, 그중 하나는 대중에게 '장 누수leaky gut'라고 알려진 상태로, 공식 명칭이 리포폴리사카라이드lipopolysaccharides, LPS라고 하는 내독소가 약해진 장벽을 통과할 때 일어난다. 원래 내독소는 건강한 장에 사는 정상적인 거주민이지만, 내독소가 장벽을 통과하여 혈류에 도달하는 순간(내독소혈증) 면역체계는 이를 침입자로 인지하여 즉각 대응하며 몸과 뇌에 염증을 일으킨다.

장이 염증 수치와 불안에 영향을 미치는 경로는 내독소혈증뿐만이 아니다. 소화관 또한 면역체계를 평온하게 유지하여 뇌의 염증을 줄이는 데 중심 역할을 한다.[11] 면역체계의 건강과 평온은 장내미생물 생태계가 얼마나 다채로운지에 달려 있다. 이로운 박테리아, 균, 바이러스, 심지어 기생충[12]의 존재는 내성과 위협에 대한 정보를 면역체계에 제공함으로써 언제 긴장을 풀고 언제 경계해야 할지를 알려준다. 이처럼 장은 아군과 적군을 구별하는 법을 가르치면서 면역체계를 교육한다. 그러나 만약 장에 유익균이 부족하거나 병원균이 너무 많으면 면역체계는 기본적인 교육도 받지 못하고 오작동하기 시작한다. 이처럼 마구잡이로 날뛰는 면역체계는 직접 뇌에 염증을 일으킬 수 있다. 염증성 분자가 글림파틱 시스템glymphatic system이라는 네트워크를 통해 뇌로 이동하여 뭔가 이상이 있다는 신호를 올려 보내기 때문이다. 그러면 우리는 피로, 통증, 머릿

내 몸이 불안을 말한다

속이 멍한 현상, 불쾌감 같은 신체적 불편함을 느끼며 불안 또한 높아진다.

이처럼 식단과 생활 습관이 장과 면역체계의 상태에 크게 영향을 미친다는 점을 고려하면 이들 요소는 우리 정신 건강의 핵심 원인인 셈이다. 물론 유전자와 생각도 기분을 좌우한다. 그러나 일상적인 생활 습관이야말로 우리가 느끼는 불안의 상당 부분을 쥐고 있는 진짜 결정요인이다. 결국 우리 몸이 받는 스트레스와 장내 염증을 줄일수록 더 건강한 기분이 들 가능성도 커진다는 것이다. 2부에서는 불필요한 스트레스반응을 막기 위해 혈당을 안정적으로 유지하는 법, 염증을 줄이기 위해 장을 치유하는 법과 같이 가짜 불안을 없애기 위해 쓸 수 있는 전략들을 전반적으로 살펴본다.

## 약물 치료가 만병통치약은 아니다

솔직하게 말한다. 나는 항우울제와 정신 건강 장애를 치료하는 그 밖의 여러 약물의 등장을 고맙게 생각한다. 정신과 약물은 내 환자들을 비롯한 많은 사람에게 즉각적인 안정감을 안겨주었으며, 약물이 필요하고 효과적인 상황도 분명히 존재한다. 그러나 지난 10년간 나는 정신과 약물의 효능이 환자에 따라 다양한 방식으로 나타나는 것을 확인했다. 어떤 환자는 어마어마하게 큰 도움을 받았지만, 또 어떤 환자는 시간이 지날수록 효과가 떨어졌고, 아무런 효과를 보지 못하거나, 약을 중단한 후 금단현상으로 고생하기도 했다. 이처럼 광범위한 시나리오를 고려하면 오늘날 불안의 메커니즘에 대한 이해가 깊어진 덕분에 (그리고 불안의 원인이 마음이 아닌 몸에 있을 때가 많음을 뒷받침하는 증거가 점점 늘어난 덕분에) 내가 환자들의 생활 방식을 바꿈으로써 몸의 균형과 안녕을 되찾도록 도울 수 있다는 점 역시 고마운 일이다.

그러나 주류 정신건강의학은 아직도 이러한 시각을 받아들이지 못하고 불안이 인간의 생각 그리고 유전적으로 결정된 뇌의 화학적 불균형 때문에 발생하는 것으로 치부한다. 불안의 상당수가 생리적 불균형 때문이라는 사실은 무시한 채 말이다. 하지만 사실 세로토닌이나 GABA처럼 단일한 신경전달물질만 다루는 정신과 약물로는 가짜 불안을 뿌리째 제거할 수 없다. 기껏해야 증상을 완화할 뿐이다. 때때로 나는 가짜 불안이 우리 몸의 엔진 경고등 같다고 설명한다. 경고를 무시하거나 약으로 덮기보다는 근본적인 원인을 고치는 편이 대개 더 낫다. 또한 내가 관찰한 바에 따르면 실제로 불안의 원인이 생리적인 것일 때에는 신체적 차원에서 개입하는 편이 더 빠르고 효과적이며 비용도 적게 든다.

혹시 지금까지 약물의 도움을 받아왔다고 해서 뒤늦게 후회할 필요는 전혀 없음을 분명히 밝힌다. 내가 약의 효과를 본, 운 좋은 사람 중 하나였구나 생각하며 약을 먹으면 된다. 또는 모든 고려 사항을 검토하고 약물 치료를 시작하기로 한 경우에도, 좋은 의사를 만나 계획대로 진행하면 된다. 여기서 다루는 전략들을 약물 치료와 병행하면 양방향에서 불안을 다스릴 수 있다. 내가 약물 외의 방법을 소개하는 이유는 아직까지 약물의 도움을 받지 못한 사람들을 돕기 위함이지, 이미 약을 먹고 있는 사람들을 혼란스럽게 하려는 것이 아니다. 그러나 만약 당신이 정신과 약을 먹어본 적이 없거나 부작용을 경험한 적이 있다면, 또는 단순히 다른 방법을 시도해보고 싶다면, 오늘날 불안을 다스리기 위해 얼마나 다양하고 광범위한 선택지들이 있는지 살펴보는 데 이 책이 좋은 길잡이가 되어줄 것이다.

## 당신은 이미 방법을 알고 있다

행여 선택의 폭이 넓어짐으로써 불안이 낮아지는 것이 아니라 오히려 고조되는 것 같더라도 걱정하지 마라. 장담컨대 당신의 몸은 낫길 원한다. 이 책의 또 다른 목표는 사람들이 평정과 평온을 회복할 수 있도록 자기 몸이 전하는 메시지에 귀기울일 수 있게 돕는 것이다.

인스타그램에서 유명한 밈meme이 있다. 의사가 책상 앞에 앉아 거들먹거리며 말한다. "구글 검색 좀 한 것 가지고 내가 받은 의대 교육이랑 맞먹는다고 착각하지 마세요." 그러자 환자가 이렇게 대답한다. "겨우 한 시간짜리 수업 좀 들은 것 가지고 평생 그 병과 함께 살아온 내 인생을 다 안다고 착각하지 마세요." 정신건강의학이 생명을 살리는 치료법과 유용한 도움을 제공할 수 있는 것은 맞지만, 솔직히 말해서 내 정신 건강을 가장 잘 아는 사람은 바로 나 자신이다. 나는 나를 치유할 수 있는 가장 강력한 존재다. 이는 엄청난 책임감인 동시에 크나큰 위안이 된다.

내가 나에 대해 아는 것들을 믿어라. 내 몸이 가진 지혜와 회복력을 믿어라. 지금 당신이 겪고 있는 견디기 힘든 증상들 역시 몸이 스스로 잘못을 바로잡으려는 신호일 때가 많다. 자연스러운 균형 상태, 즉 항상성homeostasis으로 돌아가려 노력하는 중인 것이다. 따라서 몸과 싸우기보다는, 상호 이해와 신뢰를 구축하는 것을 목표로 삼아야 한다.

한번은 섭식장애로 몇 년간 고생해온 환자가 상담 중에 이런 말을 했다. "내 몸이랑 같이 부부 상담을 받는 것 같아요." 내 치료 철학에 딱 들어맞는 비유였다. 나는 내 진료가(그리고 이 책이) 당신과 당신의 몸이 함께하는 일종의 커플 치료가 되기를 바란다. 요즘 몸과의 관계에서 소통과 존중이 무너진 사람들이 많다. 그리고 분노와 절망, 불신, 걷잡을 수 없는 오해가 그 자리를 채우고 있다. 그러니 이제부터라도 마치 부부 상담을 받듯이 몸과의 관계를 개선하기 위해 노력하자. 내 몸이 무엇을 필요로 하는지, 균형을 되찾으려면 무엇을 할 수 있는지 이해하려면 몸이 하는 이야기에 귀를 기울여야 한다. 수면부족, 영양부족, 불안정한 생리 등으로 인해 몸의 자연적인 상태가 무너졌기 때문에 나타나는 감정인 신체적 불안을 먼저 파

42

악하고 다루는 것이 중요하다.

　이처럼 불필요한 불안을 피하는 법을 먼저 배운 후에야 더 깊은 내면에 남아 있는 진짜 불안을 마주할 수 있다. 그리고 진짜 불안은 쉽게 다스리기 어렵긴 하지만, 한편으로는 우리가 계속해서 목적의식과 성취감을 추구할 수 있도록 격려하는 안내자로서 우리 삶을 더욱 풍요롭게 해주는 존재이기도 하다.

# 3장
# 의도가 있는 불안

아무리 무시하려 애써도, 마음은 언제나 진실을 알고 명료함을 원해.
—토니 모리슨Toni Morrison의《하느님 이 아이를 도우소서》에서
부커가 브라이드에게 한 말

소영은 불안 때문에 직장에서 일에 집중하기도, 밤에 잠들기도, 심지어 아이들과의 시간을 즐기기도 어렵다고 호소하며 나를 찾아왔다. 소영은 한국에서 온 이민자 부부의 딸로 뉴욕 퀸스 지역에서 자랐다. 미국에서 맨주먹으로 일어선 소영의 부모는 겉모습에 높은 가치를 두었고 소영은 그런 부모의 사랑이 조건적이라고 느꼈다. 자신의 외모와 행동이 그들의 마음에 들어야 하고 또 한인 사회 안에서도 좋은 인상을 남겨야 부모에게 사랑받을 수 있다고 생각하며 자랐다.

20대가 된 소영은 자신과는 다르게 자기애가 강하고 어딘

내 몸이 불안을 말한다

가 부모와 성향이 비슷한 남자를 만나 결혼했다. 결혼 생활 내내, 그리고 두 아이를 키우는 내내 소영은 거의 끊임없이 불안에 시달렸다. 처음 나를 찾아왔을 때, 소영은 이미 기분을 안정시키기 위해 팍실을 복용하고 있었다. 나는 그녀가 다른 사람들을 배려하는 데 자신의 불안 일부를 쏟는 것을 감지할 수 있었다. 마치 거기에 있는 모든 사람을 편하게 해주는 것이 자신의 역할이라고 생각하는 듯 보였다. 이런 환자를 대할 때는 다소 신중해야 한다. 그들은 무던하고 순응적이라서 치료하기 쉬워 보이지만, 타인을 더 우선시하는 성향 때문에 치료 효과가 필요한 만큼 나타나지 않을 위험이 있기 때문이다.

나는 소영이 느끼는 불안의 뿌리를 찾기 위해 그녀가 살아온 발자취와 남편과의 관계 등을 좀 더 깊숙이 파고들기 시작했다. 소영은 많은 환자에게서 흔히 나타나는 태도를 보였다. 그녀는 자신이 단순히 유전적으로 불안이 높다고 생각했다. 나머지 두 자매 역시 정신과 약을 먹고 있었고, 어머니도 (정신과 치료를 거부하고 있긴 하지만) 쉽게 불안을 느꼈다. 소영의 언니는 그녀에게 이렇게 말했다. "우린 선택지가 없어. 앞으로도 계속 약을 먹어야 할걸. 어쩌겠어, 이렇게 태어났는데 뭐."

소영네 가족의 불안에 유전적 소인이 있음은 의심할 여지가 없다고 생각하지만, 나는 "유전이 총에 총알을 장전하고 환경이 방아쇠를 당긴다"라는 말을 신뢰한다. 나는 소영과 내가 좀 더 근본적인 원인을 찾아서 해결할 수 있으리라 생각했다. 몇 달 후 그녀는 팍실 복용량을 조금씩 줄이고 싶다고 말했다.

그러나 그녀의 요청은 자신의 불안을 뿌리에서부터 접근하고 싶다는, 어떤 철학적 의지에서 나온 것이 아니었다. 사실 소영은 팍실이 체중 증가를 일으킬 수 있다는 사실을 알고 나서부터 그것을 끊고 싶어 했다. 그녀의 요구에 따라 복용량을 서서히 줄여나가자 처음에는 이전보다 훨씬 폭넓은 감정이 느껴지고 "살아 있는 기분"이 든다고 말했다. 그리고 이러한 때 이른 뜻밖의 변화에 즐거워했다. 하지만 이후 몇 달에 걸쳐 소영은 자신의 결혼 생활에 강한 분노를 표현하기 시작했다. 남편의 행동을 용납할 수 없으며 변화할 가망도 없다고 했다. 우리의 상담은 극적으로 돌아갔다. 그녀는 남편과 이혼하고 혼자서 아이를 키워야 할지 물었다. 타인을 우선시하는 성향이 상당히 사라졌다. 다른 사람들의 눈치를 살피는 대신 본인 내면의 생각과 힘에 의지했다. 그녀의 결혼 생활에 닥칠 폭풍이 걱정되긴 했지만, 나는 이러한 변화를 대체로 긍정적인 신호라고 받아들였다. 그녀가 이제야 진짜 문제를 파악하고 그와 씨름하고 있다는 증거였기 때문이다. 소영의 표현을 빌리면 그녀는 지금까지 "졸음운전을 하듯이" 살아왔으며, 남편을 위해 자신의 욕구를 억누르고 스스로를 작게 만들었다. 그렇지만 남편과의 생활을 견디려면 실제로 약의 도움이 필요하다는 사실을 깨달은 소영은 결국 두 아이를 생각해 이혼을 선택하기보다는 팍실을 다시 복용하기로 했다.

어쨌든 회복의 씨앗은 이미 뿌려졌다. 약 1년 후, 소영은 약이 다 떨어진 후에도 다시 처방을 받지 않았다(이런 식으로 약

내 몸이 불안을 말한다

을 중단하는 것을 추천하지는 않는다). 복용 중단 후 얼마 지나지 않아 그녀는 다시 잠에서 깨어난 듯한 느낌을 받았다. 다만 이번에는 그 과정에 온전히 집중했다. "다시 나 자신으로 돌아간 것 같아요." 그녀는 또다시 '진짜 자아'를 만난 것이 놀랍기도 하고 기쁘기도 한 듯 상담 중에 종종 이렇게 말했다. 그러나 한편으로는 남편에 대한 진실(그가 얼마나 까다롭고 요구가 많은 사람인지, 그리고 얼마나 강압적으로 아내의 순종을 요구하는 사람인지)에도 눈을 떠야 했다. 이번에는 소영도 그에 굴하지 않고 자기 자신을 돌보았다. 쉬고 싶으면 남편과 남편 친구들과의 일정을 거절했다. 원치 않을 때는 부부 관계를 거부했다. 좋아하는 친구들과도 더 자주 만났다. "당신답지 않게 왜 이래?" 남편은 화를 냈다. 그는 소영의 새로운 모습에 반발했고, 소영은 자신이 어떤 과정을 거치고 있는지, 그들의 관계가 변하려면 어떻게 해야 하는지 그에게 설명했다. 힘겨운 대화의 시간이 많이 있긴 했지만, 소영의 남편 또한 그녀를 (좋은 의미로) 다르게 대하고 그녀의 욕구를 더욱더 존중해주기 시작했다. 자기 자신을 위해 목소리를 내면서, 그리고 자신이 좀 더 존중받을 가치가 있는 사람이라는 사실을 깨달으면서 소영은 남편에게 받아 마땅한 대우를 성공적으로 끌어냈다. 절대 쉬운 길은 아녔지만 소영이 더욱 온전하게 자신의 가치를 깨닫고 결혼 생활을 더 나은 방향으로 변화시키는 모습을 지켜보는 것은 굉장히 긍정적인 경험이었다. 나와 상담을 진행하는 동안 소영은 자신이 그저 다른 사람의 요구를 맞춰주는 것 외에도 더 많은 장점과 가치를 지닌 사람이라는 사실을 계속 발견해나갔다. 타인의 행복까지 자기가 책임질 필요가 없음을 깨달았고, 자기가 얼마나 가치 있는 사람인지에 대한 믿음을 점점 더 단단하게 다져나갔다. 무엇보다도 소영은 약을 중단하고도 불안을 덜 느끼게 됐다. 그녀가 변화하고 성장하는 만큼 그녀의 결혼 생활도 계속해서 나아졌는지는 알지 못하지만, 그녀가 자신의 욕구에 끊임없이 진정으로 귀를 기울이고 자신이 지닌 무조건적인 가치를 믿으며 삶을 이끌어나갔으리라는 것만큼은 내가, 그리고 무엇보다도 그녀 스스로가 안다.

## 내 불안은 대체 무슨 말을 하고 싶어 하는 걸까?

아무리 커피를 끊고 장이 튼튼해지더라도 불안에서 완전히 자유로워질 수는 없을 것이다. 이러한 불안은 삶이 본디 연약하기에 생기는 것이지만, 한편으로는 자신의 문제를 자각하는 기회를 제공한다. 다시 말해서 우리는 지금 삶이 내가 가진 가치나 능력에 충분히 부합하지 않을 때 불안을 느끼는데, 그래서 불안은 삶에 뭔가 궤도 수정이 필요하다는 사실을 알려주는 중요한 지표 역할을 한다고 볼 수 있다. 어쩌면 소영처럼 당신 역시 배우자와의 불평등한 관계를 애써 모른 척 덮어두고 있는지도 모른다. 또는 젊었을 때는 나와 잘 맞는 일이라고 생각했는데 지금은 그동안 잘못된 길에 들어선 채로 여기까지 왔다는 느낌이 든다거나, 지구가 점점 뜨거워지고 해수면이 높아지고 있다는 생각에 태연히 앉아 있기가 어려울 수도 있다. 문제가 무엇이든 간에 불안은 내 몸이 나에게 제발 이것 좀 봐 하고 말을 거는 방식이다. 불안이 내는 목소리에 가만히 귀를 기울이면 불안은 내가 존재하는 고유한 이유는 물론이고 행동해야 할 방향까지도 알려준다. 궁극적으로 불안의 감정은 목적의식으로 변화할 수 있다. 이것을 나는 진짜 불안이라고 부른다.

나는 환자들에게 이러한 감정을 억누르거나 피하기보다는 끌어안아야 한다고 말한다. 어떻게 해야 불안을 멈출 수 있지?라는 질문 대신 내 불안이 말하려는 것이 무엇일까?라고 물어야 한다. 불편한 감정에 반사적으로 저항하는 것은 자연스러운 본능이다. 문화적으로도 우리는 불안을 극복해야 할 골칫거리로 이해해왔다. 하지만 그렇게 하면 중요한 목소리를 놓칠 수 있다. 그 대신 내게 필요한 변화가 무엇인지 들을 수 있도록 불안을 끌어안는 법을 배우면 어떨까? 불안을 자극하는 상황을 바꿀 수 있다면? 진짜 불안을 두려워하며 맞서기보다 그것을 받아들이고 불안이 전하는 이야기에 귀 기울인다면? 어쩌면 당신은 고통스러운 무언가가 의식의 수면 위로 떠오르는 것을 억지로 막고 있거나, 또는 그것이 떠오를 때까지 충분히 기다려주지 않고 있는지도 모른다. 그러나 마음 한구석에서는 언제나 당신의 본질적인 진실을 알고 있다. 최근 나는 누구인가에 대한 '본질적인 진실'이 지나치게 자주 다뤄지는 탓에 거의 클리셰처럼 무의미하게 느껴지곤 한다. 그렇지만 우리가 너무 오랫동안 그것을 무시하면 우리 안에 묻혀 있던 직감이 정신적 불편함의 형태로 나타나 자신의 존재를 알릴 수 있다. 이러한 불편함은 우리에게 뭔가 아주 중요한 메시지를 말하려는 것이다.

직감이 속삭이는 소리를 듣는 가장 좋은 방법은 가만히 그리고 조용히 있는 것이다. 그러다 보면 계속되는 불안과 머릿속을 반복적으로 헤집어놓는 잡다한 생각들이 마침내 잠잠해진다. (내면의 목소리를 경청하는 방법은 3부에서 다양하게 살펴볼 것이다.) 이처럼 좀 더 깊은 울림이 있는 불안과 친해지면 몸 안에서도 그것을 느끼게 된다. 만약 왠지 모르게 마음이 따뜻해지고 에너지가 솟는 느낌이 든다면 그것은 내 몸이 내 직감에 동의하며 '좋아'라는 메시지를 보내는 방식일 것이다. 반면 답답하고 불편한 느낌이 든다면 진짜 불안이 내 어깨를 두드리며 아직도 자기가 하는 이야기에 온전히 귀 기울이고 있지 않다고 알려주는 것일 수 있다.

진짜 불안과 직감은 대개 좀 더 묵직한 기분으로 나타난다. "나는 불안이 높은 사람이다. 내 불안은 높은 하늘을 맴돌듯이 아슬아슬하고, 빈번히 일어나며, (중략) 성가시게 윙윙거린다." 〈뉴욕 타임스〉 베스트셀러 작가이자 활동가인 글레넌 도일Glennon Doyle은 두려움과 직감의 차이를 이렇게 묘사했다. "그러나 (중략) 그 아래에는 좀 더 무겁고, 좀 더 현실적이며, 흔들리지 않고, 견고하며, 직감적으로 느낄 수 있는 뭔가가 존재한다. 그리고 지금 마흔다섯에 이른 나는 실제로 그 둘의 차이를 구별할 수 있는 시기에 있다."[1] 다시 말해서 진짜 불안과 직감이 보내는 메시지는 가짜 불안이 보내는 것과 느낌이 다르다는 것이다. 위협으로 느껴지는 가짜 불안과 달리 진짜 불안과 직감은 명료함과 연민에서 나온다.

만약 진짜 불안에 귀 기울이고 따르기로 했다면 그것은 황금 나침반이 되어 인생의 변덕을 잘 헤쳐 나가도록 이끌어줄 것이다. 더 많이 성장하고 배우고 사랑하게 도와줄 것이다. 그러나 진짜 불안을 목적의식으로 바꾼다고 해서 삶이 반드시 쉬워지리라는 보장은 없다. 많은 환자의 경우, 상황이 나아지는가 했다가도 더 까다로운 도전 과제가 나타났다. 소영이 결혼 생활에서 겪었던 것처럼 그들은 또 다른 성장 과정을 거쳐야 했고 그때마다 익숙한 환경에 혼란스러운 감정을 느껴야 했다. 진짜 불안의 목소리를 듣고 따르는 것에 능숙해질수록, 더 많은 것을 성취하고 있기에 오히려 삶이 점점 더 버거워지는 경우도 많았다. 때로는 그것이 고통스럽게 느껴질 수도 있다. "불안을 한 꺼풀 완화해주던 방어막을 벗겨내는 듯한 기분이에요." 내 환자 이선Ethan은 이렇게 표현했다. "그리고 괴물을 마주하러 가면서 자꾸만 무기를 잃어버리는 것 같아요." 이선의 괴물은 어린 시절 트라우마였으나 결국 괴물을 직면하고 거기서 벗어나는 데 성공했다. 3부에서 깊이 살펴볼 주제인 트라우마는 특히 진짜 불안과 가짜 불안의 교차점에 존재한다는 점에서 아주 특별하다. 정신건강의학과의사이자 베스트셀러 작가인 베셀 반 데어 콜크Bessel van der Kolk가 저서 《몸은 기억한다》에 쓴 것처럼, 트라우마 경험은 종종 몸에 저장되며 또한 뇌를 재프로그래밍한다. 그러면 변연계를 구성하는 한 부분이자 공포 반응을 책임지는 편도체가 과각성 상태로 남겨져서 평생 불균형한 불안을 만들어낸다. 트라우마는 성폭행, 전쟁, 부모에 의한 정서적 박탈감 등 다양한 경험으로 생길 수 있으며, 그러한 위협이 더는 존재하지 않을 때도 뇌는 계속해서 극도로 경계하는 상태를 유지한다. 뇌가 실제로는 존재하지 않는 위험을 상상한다는 점에서 이는 가짜 불안과 유사하다. 그러나 몸의 변화가 안전하지 않은 세계에 적응하여 나타난 것이라는 점 때문에 트라우마는 진짜 불안으로 다뤄져야 하며, 과각성한 편도체는 그 사람이 조금이나마 나아질 수 있도록 트라우마를 다시 직면하기를 요구한다. 진짜 불안의 감정은, 트라우마와 마찬가지로, 대부분 더 큰 역사적 맥락에서 살펴보아야 한다. 즉 한 번의 불안 발작에 수십 년간, 어쩌면 그보다 더 긴 시간 동안 쌓여온 과거의 경험이 담겨 있을 수 있다는 것이다. 실제로 나는 과거 세대의 트라우마가 지속적으로 자신의 삶에 흔적을 남기는 탓에 괴로워하는 환자들을 만나서 그들이 트라우마에서 해방될 수 있도록 도왔다(그리고 물론 과거로부터 반향된 진짜 불안을 파헤치는 것도 잊지 않았다). 우리가 붙잡기에 진실은 너무도 거대하고 어렵고 불안정할 수 있다. 이는 감히 그것을 전부 느끼기로 한 인간으로서 우리가 마땅히 짊어져야 할 짐이다. 그러나 바로 그것을 통해 우리는 개인적 성장을 이루고, 목적에 부합하게 살아가며, 서로가 서로에게 앞으로 나아갈 길을 보여줄 수 있다.

## 진짜 불안은 나의 힘

영장류 연구를 보면 무리마다 남들보다 유난히 불안이 높은 개체들이 있다. 이들은 주저하듯 행동하며 주로 무리의 주변부에 머무른다. 1980년대, 지금은 고인이 된 동물학자 다이앤 포시Dian Fossey는 침팬지 무리에서 예민한 개체들을 제거하면 그것이 나머지 공동체에 어떤 영향을 미치는지 실험했다. 여섯 달 후 그 무리는 전멸했다. "불안이 높은 침팬지가 생존에 핵심적인 존재였다는 사실을 알 수 있다." 이 실험에 대해 세라 윌슨Sarah Wilson은 저서 《내 인생, 방치하지 않습니다》에서 힘주어 말했다. "아웃사이더 침팬지들은 나무 끝에서, 무리의 가장자리에서 잠을 잔다. 그들은 극도로 예민하고 경계심이 높아서 아주 작은 소리에도 놀라고 두려워하기 때문에 밤에도 깨어 있을 때가 많다. 지금 우리는 그러한 징후에 불안이라는 꼬리표를 붙였지만, 사실 인류가 아직 나무 위에서 살던 시절에는 그들이야말로 가장 빠르고 훌륭한 경고 체계였다. 그들은 제일 먼저 '조심해! 조심하라고!' 소리치는 존재였다."[2]

만약 당신이 남들보다 더 예민하고 걱정이 많은 사람이라면, 당신의 신경계가 남들보다 더 섬세하게 작동한다면, 당신이 속한 집단은 당신에게 감사와 격려를 보내야 마땅하다. 당신의 불안은 우리 모두를 보호하기 위해 존재하기 때문이다. 불안이 높은 사람에게 "예민하게 좀 굴지 마"라고 말하는 대신 그들의 말에 귀 기울여야 한다. 자기 안에 있는 진짜 불안을 더 많이 포용할수록 우리는 점점 더 세상에 가치 있는 사람이 된다. 진짜 불안은 내가 나아가야 할 길을 안내할 뿐만 아니라 내게 아주 중요한 임무를 안겨준다. 나를 최전선에 세우고, 이제 곧 시야에 들어올 위협을 다른 이들에게 경고하는 역할을 맡긴다. 그리고 진짜 불안의 목소리가 모이면 우리가 사는 사회 역시 더 올바른 방향으로 나아갈 수 있다.

객관적으로 봤을 때 세계는 변화가 필요하다. 우리는 지금 불가피한 심판의 한가운데에 있다. '미투MeToo' 운동이 일어나서 그동안 쉬쉬하며 덮어왔던 성희롱과 성폭력의 실태가 드러났다. '흑인의 목숨도 소중하다Black Lives Matter, BLM' 운동은 수백 년간 지속돼온 불평등과 피해에 대해 이미 한참 전에 이루어졌어야 할 대화의 장을 새롭게 열었다. 기후위기 활동가들은 너무 늦기 전에 사태의 심각성을 알리고자 더욱더 큰 목소리를 내고 있다. 이러한 불안을 마냥 병적인 것으로 취급하고 억누르기보다는 그 위급한 메시지를 진지하게 듣는 것이 중요하다. 주변을 민감하게 감지하는 사람들, 아주 미묘한 위험에도 제일 먼저 반응하는 사람들에게 우리는 귀 기울여야 한다. 바로 그들이 우리의 예언자이며 너무 늦지 않게 우리를 깨워줄

내 몸이 불안을 말한다

사람들이다.


## 가짜 불안과 진짜 불안을
## 모두 끌어안아야 하는 이유


널리 알려진 이야기지만 1936년 F. 스콧 피츠제럴드F. Scott Fitzgerald는 수필 〈무너져 내리다〉에서 "최고의 지성을 판단하는 기준은 두 가지 상반된 아이디어를 동시에 생각하면서도 흔들리지 않는 능력이다"[3]라고 말했다. 불안도 마찬가지다. 상충하는, 그리고 얼핏 보면 모순되는 가짜 불안과 진짜 불안을 동시에 경험하는 것이 가능하다는 점에서, 불안 역시 '둘 다/그리고both/and'의 문제다. 불안은 신체적이다. 세로토닌, GABA, 장 염증, 코르티솔, 과민한 편도체와 관련이 있다. 그러나 불안은 심리적이고 정신적인 욕구의 교차점에 존재하는 심리·정신적 이슈이기도 하다. 목적과의 단절, 타인과의 단절, 나 자신과의 단절에 대한 문제다. 그리고 우리가 아무리 장을 치유하고 디카페인 커피를 마시고 팍실을 복용해도 이러한 감정까지 닿을 수는 없다. 유일한 해결책은 경청하는 것이다. 두 가지 형태의 불안을 동시에 파악하고 다루어도 괜찮다. 사실은 그게 제일 좋다. 자신의 기분을 한 가지 방향에서만 바라볼 필요는 없으며, 올바른 길이 하나만 있는 경우도 거의 없다. 내가 이 책을 쓰면서 바라는 점은, 당신이 불안의 유형을 구분하고 각각에 맞게 대응하는 방법을 배움으로써 불안을 뿌리부터 다뤄야 할 때와 잠시 멈춰서 불안이 보내는 긴급한 메시지에 귀 기울여야 할 때를 알 수 있도록 돕는 것이다.

### 2부

# 가짜 불안을 알아내고
# 다루는 법

# 4장
# 현대인의 불안

세상이 당신에게 줄 쳐진 종이를 건네도 줄은 무시하고 써라.
—후안 라몬 히메네스Juan Ramón Jiménez

지금쯤이면 불안이 마음과 신체 모두와 관련된 생리학적 현상이라는 사실을 충분히 이해했을 것이다. 우리 몸에서 불안은 실제적인 위협 또는 우리 뇌가 위협으로 인지하는 상황이 닥쳤을 때 분비되는 일련의 호르몬 작용과 스트레스반응의 부산물로서 나타난다. 또는 염증과 미량영양소의 결핍부터 호르몬 불균형과 GABA 전달 기전의 손상까지 모든 종류의 생리적 불균형 상태 때문일 수도 있다.

신체적 형태로 나타나는 불안은 아마도 가장 지속적이고 버겁겠지만 한편으로는 가장 쉽게 치료 및 예방이 가능하기도

하다. 사실 어떤 불안은 완전히 피할 수 있다. 따라서 이후의 장에서는 가짜 불안의 증상을 완화하고 우회하기 위해 현실적으로 실천할 수 있는 전략들을 알아본다. 그것들은 마치 낮은 나뭇가지에 열린 과일을 따는 일만큼이나 쉬워서 실제 환자를 진료할 때에도 나는 이러한 방법을 가장 먼저 제시한다. 몇 가지 변화만으로 빠르게 효과를 볼 수 있을 뿐만 아니라 그보다 까다로운 진짜 불안을 다룰 마음가짐도 준비할 수 있기 때문이다.

이제부터 우리는 당신의 수면 습관, 과학기술과의 관계, 식단, 그리고 소화기관·면역체계·호르몬 상태에 변화를 일으킬 방법들을 이야기할 것이다. 그리고 궁극적으로 인생을 살아가면서 필연적으로 쌓일 수밖에 없는 스트레스를 어떻게 하면 효과적으로 해소할 수 있는지 살펴보는 것으로 이 책을 마무리할 것이다. 실제로 내가 만난 환자 중 일부는 이 이상 나아갈 필요도 없었다. 그들의 삶 자체에는 아무런 문제가 없었기에 단지 정신적이고 신체적인 건강을 더욱 단단하게 지지해줄 습관을 고치기만 하면 됐다. 이처럼 가짜 불안만 다루면 되는 환자들은 상대적으로 회복이 빠르다.

그러나 가짜 불안'만' 다루면 되는 경우라 해도 어떠한 변화를 계속 유지하는 것은 절대 쉬운 일이 아니라는 사실을 반드시 명심해야 한다. 사람들은 언제든지 너무나도 쉽게 익숙했던 일상으로 돌아갈 수 있다. 특히 환자들은 대개 식단 조절을 가장 힘들어하는데, 식단이야말로 불안을 완화하는 데 제

내 몸이 불안을 말한다

일 중요한 요소일 때가 많다. 물론 그렇다고 해서 내가 제안하는 모든 조언을 하나도 빠짐없이 지켜야 하는 것은 아니며, 모든 변화를 한꺼번에 또는 특정 순서에 따라 이뤄내야 하는 것도 아니다. 제일 자신 있게 느껴지는 것부터 시작해서 각자의 상황에 맞게 계획을 세우면 된다.

얼마나 큰 노력을 쏟아야 할지도 사람마다 다르다. 예를 들어 불안 외에는 신체적으로 불편한 부분이 없다면, 그리고 실제로도 건강하다면, 식단을 짜려고 영양학 박사 수준으로 깊이 공부하거나 기존 식단을 완전히 바꿀 필요는 없다. 반면 행복한 삶을 가꾸는 데 건강이 방해가 될 정도라면, 잃어버린 몸의 균형을 되찾아오기까지도 상당한 노력이 필요할 것이다. 앞으로 평생 소화불량과 공황 걱정 없이 하루를 보낼 수 있다는 사실을 고려하면, 식단 관리에 따르는 작은 희생을 훨씬 뛰어넘는 보상이 주어지는 셈이다. 내 몸이 편안한 상태를 유지할 수 있다면야 초반의 불편함쯤은 얼마든지 감수할 수 있지 않을까?

내 환자 중 대부분은 이 양극단 사이의 어딘가에 속한다. 모든 기능이 쌩쌩하게 돌아가는 상태는 아니지만 그렇다고 심각하게 괴로운 상태도 아니다. 아마 당신도 그럴 것이다. 더 나아가기에 앞서 잠시 자신의 상태를 확인하는 시간을 가져보자. 당신이 겪고 있는 괴로움은 얼마나 큰가? 그에 비례하는 노력과 희생을 할 각오가 되어 있는가? 이는 상당히 개인차가 있는 방정식이지만 어쨌든 전반적으로 우리의 목표는 삶의 질을 결정하는 여러 요소가 적절한 균형에 이르는 지점에 도달하는 것이다.

한편 편안한 마음은 그 자체로 강력한 치유의 힘을 가졌다는 사실을 명심하는 것도 중요하다. 음식을 고를 때마다 고뇌하는 것은 불안을 해소하는 데 전혀 도움이 되지 않는다. 현대 사회에서 건강한 음식을 먹기란 쉽지 않다. 나는 환자들이 신중하게 선택하고 스스로 구할 수 있는 가장 질 좋은 음식을 먹기를 원하지만, 그렇다고 매 끼니 스트레스를 받거나 외출했다가 패스트푸드를 먹으면 어떻게 될까 전전긍긍하기를 원하지는 않는다. 내가 늘 환자들에게 강조하는 말을 여기서도 언급하자면, 할 수 있는 한 최선을 다하되 완벽함을 좇지는 마라. 사회 시스템상 우리는 건강하게 식사하기 매우 어려운 나라에 살고 있다. 특히 집밥이 아닌 경우에는 건강한 음식을 찾기가 거의 불가능한 일에 가까울 때도 있다. 자신의 상황에서 할 수 있는 한 가장 좋은 선택을 하되, 가끔은 먹고 싶은 음식을 즐기기도 해라. 아이스크림이나 홈 메이드 쿠키로 행복해질 수 있다면 무조건 슈거 크래시를 피하는 것보다 그게 더 도움이 될 때도 있다.

핵심은 우리 모두 자기만의 안정감을 찾아야 한다는 것이다. 우리의 목표는 완벽한 건강이 아니다. 기분 좋게 만족스러운 삶을 살아가는 것이 목표다. 만약 내가 삶을 충만하게 만드는 데 건강이 걸림돌이 된다면 소매를 걷어붙이고 문제를 바로잡자. 만약 내 몸을 건강하게 만들려는 노력 자체가 나를 힘들게 한다면 이번에는 힘을 좀 뺄 차례다. 이러한 균형을 염두에 둔 채 이제부터 어쩌면 당신이 겪지 않아도 될 불안을 일으키고 있을 삶의 측면들을 하나씩 들여다보자.

# 5장
# 피곤하지만 잠들지 못한다

잠자기 전 트위터를 기웃대는 대신 책을 읽기 시작하자,
깊이 잠들게 됐을 뿐 아니라 내 인생이 그 누구보다 낫다고 생각하게 됐다.

—알렉스Alex @alexgmurd

숙면이 삶의 질을 높이는 데 필수적이라는 사실은 다들 알지만 그것이 뇌 건강에도 얼마나 큰 영향을 미치는지 아는 사람은 거의 없다. 수면과 불안의 관계는 매우 중요하며 쌍방향으로 소통이 이루어진다. 불안은 불면증을 일으키고 만성적인 수면부족은 우리를 불안에 취약하게 만든다. 약 4000만 명의 미국인이 만성적인 불면에 시달리고 있다.[1] 그러나 그중에서 교대근무, 특정 수면장애, 시차 등 눈에 띄는 몇몇 예외를 제외하면 현대인의 불면증 문제는 충분히 고칠 수 있다. 이는 상당히 좋은 소식이다. 불안을 좀 더 쉽게 그리고 효과적으로 다루

기에 수면보다 나은 방법은 아마 없다고 봐도 무방하기 때문이다. 비용도 들지 않고, 기분도 좋아지고, 게다가 효과마저 뛰어나다니!

수면을 제일 우선시해야 한다는 사실을 아직도 모르는 사람은 별로 없지만 실제로 환자들을 만나보면 아무리 애를 써도 잠잘 시간이 부족하다는 사람들을 자주 본다. 일하고, 출퇴근하고, 밥하고, 아이들을 돌보고, 일상적인 일들을 처리하고, 잠깐씩 머리도 식히고… 이 모든 일정을 소화하다 보면 매일 여덟 시간씩 자는 것이 불가능하다고들 한다. 행여 그날따라 일이 술술 풀려서 일찍 잠자리에 눕더라도 꼬리에 꼬리를 무는 생각에 잠을 이루지 못하거나, 한밤중에 깼다가 다시 잠들지 못해서 뜬눈으로 새벽을 맞이하는 경우가 허다하다. 그러나 사실 불면증은 주변 환경 그리고 우리가 일상에서 하는 사소한 선택이 원인인 경우가 많다. 다행히도 우리 몸은 잠을 자길 원하고 어떻게 하면 잘 수 있는지 안다. 그러니 우리는 그저 몸의 신호에 귀 기울이고, 적절한 환경을 만들어주고, 불면의 악순환에서 벗어나기만 하면 된다.

## 잘 자는 게 최고의 보약

생존의 관점에서 보면 수면은 상당히 부적응적인 행위다. 포식자들이 호시탐탐 목숨을 노리는 그 위험한 시간대에 우리 인류는 어째서 여덟 시간이나 어둠 속에서 의식 없이 취약한 상태로 누워 있고 싶어 했을까? 특히 진화 초기의 인류에게 수면이 매우 위험했음에도 불구하고 그들이 잠을 포기하지 않았다는 사실은 수면이 인간에게 얼마나 중요한지를 시사한다. 우리 몸이 매일 그런 식으로 회복해야 하는 데에는 분명히 그럴 만한 이유가 있을 것이다. 그렇지 않고서야 그토록 자신을 무방비하게 내버려 두면서까지 잠을 자지는 않을 것이다. 실제로 수면을 포기하기란 불가능하다. 잠이 부족하거나 수면에 지장이 있으면 심각한 인지적이고 감정적인 문제가 일어나며, 몇 주간 자지 못한 동물들은 결국 감염과 조직 병변으로 사망에 이른다.[2] 과학계가 아직 수면의 미스터리를 완전히 푼 것은 아니지만 그래도 몇 가지 중요한 과정은 밝혀냈다. 예를 들어 우리가 자는 동안 뇌에서는 (하루 동안 학습한 것을 기존 네트워크에 통합함으로써 장기 기억장치에 저장하는) 기억의 응고화consolidation가 일어나고, 인체는 세포를 복구하며,[3] 감염과 싸우고,[4] 에너지를 회복한다.[5,6]

그러나 수면의 가장 필수적인 기능 중 하나는 뇌가 해독할 시간을 준다는 것이다. 뇌는 온종일 열심히 일한다. 사고 활동은 많은 에너지를 요구하며 그 과정에서 대사 노폐물과 유독한 부산물이 생성되는데, 그중에서도 베타아밀로이드beta-amyloid와 타우 올리고머tau oligomers는 공교롭게도 알츠하이머 환자의 뇌에서 발견되는 것과 똑같은 축적물이다. (알츠하이머 환자의 뇌에서는 좀 더 심각한 상태로 나타나긴 한다.) 이렇게 쌓인 축

내 몸이 불안을 말한다

적물은 밤사이에, 즉 우리가 자는 동안에 글림파틱 시스템(중추신경계에서 발견되는 림프계의 일부)에 의해 치워진다.[7,8,9] 따라서 만약 우리가 잠을 충분히 자지 않으면 깨어 있는 동안 신경이 열심히 일하면서 어질러놓은 것들을 청소할 기회가 사라지는 셈이다.

우리 뇌가 작은 도시라고 생각해보자. 뇌 안의 여러 집과 가게에서 이루어지는 갖가지 활동은 쓰레기를 만들어내고 하루가 끝나면 골목마다 쓰레기가 쌓인다. 그러면 우리가 잠든 사이에 글림파틱 시스템이라는 쓰레기차가 와서 쓰레기봉투를 수거해 간다. 그러나 만약 당신이 잠을 자지 않으면 쓰레기는 그대로 방치된다. 다음 날, 뇌는 골목 곳곳에 쓰레기봉투가 쌓인 채로 하루를 시작한다. 머리가 지끈거리고, 정신을 맑게 유지하기가 어렵고, 몸의 협응이 떨어지고, 왠지 모르게 기분이 오락가락하고 불안하다. 신생아를 키운 적이 있다면, 시험 때문에 밤샘 벼락치기를 한 적이 있다면, 야간 당직을 서본 적이 있다면, 이 말이 무슨 뜻인지 바로 이해할 것이다.

불면증의 원인으로 흔히 스트레스가 자주 언급된다. 스트레스반응의 주요 신경전달물질인 노르에피네프린이 글림파틱 시스템의 활동을 조절하는 데에도 관여하므로[10] 이는 주목할 만한 이야기다. 다시 말해서 수면부족과 만성 스트레스 모두 뇌의 쓰레기 제거를 방해함으로써 잠재적으로는 뇌의 해독detoxify 능력을 훼손할 수 있다는 뜻이다.[11] 따라서 스트레스 관리와 충분한 수면으로 글림파틱 시스템이 우리 뇌를 정기적으로 청소할 수 있는 환경을 만들어줘야 하며, 이는 다음 날 아침 우리가 느끼는 불안의 정도를 줄이고 장기적으로 인지능력 감퇴를 예방하는 데에도 도움이 된다.


## 잠들 때 핸드폰은 멀리, 칠흑 같은 어둠은 가까이


'진화의 중역 회의실'에서는 어떻게 하면 인간이 낮에는 깨어 있고 밤에는 졸리게 할 수 있을까?를 주제로 논의가 한창이었다. 위원 중 한 명이 빛을 신호로 사용하자는 의견을 냈다. 해가 뜨면 정신이 맑아지고 어두워지면 피곤함을 느끼게 하자는 것이었다. 이 제안은 즉각 지지를 얻어 인간의 설계도에 빠르게 반영됐다.

매우 기발한 계획이었다. 게다가 오작동할 염려도 없었다. 적어도 전기가 등장하기 전까지는 말이다. 그러나 인류는 기어이 전구와 아이폰과 넷플릭스를 만들어냈고 이제는 누구도 제대로 잠들 수 없다. 우리 몸의 생체 시계인 일주기 리듬은 빛을 신호로 작동한다. 현대인들이 수면에 어려움을 겪는 주된 원인은 바로 이 일주기 리듬이 인공적인 빛 때문에 자꾸만 잘못된 신호를 받아들이기 때문이다. 지금 우리는 낮에는 인공 조명으로 밝힌 실내 공간에 앉아 있느라 거의 해를 보지 못하고 밤에는 TV, 노트북, 핸드폰 등에서 나오는 환각적인 빛의

내 몸이 불안을 말한다

쇼에 둘러싸여 있느라 밖이 어두워진 줄 모른다.

우리 몸에서 생체 시계가 작동하는 과정은 다음과 같다. (수면 호르몬인 멜라토닌을 분비하는) 솔방울샘과 (시상하부에서 시신경이 교차하는 영역의 바로 윗부분인) 시교차 상핵suprachiasmatic nucleus, SCN 사이에는 통신망이 구축되어 있다. 그중 시신경을 통해 눈으로 직접 연결되는 SCN이 바로 우리 몸에서 생체 시계 역할을 한다. SCN은 주변 풍경을 살펴서 빛 신호를 감지함으로써 시간을 구분한다. 우리 눈에 꾸준히 어둠이 입력되면 SCN은 지금이 밤이라고 판단하여 솔방울샘에 경보해제 신호를 보내 멜라토닌을 분비하도록 한다.

멜라토닌은 마치 돈과 같아서 벌기는 어렵고 쓰기는 쉽다. 기본적으로 우리 몸에서 멜라토닌이 생성되려면 해가 진 후에는 계속 어둠 속에 있어야 하는데 현대사회에서 그렇게 사는 사람은 거의 아무도 없다. 핸드폰을 슬쩍 한번 보는 것만으로도, 밤에 화장실 불을 잠깐 켰다가 끄는 것만으로도 SCN은 아, 아니네, 아직은 진짜 밤이 아니야 하고 솔방울샘에 전하고, 그러면 어렵게 만든 멜라토닌이 전부 그냥 허비된다. 따라서 일주기 리듬을 원래대로 돌려놓고 숙면을 하려면 주변의 빛 신호를 조절하여 멜라토닌 분비를 바로잡아야 한다.

그러기 위해서는 아침에 일어나 제일 먼저 밝은 자연광에 우리 눈을 노출해줘야 한다. 그래야 생체 시계가 작동하여 낮에는 깨고 밤에는 피곤하게 하는 일련의 호르몬 작용이 시작되기 때문이다. 그러니 일어나자마자 블라인드나 커튼을 걷어

라. 낮에는 잠깐이라도 야외에서 시간을 보내고 선글라스는 벗어라. 가볍게 집 근처를 한 바퀴 돌거나 집 앞에서 2분 정도 멍하니 앉아만 있어도 좋으니 오전 9시 전에는 밖으로 나가는 것이 가장 이상적이다.

밤에는 초기 인류가 생활했던 것과 같은 환경을 조성하기가 훨씬 어렵다. 그러나 기술은 문제를 만들기도 하지만 해결해주기도 한다. 조광기를 설치해서 해가 진 후에는 조명 밝기를 낮춰라. 핸드폰과 태블릿PC는 야간 모드로 설정하고 컴퓨터와 노트북에는 f.lux 같은 모니터 청색광 차단 프로그램을 설치해서 밤에는 화면이 노란빛을 띠도록 (그래서 일주기 리듬을 덜 방해하도록) 설정해라. 매일 밤 청색광에 전혀 노출되지 않는 환경에서 생활하기가 현실적으로 거의 불가능하다는 것은 잘 안다. 사실 지금 나도 현재 시각 밤 10시 57분에 노트북으로 이 글을 쓰고 있다(워킹맘인 데다가 코로나19 팬데믹으로 아이를 보육 시설에 맡길 수도 없어서 내가 지금껏 했던 조언과는 정반대로 이 늦은 시각에 타이핑을 하고 있다). 그 대신 나는 청색광 차단 안경을 써서 모니터에서 나오는 푸른빛이 내 일주기 리듬을 방해하는 것을 예방한다. 만약 당신도 수면에 어려움을 겪고 있다면 해가 진 이후부터 잠자리에 들 때까지는 청색광 차단 안경을 고려해보길 권한다.

내가 환자들에게 핸드폰을 침실 밖에 두기를 강력하게 권고하는 주된 이유 또한 청색광 때문이다. 우리가 언제 어디서나 들고 다니는 핸드폰은 청색광을 방출하므로 밤에는 멜라토닌 분비를 억제하고 일주기 리듬을 흐트러트릴 수 있다.[12] 게다가 자기 전에 침대에서 끝없이 스크롤을 내리다 보면 자야 할 시간을 훨씬 넘겨서까지 깨어 있기 쉽다. 이처럼 잠들기에 딱 좋은 정도의 피곤함에서 '과로' 상태로 넘어가면 몸에서 코르티솔이 분비되는데, 그러면 잠이 들거나 도중에 깨지 않고 쭉 자기가 더욱 어려워진다. 그리고 핸드폰을 침대 근처에 두면 밤중에 깨는 순간 확인하게 되는데, 그때마다 우리 뇌는 핸드폰 불빛이 방출하는 청색광에 에스프레소 한 잔을 마신 것만큼이나 강력한 충격을 받는다. 지금은 핸드폰 충전기를 침실 밖에 두고 핸드폰 없이 잠자리에 들기가 굉장히 어려운 일처럼 느껴질 것이다. 그러나 눈 딱 감고 일주일만 실천해보면서 정말로 잠자리에 핸드폰이 없으면 불편한지, 그리고 수면의 질이 개선되는지 직접 경험해봐라. 평소 핸드폰 알람으로 기상했다면 핸드폰 대신 옛날식 알람 시계를 쓰면 된다.

마지막으로, 모든 불을 끄고 잠자리에 들 시간이 되면 최대한 가장 어두운 환경을 만들어라. 안대를 쓰거나 암막 커튼을 치는 것도 좋다. 불필요한 전자 기기는 모두 침실 밖에 둬라. 혹시라도 밤중에 깨면 눈이 그 어떠한 빛도 '보지' 못하도록 주의해라. 새벽 3시에 화장실에 가야 한다면 화장실로 가는 길을 느낄 수 있을 정도로만 최대한 가늘게 눈을 뜨고 손으로 더듬으며 다녀와라. 무드 등이 필요하다면 주황빛을 내는 것으로 선택한다.

## 주말 캠핑이 불면증 치료에 도움이 된다고?

트래비스Travis는 수년간 심각한 불면증에 시달렸다. 그는 온갖 시도를 다 해봤다. 카페인 끊기, 청색광 차단 안경 쓰기, 불면증 인지행동치료Cognitive Behavioral Therapy for Insomnia, CBT-I(수면 제한과 수면 효율에 기반을 두고 불면증을 치료하는, 효과적이지만 강도 높은 전략)를 비롯해 생활 방식에 변화를 주는 시도는 전부 했지만 여전히 답을 찾지 못했다. 수면제를 처방하는 수밖에 없는 듯했다. 그러나 나는 뭔가 직감적으로 트래비스의 불면증이 현대적 환경과 관련이 있으며 따라서 그의 생활 방식을 바꾸면 치료할 수 있겠다는 생각이 들었다. 그런데 조금도 차도가 보이지 않았다. 소프트웨어 개발자인 그는 온종일 컴퓨터 화면을 들여다보며 일했고, 뉴욕에 있는 고층아파트에 살고 있어서 가로등과 사무실 빌딩에서 나오는 불빛이 암막 커튼 주변으로 조금씩 새어 들어와 광공해에도 상당히 노출되어 있었다. 그러던 어느 날, 나는 트래비스에게 주말 사흘간 캠핑을 권해야겠다는 아이디어를 떠올렸다.

트래비스는 내 제안이 너무 극단적이라며 즉시 거부했다. 쾌적한 사무실에서 안락한 리클라이너에 앉아 캠핑을 권하는 정신과의사라니, 내가 봐도 말도 안 되게 극단적이다.

그러나 내 주장은 이랬다. 우리는 유전자를 이길 수 없다. 우리 몸은 낮에는 해와 밝음, 밤에는 달과 어두움 같은 맥락적 신호에 반응하는 일주기 리듬과 함께 진화해왔다. 그러나 현대에 들어 모든 것이 뒤바뀌었다. 따라서 좀 더 자연적인 상태로 돌아갈 방법을 찾는 것은 언제나 유용하다. 캠핑이 본래의 맥락적 신호를 회복하는 데 도움이 될 것이다.

캠핑은 유기농식품과 많이 닮았다. 과거에는 기본이었던 생활 방식이 지금은 상당히 고급스러운 선택지가 되었다는 점이 그렇다. 옛날에는 음식이 유기농인 게 당연했다. 모든 농작물이 건강한 토양에서 화학물질을 쓰지 않고 재배됐기 때문이다. 마찬가지로 옛날에는 모두가 캠핑하듯이 생활하는 게 당연했다. 자연에서 생활하며 땅 위에서 잠을 잤고 낮에는 충분히 햇볕을 쬐고 밤에는 칠흑 같은 어둠 속에서 지냈다. 따라서 유전자의 관점에서는 오히려 현대의 생활 방식이 극단적이며 별빛 아래에서 자는 것이 안락하게 느껴질 것이다.

트래비스는 떨떠름해하면서도 결국 캠핑을 떠났다. 해가 진 후 인공조명이라고는 하나 없는 어둠 속에서 그는 아기처럼 잠을 잤다. 그게 벌써 6년 전 일이다. 나는 지금도 간간이 그의 상태를 확인하곤 하는데, 그는 여전히 잘 자고 있으며 가끔 주말에 캠핑하러 다녀옴으로써 자신의 새로운 리듬을 훌륭하게 유지하고 있다. 그러니 만약 당신도 불면증에 시달리고 있고 모든 수를 다 써봐도 나아지는 게 없다고 느낀다면, 배낭을 싸서 야생으로 떠나보자. 흐트러진 일주기 리듬을 바로잡기에 본래의 신호로 돌아가는 것보다 더 강력한 방법은 없다.

# 밤에 일하는 당신을 위한 처방

병원에서 근무하던 시절 나는 5년간 야간 당직 근무를 했다. 당직 후 다음 날 아침에는 브런치에 커피를 곁들임으로써 밤새 날카로워진 신경을 달래곤 했다. 그러나 커피와 팬케이크가 일시적으로 기운을 북돋워 주는 듯하다가도 이내 더 예민해지고 신경이 곤두섰다.

밤샘 근무는 몸에 상당한 부담을 가하며 실제로 야간 당직을 서는 사람들은 비만,[13] 심혈관계 질환,[14] 유방암[15,16]을 비롯한 다양한 건강 문제를 겪을 가능성이 더 크다. 이를 설명하는 한 가지 이론이 우리 몸은 밤새 빛에 노출되면 멜라토닌 분비가 억제되는데 이것이 인체의 면역반응과 초기 암에 대응하는 능력을 위태롭게 한다는 것이다. 밤새 깨어 있는 것은 또한 렙틴, 그렐린과 같이 식욕, 포만감, 신진대사에 관여하는 호르몬의 균형을 깨트린다.[17] 이것들은 모두 야간 당직의 위험을 결코 가볍게 여겨서는 안 된다는 사실을 뒷받침한다. 야간 당직을 꼭 해야 하는 상황이라면 낮에는 몸을 회복하는 데 최대한 집중하길 권한다. 그러려면 낮잠과 관련해 몇 가지 규칙을 세워두는 것이 중요하다. 예를 들어 아침에 퇴근할 때 청색광 차단 안경을 쓰면 뇌에 지금이 아침임을 알려주는 청색광을 차단하는 데 도움이 된다. 퇴근 후에는 바로 집에 가서 암막 커튼을 치고 안대를 쓰고 잠자리에 든다. 지금이 밤이라고 뇌를 설득할 수 있는 모든 방법을 다 동원하고, 다음 당직이 돌아오기 전에 체력을 회복할 수 있도록 충분히 휴식을 취한다.

내 몸이 불안을 말한다

# 몸이 피곤하다는 신호를 보내면
# 지체 말고 잠자리로 가야 하는 이유

대학에 다닐 때 나는 보통 새벽 2시쯤 자서 오전 10시쯤 일어나곤 했다. 어쨌든 여덟 시간은 자니까 언제 자고 언제 일어나는지는 크게 상관없겠지 하고 생각했다. 내 몸이 마치 고장 나기 일보 직전의 기계처럼 느껴지는 것도 신경 쓰지 않았다. 그러나 알고 보니 인간의 몸은 해의 움직임에 맞춰 활동할 때 가장 잘 기능했다.

여전히 산업화 이전처럼 생활하는 수렵채집민 사회들을 연구한 인류학자들은 흥미로운 사실을 발견했다. 이 부족 사람들은 공통적으로 해가 진 뒤 약 세 시간 후면 잠자리에 드는 경향을 보였다.[18] (말이 나온 김에 덧붙이자면 마치 불면증은 딴 세상 이야기라는 듯 그들의 언어에는 '불면증'을 가리키는 단어가 없다.) 이들은 세계 곳곳에 흩어져 있고 시간생물學chronobiology(생체 내에서 나타나는 주기적 현상을 연구하는 학문 – 옮긴이)에 관한 트윗을 서로 주고받았을 가능성도 전혀 없으므로, 각각 독립적으로 이와 같은 취침 시간에 도달한 셈이다. 마치 일몰 후 세 시간이 태생적으로 인간에게 가장 최적의 취침 시간인 것처럼 말이다. 그들의 취침 시간이 고정되어 있지 않다는 점에 주목하자. 일몰 시각은 계절에 따라, 지역에 따라 다 다르다. 즉 6월에는 밤 11시, 12월에는 저녁 8시 30분이 취침 시간이 될 수 있다. 만약 모든 경우에 적용할 수 있는 조언을 원한다면 밤 9시

30분부터 10시 45분 사이에 잠드는 것을 추천한다.

이 시간을 놓치면 (일을 몇 가지만 더 마무리하려고 했든, 밖에서 즐겁게 노느라 그랬든, 넷플릭스의 유혹이 너무나도 강력했든 간에) 우리 몸은 스트레스반응에 돌입한다. 내가 잘 시간이 됐는데도 잠자리에 들지 않는 데에는 뭔가 타당한 이유가 있는 게 분명해. 아마도 내가 위험에 빠졌거나 부족을 지키려고 보초를 서는 중인가 봐. 이렇게 생각한다. 그러면 우리 몸은 이처럼 예외적인 상황에서는 정신을 바짝 차려야 한다고 판단하여 이를 돕기 위해 코르티솔을 분비함으로써 에너지와 각성을 제공한다. '과로'한다는 것은 바로 이런 뜻이다. 아이를 키워본 적 없는 사람이라면 과로쯤이야… 별것도 아니지 하고 생각할 것이다. 그러면서 피곤해지고 더 피곤해진다. 반면 아이를 키워본 부모들은 내가 무슨 말을 하려는지 정확히 이해할 것이다. 딸아이를 키우면서 나는 아이들이 너무 피곤해서 오히려 잠들지 못하는 이 흥미로운 상태에 대해 (아주 힘들게) 알게 됐다. 아기들은 피곤하면 하품을 하거나 눈을 비비는 등 자기가 졸리다는 신호를 아주 작고 귀엽게 표현한다. 하지만 실제로는 전혀 귀여운 상황이 아니다. 아니, 사실상 비상사태다. 아기가 피곤해하는 신호를 발견하면 그 즉시 하던 일을 멈추고 너무 늦기 전에 아기를 잠자리에 눕혀야 한다. 왜냐고? 아기가 완전히 졸릴 때 잠자리에 눕혀야만 재울 수 있기 때문이다. 만약 때를 놓치면 아기는 과로 상태가 된다. 그러면 부모가 아무리 애써도 아기는 잠들지 않을 것이다. 그리고 그날 부모는 샤워, 청소, 자기만의 시간은 포기한 채 밤늦도록 칭얼대는 아기를 달래야 할지도 모른다.

과로한 아기의 몸에서는 코르티솔이 분비되며 이는 아기들을 더욱 지치고 예민하게 만든다. 성인의 몸도 마찬가지다. 많은 면에서 우리는 그저 덩치만 큰 아기와 같다. 그러니 자기 몸이 피곤하다고 보내는 신호를 들어주고 익혀라. 혹시 그 신호를 알아차리지 못한 채 소파에서 곯아떨어지는 일이 자주 일어나진 않는가? 나는 피곤할 때 주로 눈썹을 문지른다는 사실을 알아차렸다. 그러나 그때를 놓쳐서 과로한 상태가 되면 다시 정신이 맑아진다. 몸이 따뜻해지고 갑자기 인터넷서핑을 하거나 부엌을 정리한다. 막상 자야겠다는 생각에 잠자리에 누우면 쉽사리 잠들지 못하고 이리저리 뒤척인다. 과로한 몸이 내 혈관 속을 흐르는 코르티솔과 서로 싸우는 것이 느껴지는 듯하다.

그러므로 만약 몸이 피곤해하는 신호를 알아차리면 하던 일을 멈추고 너무 늦기 전에 침대에 누워라. 좀 더 단순한 지침을 선호한다면 이렇게 말할 수 있겠다. 일찍 잠자리에 들어라.

## 핸드폰 보는 시간이 아닌, 나를 위한 시간

혹시 자기 전에 반쯤 기대어 45분씩 핸드폰을 하는 것이 당신의 유일한 '나를 위한 시간' 또는 스트레스를 푸는 시간이라면, 당신만 그런 건 아니다. 연령대나 환경에 상관없이 내가 만나는 환자 중 다수가 그런 습관을 갖고 있다. 실제로 중국에는 이러한 행동을 가리키는 단어가 따로 있다. 바오푸싱아오예报复性熬夜. 대략 번역하면 '보복성으로 밤을 새우다'라는 뜻으로, 이는 주로 '낮 동안의 생활을 마음대로 쓰지 못한 사람들이 밤에라도 자유로움을 느끼기 위해 일찍 자기를 거부할 때' 일어난다.[19] 하루 중 잠깐이라도 나만을 위한 시간을 갖는 것이 얼마나 중요한지를 분명하게 보여준다는 점에서 이는 수면에 방해가 되지 않을 만한 그 나름의 해결 방안을 제공한다. 밤이 되어서야 내 시간을 요구하지 않으려면 낮에는 어떻게 생활해야 하는 걸까? 돈을 벌려면 반드시 일해야 하는 자본주의사회를 근본적으로 뒤엎지 않는 이상, 나는 환자들에게 아침에 몇 분이라도 시간을 내서 조용히 명상하기, 다른 사람들과의 약속 중 일부는 거절하기, 저녁 식사 후에는 20분 정도 산책하며 스트레스 풀기 등을 권한다.

///////////////////////////////////////////////////////////////////////////////////

## 허기지면 통잠을 자기 힘들다

환자 중에는 어찌어찌 잠이 들더라도 그대로 쭉 이어서 자기가 쉽지 않다고 말하는 사람들이 많다. 한밤중에 잠에서 깨는 이유에는 여러 가지가 있지만 대개는 혈당 변동 때문이다.

식사와 식사 사이의 간격이 가장 길 때는 주로 잠을 잘 때다. 이러한 공복 상태가 세포를 수리하고 소화기관이 쉴 시간

내 몸이 불안을 말한다

을 준다는 점에서 중요하긴 하지만 그동안에도 우리의 혈당은 낮에 활동할 때와 마찬가지로 밤새 오르내린다. 만약 당신이 보통 오후 3시에 '배가 고파서 화가 나고 짜증이 나는' 편이라면 마찬가지로 밤에도 새벽 3시쯤 깼다가 이런저런 생각에 다시 잠들지 못하는 것일 수 있다. 이는 주로 밤중에 혈당이 급격히 떨어져서 몸이 스트레스반응으로 대응할 때 일어난다. 수면은 잠이 점점 깊어지는 단계인 비렘non-REM(빠른 안구운동이 일어나지 않는 단계)수면과 꿈을 꾸는 단계인 렘REM수면을 포함해 네 가지 단계로 이루어지는데, 이때 스트레스반응은 깊은 수면을 방해하고 밤중에 갑자기 눈을 뜨게 하기 쉽게 만들어 더욱 얕은 잠을 자도록 할 수 있다. 해결 방안은 밤새 혈당을 안정적으로 유지하는 것이다. 그러려면 야식 외에 어떤 방법이 있을까? 일반적으로는 혈당 안정에 도움이 되는 식사를 하거나 간헐적 단식을 통해 우리 몸의 생리를 재훈련하면 이러한 문제를 예방할 수 있다. 그러나 여차할 때는 침대 곁에 아몬드버터나 코코넛오일 한 병을 갖춰 두고 밤에 이를 닦기 전에 한 숟갈 먹는 것이 도움이 된다. 초조하고 불안한 기분을 느끼며 밤중에 깼다면 한 숟갈을 더 먹는다. 이러한 지방과 단백질 덩어리는 소화와 흡수가 느리므로 밤새 혈당이 너무 떨어져 스트레스반응을 일으키는 일이 없도록 안정적인 혈당 안전망을 제공한다.

## 아침에 마시는 커피 한 잔도
## 밤잠을 방해할 수 있다

    카페인의 악랄하고 중독적인 사이클에 갇혀 있는 사람들이 많다. 매일 아침 피곤해서 커피 한 잔을 마신다. 오후가 되면 그 효과가 희미해져서 또 한 잔을 마시고… 그러다 보면 결국 밤에는 잠들기가 어렵다. 그리고 다음 날 아침, 퀭한 눈으로 일어나 다시 그 사이클을 시작한다. 나도 이 같은 루틴이, 뇌가 시동이 걸리지 않는 자동차처럼 느껴질 때 커피 한 잔만이 유일한 구원처럼 느껴지는 그 기분이 낯설지 않다. 그러나 그러한 기분은 사실 카페인 금단현상일 가능성이 크다. 생리적으로 아침에 일어나면 제일 먼저 카페인을 찾도록, 그래서 카페인 없이는 기능하기를 거부하도록 몸을 길들여온 것이다.

    아침에 마시는 커피 한 잔이 열다섯 시간 후의 수면에 영향을 미친다는 사실을 아마 믿기 어려울 것이다. 그러나 사람들 대부분은 카페인이 체내에 머무는 시간을 상당히 과소평가한다. 고등학교 화학 시간에 배운 반감기라는 개념을 기억하는가? 카페인의 평균 반감기는 다섯 시간이다.[20] 즉 우리 몸이 아침에 마신 카페인의 절반을 대사하는 데 다섯 시간이 걸리고, 남은 절반의 절반을 대사하는 데 다시 다섯 시간, 이런 식으로 걸린다는 뜻이다. 이 사실이 중요한 이유는 아침 9시에 마신 카페라테 중 일부가 밤새도록 뇌를 괴롭힌다는 것이며, 오후 3시 30분에 마시는 커피 한 잔이 저녁 8시 30분에 마시는 커피 반 잔과 같다는 뜻이기 때문이다. 불면증에 시달리는 사람들을 보면 대부분 저녁에는 카페인을 쳐다보지도 않는다. 하지만 낮에 마시는 카페인도 똑같은 영향력을 발휘한다. 소량의 카페인도 수면을 방해할 수 있으므로 커피는 이른 아침에만 마시는 것으로 제한하고 카페인의 하루 총섭취량을 줄이는 것이 제일 좋다. 아침에 일어나 전혀 해될 게 없어 보이는 커피 한 잔을 마시는 것도, 오후에 (인스타그램에 올리면 그럴싸해 보이는) 말차를 마시면서 스스로 뿌듯해하는 것도, 밤에 다이어트 콜라를 마시는 것도 전부 수면과 불안에 영향을 미친다. 현실적으로 카페인을 끊는 방법은 7장에서 살펴볼 것이다.

## 나한테 맞는 수면 사이즈를 찾아서

환자들은 종종 묻는다. "그러면 적정 수면 시간이 어떻게 되나요?" 사람한테 7~9시간의 수면이 필요하다는 사실은 다들 익히 들어서 알고 있을 것이다. 독일의 시간생물학자 틸 뢰네베르크Till Roenneberg가 저서 《생체 시계Internal Time》에서 설명했듯이 실제로 현대 인류의 수면 욕구는 종형 곡선을 따르며 인구의 95퍼센트가 7~9시간의 수면을 필요로 한다.[21] 즉 일곱 시간 미만의 수면으로도 최적의 상태를 유지할 수 있는 사람은 극히 드물다는 뜻이다.[22,23,24] 그러나 뉴욕에 사는 주변 지인들을 보면 일곱 시간보다 적게 자는 사람들이 절반은 되는 것으로 보인다.

행여 당신이 숙면을 위해 노력하고 있다 해도, 식당에 가서 메뉴판을 보며 주요리를 고르듯이 어디 보자, 일곱 시간, 여덟 시간, 아홉 시간짜리가 있네. 음… 일곱 시간짜리로 주세요 하고 마음대로 내게 필요한 수면 시간을 선택하는 것이 아니다. 몸이 얼마만큼의 수면을 요구하는지는 우리가 선택할 수 없다. 그것은 각자의 체질마다 다른 고유한 특성이다. 누군가가 이를 두고 '수면 사이즈'라고 표현한 것을 들은 적이 있다. 마치 신발 사이즈처럼 사람마다 자기 몸이 필요로 하는 적정 수면 시간이 정해져 있다는 것이다. 만약 당신의 수면 사이즈가 7이면 앞으로는 매일 일곱 시간씩 자도록 해라. 그러면 몸이 훨씬 가벼워질 것이다. 그러나 수면 사이즈가 9인 사람한테는 일곱 시간 수면이 부족하다. 발 크기가 250인데 230짜리 신발을 신고 온종일 걸어 다닌다고 생각해보자…. 얼마나 발이 아프겠는가! 핵심은 내 수면 사이즈를 알고 최선을 다해 지키는 것이다. 자신의 적정 수면 시간을 잘 모르겠다면 몇 주쯤 시간을 내서 그동안 부족했던 수면을 보충하고 알람 없이 일어나본다. 푹 쉬고 난 후에 저절로 눈이 뜨였을 때, 내가 얼마나 잠을 잤는지를 추적해라. 내 몸이 원하는 수면 시간은 몇 가지 요인에 따라 달라질 수 있다. 가령 질병, 스트레스, 강도 높은 운동에 시달린 몸은 평소보다 긴 휴식을 원할 수 있다. 그러나 내 몸이 평균적으로 어느 정도의 휴식을 요구하는지를 알아두고 매일 밤 알맞은 '신발' 사이즈를 신는 것은 아주 좋은 생각이다.

내 몸이 불안을 말한다

수면 사이즈가 9인 사람들에게 특별히 당부하고 싶은 말이 있다. 수면 사이즈가 7이나 8인 사람들은 상대적으로 수면 시간이 많이 필요하지 않은 덕분에 인생에서 좀 더 많은 것을 얻어 가는 것처럼 보인다는 점을 나도 안다. 그러나 거기에 초조해하는 대신 자신에게 아홉 시간의 수면이 필요하다는 사실을 받아들이고 그만큼의 시간을 기꺼이 재충전에 할애해라. 수면은 시간 낭비가 아니다. 귀한 황금이다. 하루 중 많은 시간을 쏟을 만큼 수면이 가치 있다는 사실을 알고 내 몸을 원망하기보다는 존중해주자. 하루라도 빨리 아홉 시간 수면의 필요성을 인정하고 그 시간을 꾸준히 채울수록 당신의 건강도, 불안도 더 빠르게 안정적이고 평온한 상태에 이를 것이다.

## 통잠을 못 잔다고 너무 스트레스받지 말자

밤중에 깨는 바람에 스트레스를 받는 사람들이 많다. 시계를 확인하며 다음 날 피곤할까 봐 걱정한다. 그러나 많은 경우 밤중에 깨는 것은 사실 '수면 중간middle sleep'이라는 일반적인 생리현상이다. 수면과 수면 사이에 잠깐 틈이 생긴 것뿐이다. 이처럼 수면 중간은 지극히 정상적인 현상이지만, 한밤중에 뇌가 청색광에 노출되면 일주기 리듬이 흐트러져서 멜라토닌 분비가 억제되고 다시 잠들기 어려울 수 있다. 따라서 밤중에 눈이 뜨였다면 네 시간짜리 수면 조각 두 개 사이에 잠깐 깼나 보다 하고 가볍게 생각하면 된다. 괜히 스트레스를 받는 대신 그저 청색광을 피하고(핸드폰을 보지 말고) 편안한 마음으로 다시 잠드는 시간을 즐겨라. 보통 약 15분에서 60분 이내에 자연스레 잠이 들 것이다. 밤중에 깨는 것이 스트레스반응으로 이어지는 이유는 대부분 우리가 숙면을 망쳤다는 사실에 불안해하며 자꾸만 시간을 확인하기 때문이다. 이는 다시 잠들 가능성을 뿌리째 뽑아버리는 행위다. 단지 수면 조각과 조각 사이에 깼을 뿐이라고 생각하며 어둠 속에서 편안하게 눈을 감고 쉬다 보면 자기도 모르는 새에 다시 잠들 것이다. 수면위생의 근본적인 역설은 수면이 신체적·정신적 건강에 매우 중요한 요소이긴 하지만 우리가 수면에 너무 전전긍긍하지 않을수록 오히려 잠들기가 더 쉽다는 점이다. 충분히 잠을 자는 것도 중요하지만 그렇지 않아도 괜찮다고 생각해야 한다.

## 너무 많이 잔다는 게 가능할까?

나는 그렇지 않다고 생각한다.

몸은 필요한 만큼 잠을 잔다. 만약 지나치게 긴 수면 시간이 필요하다면 그것은 그 이면의 문제를 알려주는 **신호일 수 있다.** '과도한 수면'을 초래하는 시나리오로는 다음 두 가지가 흔하게 나타난다.

1. 가장 흔한 시나리오: 당신의 몸이 옳고, 사회가 틀렸다.

① 당신은 잠을 많이 자야 하는 사람인데 생산성에 집착하는 현대사회가 그러면 안 된다고 말하는 경우다. 혹시 당신의 수면 사이즈는 9인데(내가 진료하는 불안장애 환자 중에서도 그런 사람들이 많다) 그것을 받아들이지 않고 자기한테 문제가 있다고 생각하는 건 아닌가? 전혀 그렇지 않다. 이러한 경우에는 아홉 시간보다 적은 수면이 당신의 불안을 높이고 있을 수 있다.

2. 기저질환 때문에 몸이 더 많은 수면을 **필요로 하는** 시나리오도 있다(그리고 그 질환 때문에 불안이 높은 것일 수도 있다).[25] 예를 들면 다음과 같다.
   ① 갑상샘저하증
   ② 우울증 (그리고 우울증과 수면욕 증가가 모두 염증에 의한 것일 수도 있다. 이는 8장에서 좀 더 자세히 살펴보기로 한다.)
   ③ 만성감염 [엡스타인바Epstein-Barr 바이러스(인간 헤르페스바이러스 4형-옮긴이), 라임병(진드기가 사람을 무는 과정에서 보렐리아 세균이 체내에 침입하는 질환-옮긴이) 등]
   ④ 코로나19 장기 후유증
   ⑤ 약물 부작용 (아빌리파이Abilify와 같은 비정형 항정신병 약물 등)

만약 이 중 어느 하나에 해당한다면 근본적인 원인을 다룸으로써 적정 수면 시간을 재조정하자. 그게 아니라 그저 아홉 시간의 수면이 필요한 사람이라면 아홉 시간을 자면 된다.

////////////////////////////////////////////////////////////////////////////////////

# 안전하게 수면을 도울 수 있는 방법들

앞서 소개한 방법들을 모두 시도해봤는데도 여전히 잠들기가 어렵다면 그 외에 도움이 될 만한 간단하고 쉬운 방법들이 있다. 예를 들면 침대에 눕기 전에 할 일 목록 작성하기(머릿속을 떠도는 골칫거리들을 종잇조각에 맡겨두면 당신의 마음이 이런저런 상념을 좇는 것을 멈추고 휴식하는 데 도움이 된다),[26] 호흡요법, 점진적 근육 이완법(몸의 주요 근육을 그룹별로 수축하고 이완하는 활동을 번갈아가며 반복하는 방법) 등이 있다. 또한 밤에 찾아오는 불안은 낮 동안에 스트레스를 얼마나 잘 관리했는지에 따라 상당 부분 결정된다는 사실도 간과해서는 안 된다. 낮에 긴장을 풀고 생활할수록 어두워진 후에도 편안함을 느낄 것이다. 그런 측면에서 보면 불안을 줄이는 방법으로 이 책에서 제공하는 모든 조언이 수면의 질을 개선하는 데에도 효과가 있다고 할 수 있다.

이러한 방법과 더불어 안전하게 수면을 도울 수 있는 방법들을 몇 가지 더 소개한다.

**글리신 마그네슘** Magnesium Glycinate: 마그네슘은 우리 몸에서 일어나는 600가지 이상의 생화학 반응에 참여하며, 마그네슘을 복용하면 불면증, 불안,[27] 우울,[28] 편두통,[29] 생리통,[30] 근육 긴장, 그 밖의 여러 질병에 도움이 될 수 있다. 그러나 대부분 사람은 미네랄이 부족한 토양에서 자란 음식을 먹기 때문에 마그네슘이 부족하다. 만약 당신이 미네랄이 풍부한, 화산 지대 토양에서 갓 수확한 농작물을 주로 먹는다면 마그네슘 수치를 걱정할 필요가 별로 없다. 그러나 미국 식품 체계에서 주류인, 빈약하기 그지없는 기업형 농업 생산물에 의지하고 있다면 영양제를 복용하는 편이 좋을 것이다. 불면증과 불안 외에도 두통, 피로, 근육통 역시 마그네슘 결핍을 알리는 신호일 수 있다.

나는 거의 모든 사람에게 100~800밀리그램의 글리신 마그네슘을 잠들기 전에 복용하라고 권한다. 혹시라도 변이 묽어진다면 복용량을 줄인다. 마그네슘을 영양제로 복용하기 싫다면 다크초콜릿, 호박씨, 녹엽 채소, 아보카도, 바나나, 아몬드 같은 음식으로 섭취하거나 엡섬염(염분이 들어 있지 않은 황산마그네슘 덩어리 – 편집자) 목욕을 통해 피부로 흡수할 수도 있다. 개인적으로 나는 알약 형태의 마그네슘 복용과 엡섬염 목욕을 번갈아 한다.

**무게감 있는 이불과 쿨링 패드**: 지난 몇 년간 이불을 묵직한 것으로 바꾸고 효과를 본 환자들을 보면서 무게감 있는 이불이 신경을 진정시켜준다는 사실을 확인했다. 누군가의 품에 안겼을 때 또는 포대기에 감싸였을 때 안정감을 느끼는 것과 마찬가지다. 그것이 불안과 불면증 모두에 도움이 될 수 있다는 예비적 증거도 있다.[31]

쿨링 패드로 효과를 본 환자들도 꽤 있었다. 인간은 시원한 곳에서(약 18도가 최적의 온도[32]) 가장 쾌적하게 잔다. 원래 인간이 살았던 자연환경에서는 일몰 이후에 기온이 떨어졌고 이것이 일련의 수면 호르몬 작용을 시작하도록 돕는데, 시원한 방이 바로 그 환경과 비슷하기 때문일지도 모른다. 만약 밤에 체온이 올라가는 편이라면, 처음 침대에 누울 때는 따뜻하고 아늑하게 하고 자는 동안에는 시원해져서 푹 잘 수 있도록 쿨링 패드를 설정할 수 있다.

**수면 추적기**: 수면 추적기의 가장 큰 장점은 사람들이 수면의 중요성을 깨닫게 하고, 음주, 늦게 자는 습관, 저녁에 핸드폰 보는 습관 등이 수면의 질에 얼마나 나쁜 영향을 미치는지를 객관적으로 인지시켜준다는 것이다. 술을 마시면 (얼마를 마시든 상관없이) 처음에 잠들기까지 걸리는 시간은 짧아져도 그 대신 밤중에 깰 확률이 높아진다는 연구가 있다.[33] 술이 수면에 부정적인 영향을 미친다는 사실을 받아들이기 위해 그럴싸한 장비가 필요하다면 수면 추적기를 써보자.

**멜라토닌**: 멜라토닌은 수면유도물질이 아니라 지금이 하루 중 언제인지를 우리 몸에 알려주는 물질이다.[34,35] 멜라토닌 복용이 수면에 도움이 되는 이유는 현대사회의 갖가지 인공 불빛이 우리 몸에 잘못된 신호를 전달해서 생기는 혼란을 해소하기 때문이다. 그러나 나는 조금 구식일 수는 있지만 지금이 하루 중 언제인지를 내 몸이 자연적인 신호로 아는 편을 선호한다. 다시 말해 내가 이 장에서 소개했던 방법들을 활용하여, 특히 아침과 밤에 어떻게 빛에 노출될지를 전략적으로 선택하여, 체내에서 직접 멜라토닌을 생산하는 방식이다. 나는 알약 형태로 조제된 멜라토닌이 우리 몸이 자연적인 신호에 반응하

여 완벽한 때에 완벽한 양을 분비할 수 있도록 고도로 정교하게 조율된 멜라토닌만큼 좋을 수는 없다고 믿는 편이다. 야간 비행과 같이 특별한 경우에는 멜라토닌을 복용해도 좋겠지만, 그런 상황이 아니라면 해가 진 후에 주변을 어둡게 함으로써 우리 몸이 직접 생산한 멜라토닌이 일궈낸 깊은 회복의 수면을 즐겨라.

# 6장
# 기술 발전이 가져온 불안

기억해라, 기술이란 것은 참으로 기묘하다.
한 손으로는 멋진 선물을 건네면서 다른 손으로는 등에 칼을 꽂는다.
—C. P. 스노Snow

지금 우리는 언제라도 문자메시지나 스냅챗, 줌, DM, 페이스타임을 할 수 있는 시대에 살고 있다. 그래서 우리가 다양하게 사회적 상호작용을 하고 있다는 환상을 품기 쉽지만 사실 이 중 그 무엇도 관계에 대한 인간의 근본적인 욕구를 채워주지 못한다. 타인과 직접 만났을 때만 느낄 수 있는 소리, 냄새, 감촉 그리고 주변 일상을 공유하는 경험처럼 실제 현실에서 사람들과 같이 부대낀다는 감각적 맥락 없이 그저 핸드폰이나 컴퓨터 화면만을 통한 소통이 제아무리 다양해도 유대감을 갈망하는 인간의 욕구를 제대로 긁어주지 못한다. 인간은

내 몸이 불안을 말한다

사회적 동물이다. 아무리 내향적인 사람이라도 다른 사람들과의 연결은 타협할 수 없는 욕구다. 그러나 공동체에 소속되어 있다는 감각을 주로 화면을 통해서만 느낄 때 우리는 든든하기보다 오히려 더 외롭고 불안할 수 있다. 최근 연구에서 확인되었듯 소셜 미디어의 사용은 우울과 불안이 높아지는 현상과 관련이 있다.[1] 어느 연구에 따르면 페이스북을 단 20분만 해도 기분 저하를 경험한다고 한다.[2] 또한 온라인 소셜 미디어를 줄이면 삶의 질이 개선될 수 있음을 입증하는 연구도 있다.[3]

코로나19 팬데믹으로 모든 사람이 집 안에서 화면으로만 소통하기 전부터 공중보건 전문가들은 미국의 소위 '유행성 고독병loneliness epidemic'에 대한 관심을 촉구했다. 2020년 1월, 생명보험회사 시그나Cigna는 미국 성인 중 약 60퍼센트가 일정 수준의 외로움을 느낀다고 보고했다.[4] 사회적 고립과 기술 사용의 증가는 모든 연령대에 영향을 미쳤으나 특히 아이폰을 거의 딸랑이 장난감처럼 쓰면서 자라난 Z세대에게 가장 심각한 영향을 미친 것으로 보인다.[5] 2019년 심리학자 진 트웽이Jean Twenge 박사의 연구에 따르면 한 세대 전과 비교해서 오늘날의 청소년과 청년이 우울과 불안을 경험하는 경우가 더 많다고 한다.[6] 이처럼 정신적 고통이 급등한 원인 가운데 하나로 트웽이는 스마트폰과 소셜 미디어 사용의 엄청난 증가를 꼽았다. 예를 들어 2009년에는 고등학교 3학년 중에서 매일 소셜 미디어 사이트에 접속하는 학생이 절반 정도였지만 요즘에는 그 비율이 85퍼센트에 육박한다.[7] 소셜 미디어 사용 시간이 어떻게 사람들의 정신 건강에 해를 끼치는지를 설명한 연구도 많다.[8] 젊은 여성들이 가장 많이 고통받는 듯했는데, 이는 그레그 루키아노프Greg Lukianoff와 조너선 하이트Jonathan Haidt가 저서 《나쁜 교육》에서 지적한 것처럼 "그들은 (특히 디지털로 보정된 아름다움을 기반으로 한) 사회적 비교, 자기만 소외되었다는 신호, 관계와 관련된 공격에 더 쉽게 부정적인 영향을 받기 때문"[9]이며 이러한 문제들은 주로 "현실 세계"보다는 소셜 미디어에서 훨씬 자주 발생한다.[10]

　마지막으로 (친구, 직장 동료, 이웃, 같은 모임 회원 사이에 발견되는 것과 같이) 직접 접촉하는 공동체가 실제로 우울과 불안을 완화할 수 있다는 증거도 있다.[11] 최근 뉴질랜드에서 이루어진 한 연구는 사회적 유대감이 정신 건강에 미치는 영향이 그 반대보다 더 강력하고 일관적이라는 사실을 입증했다. 즉 사람들은 정신이 건강하지 않아서 사회적 관계를 끊는 것이 아니다. 종종 사회적 단절 자체가 정신질환보다 앞서 나타나고 이것이 정신 건강에 부정적인 영향을 끼칠 때가 많다. 그리고 사회적 유대감은 심리적으로 건강하지 않은 상태를 어루만져주는 '사회적 치료제'가 될 수 있다.[12] 우리 삶에 이러한 공동체를 다시 들여오기 위해 쓸 수 있는 전략들은 3부에서 자세히 살펴보기로 한다.

# 업무와 일상의 경계가 없는 삶

혹시 독자 중에 컴퓨터나 핸드폰으로 업무 처리가 가능한 지식노동자가 있다면 나는 기술 발달이 경계 없는boundaryless 업무 환경으로 인한 불안을 가져왔음을 상기시키고 싶다. 버스 기사, 마취과의사, 바리스타는 근무하는 공간을 벗어나는 순간 일과를 마감했음을 몸으로도, 마음으로도 느낀다. 그러나 그 외에는 상당히 많은 사람이 일거리를 언제 어디서나, 문자 그대로 주머니에 넣고 다닌다. 항상 일해야 한다는 압박감이 기술 발달로 얻은 효율성을 넘어섰다. 이러한 현실은 팬데믹으로 재택근무가 활성화되면서 더욱 악화됐고 일부 회사는 직원이 언제 어디서나 일하는 것을 새로운 표준으로 받아들였다. 직장 상사나 동료들과 실제 현실에서 직접 부대끼는 상호작용이 없으니 어떤 사람들은 메신저에 항상 접속해 있는 것으로 자신의 쓸모를 입증해야 한다고 느꼈고, 그래서 통근 시간에도 업무를 처리하며 총 근무시간을 늘렸다.

기술 발전을 되돌릴 수는 없는 노릇이니 의식적으로 업무의 경계를 명확히 설정하는 일은 각 개인에게 달려 있다. 소셜 미디어와 스마트폰은 아직 등장한 지 얼마 되지 않아서 그와 관련된 예의범절도 이제 겨우 만들어지기 시작하는 중이다. 마치 차는 몰고 다니지만 안전벨트는 아직 발명되지 않은 상황과 같다는 말을 들은 적이 있는데 참으로 적절한 표현이다. 업무와 일상의 경계가 불분명한 이 새로운 환경에 대한 해답은 현대 기술에서 벗어나 핸드폰을 던져버리는 것이 아니라, 잠시 멈춰서 우리의 불안에 귀 기울이고 그것이 내게 전하려는 메시지를 고민하고 기술을 둘러싼 새로운 한계를 설정하는 것이다. 어떤 의미에서 책임은 우리에게 있다. 기술 발전이 가져온 불안을 줄이고 싶다면 자기만의 안전벨트를 발명해야 한다. 여기서 말하는 안전벨트란, 하루 중 얼마간은 전자 기기에서 벗어나 휴식하기, 저녁을 먹거나 잠자리에 들 때는 핸드폰을 멀리하기, 메시지나 알림이 오자마자 답변하고 싶은 충동 자제해보기 등을 가리킨다. 그뿐만 아니라 문화적으로도 회사가 직원들의 체력적·정신적 한계를 존중해줘야 한다는 사회적 인식이 형성되어야 한다. 어떤 회사들은 '방해받지 않는 화요일', '회의 없는 수요일', 주 4일제 근무 등과 같이 직원들을 인간적으로 대하면서도 경쟁에서 살아남을 수 있는 창의적인 해결 방안을 마련했고, 이러한 시도는 직원들의 사기를 높이고 번아웃과 이직률을 낮추는 긍정적인 결과를 가져왔다. 이를 따르는 회사가 많아질수록 모두에게 득이 될 것이다.

# 우리는 소셜 미디어에서
## 타인의 관심을 확인받고 싶어 한다

한때는 교회에서, 마을에서, 그리고 대가족을 이루고 사는 가정환경에서 쉽게 공동체 소속감을 느낄 수 있었지만, 그런 것들이 사라진 요즘은 삶의 크고 작은 일들을 공유함으로써 다른 사람들의 관심을 확인받고자 하는 욕구가 점점 커지고 있다. 오늘날 우리는 외부와 격리된 채 집에만 머무르는 날이 많아졌다. 때로는 줌 미팅이 하루 중 가장 사회적인 활동인 날도 있다. 편리하게도, 지난 수십 년에 걸쳐 소셜 미디어는 기존의 마을이 했던 역할을 대체하는 가상 마을로 발돋움했다. 지금 우리는 아기를 낳고 휴가를 가고 라테 한 잔을 살 때도 마치 통과의례처럼 사진을 올리고 그러면서 다른 사람들의 관심을 느낀다. 밀레니얼 세대 사이에서는 "인증 숏이 없으면 무효"라는 말까지 있다. 이처럼 자신의 경험과 중요한 일정을 공유함으로써 그 사건들이 실제로 일어났음은 물론이고 내가 그것을 중요하게 생각한다는 점까지 강조한다. 그러나 직접 보고 만질 수 없는 가상의 마을과 그 주민이 나를 지켜보고 있다는 느낌만으로는 뭔가가 완전히 충족되지 않는다. 이는 마치 인공감미료가 뇌를 속이는 것과 비슷하다. 인공감미료를 먹으면 처음에는 아주 달콤한 맛을 경험하고 있다고 생각하지만 결국에는 가짜 화학물질이 뇌를 속였다는 사실을 깨닫는 것과 같은 이치다. 디지털 공동체는 다른 사람들과 활발히 교류하고 있다는 느낌의 껍데기만 제공할 뿐이며 우리의 깊은 내면에 있는 무언가는 그것만으로는 부족하다는 사실을 알고 있다.

사회적 동물인 인간은 본능적으로 타인과 사적인 관계를 맺도록 태어났다. 이는 인류의 기원과 관련이 있다. 지금까지 인간이 대초원에서 가장 빠른 동물 또는 가장 강력한 동물이었던 적은 한 번도 없다. 그런데도 인간이라는 종이 승리할 수 있었던 것은 서로 협력하는 능력 덕분이었으리라는 가설이 존재한다. 그리고 거기에는 관계에 대한 본능적인 욕구가 동반한다. 실제로 공동체는 생물학적으로도 아주 필수적인 것이어서 사회적 단절은 뇌에 물리적 고통처럼 느껴진다. 캘리포니아대학교 로스앤젤레스University of California, Los Angeles, UCLA의 사회심리학자 매슈 D. 리버먼Mattew D. Lieberman이 저서《사회적 뇌 인류 성공의 비밀》에서 제안했듯이 이것은 생존과 생식을 고취하기 위한 진화적 적응이었다. "사회적 상실이 주는 고통과 상대방의 미소가 우리에게 영향을 미치는 방식은 우연이 아니다." 리버먼은 이렇게 말했다. "진화가 곧 현대 인류의 뇌를 설계하는 과정이었다고 말할 수 있을 정도로, 인간의 뇌는 타인과 접촉하고 상호 작용하도록 만들어졌다. 이는 결함이 아니라 설계적 특성이다. 이러한 사회적 적응 덕분에 인간은 지구상에서 가장 성공한 종이 될 수 있었다."[13] 언뜻 보기에 소셜 미디어는 현대 생활의 고립 문제를 해결하기 위해 등장한 것처럼 보이지만 사실 이는 사람들 간의 벽을 더욱 효율적으로 쌓아 올렸다. 우리가 핸드폰과 컴퓨터로 소통하는 데 쓰는 시간은 그만큼 직접 만나서 교류하는 시간을 찾지 않는다는 기회비용을 대가로 치른다. 온라인 공동체는 결국 진정한 의미의 소통을 하는 능력을 방해하고 그렇게 우리는 불안하고 충족되지 못한 채 살아가고 있다.

내 몸이 불안을 말한다

# 불안을 불러일으키는 자세

화면을 들여다보는 자세가 뇌에 불안을 전할 수 있다. 장시간 컴퓨터 앞에 앉아 있거나 핸드폰을 볼 때 목과 어깨의 위치는 뇌로 향하는 혈류에 영향을 미치고,[14] 교감신경계와 연결된 어깨, 등 위쪽, 턱의 중요한 근육조직을 긴장시킨다. 턱과 등세모근에 힘이 들어간 채 시선을 화면에 고정하는 자세는 우리가 스트레스 상황에 있다는 신호를 뇌에 전달한다. 실제로는 그렇지 않더라도 말이다. 따라서 아무리 다정하게 영상통화를 하는 상황이라도 생리적으로는 우리가 체감하는 것보다 훨씬 더 불안을 높이는 행위일 수 있다. 또한 화면에 집중하다 보면 동공이 확장되는 순간이 있는데 이 또한 우리가 공포에 처했을 때 나타나는 것과 비슷한 반응이다. 그러므로 컴퓨터로 일을 하거나 핸드폰을 볼 때는 의식적으로 목을 곧게 펴고 시선을 부드럽게 유지해라. 목을 앞으로 기울이면 근육의 긴장감이 심해지는 것을 느끼는가? 눈이 피곤한가? 만약 그렇다면, 좀 더 인체공학적인 업무 환경을 갖추고 주기적으로 휴식 시간을 가져서 눈을 쉬게 해주고 잠깐씩은 밖에 나가 전자 기기에서 벗어난 시간을 가지는 편이 좋다.

# 기술이 나의 주인이 되게 하지 말고
# 내가 기술의 주인이 되자

지금 우리는 주목 경제attention economy의 시대에 살고 있다
고들 한다. 우리가 무엇에 주목하는지가 곧 상품이며 이를 얻
기 위해 미디어와 광고주가 경쟁한다는 의미다. 그리고 사람
들의 시선을 얼마나 끌 수 있느냐에 이익이 좌지우지되는 기
업들은 철저하게 자신들의 과제를 수행해왔다. 2017년 악시
오스Axios(미국의 온라인 매체 – 옮긴이)가 주최한 어느 행사에
서 페이스북 공동 창립자 숀 파커Sean Parker는 다음과 같이 고
백했다. "이러한 애플리케이션을 개발하게 된 사고 과정은 (중
략) 전부 '어떻게 하면 사람들의 시간과 의식적인 관심을 가능
한 한 많이 소비할 수 있을까?'에 대한 것이었습니다."[15] 이처
럼 뉴스와 소셜 미디어를 다루는 기업들은 신경과학과 행동심
리학이 기업의 성공에 중요한 역할을 한다는 사실을 예리하게
의식하고 있다. 인간의 공포 반응을 이용하는 방법도 알고, 간
단한 인정만으로도 뇌의 보상회로가 켜지게끔 유도하는 방법
도 안다. 인스타그램에서 '좋아요'를 받으면 (슬롯머신에서 모든
칸에 같은 그림이 나왔을 때 느끼는 것과 비슷한 방식으로) 보상회
로에 관여하는 신경전달물질인 도파민이 예측 불가능한 간격
으로 분비되어 사람들이 더 많은 '좋아요'를 원하게 된다는 것
도 안다.[16] 미디어 매체 또한 사람들에게 공포, 불안, 불확실성,
의심을 서서히 불어넣거나 또는 사람들이 부당하다고 느낄 만

내 몸이 불안을 말한다

한 제목을 써야 대중의 관심을 끌 수 있다는 것을 인지하고 있다. 논란이 일면 사람들이 목을 빼고 구경한다는 사실은 말할 것도 없다. 핵심은 그들이 그렇게 배를 채우는 동안 우리의 정신 건강은 부차적 피해를 보고 있다는 점이다. 이 불편한 진실에 대응하기 위해 내가 할 수 있는 최선의 조언은 의외로 숀 파커가 한 말에서 찾을 수 있다. "저는 제가 주인이 되어 이러한 플랫폼들을 사용합니다. 그것들이 나를 이용하게 두지 않습니다."[17] 자신의 심리적 안녕을 지키려면 언제, 어떻게 내 관심을 뉴스와 소셜 미디어에 허락할지를 두고 매우 주체적이고 의식적인 선택을 할 필요가 있다.

내 환자 중에도 자기가 소비하는 미디어에 영향을 깊이 받는 환자들이 많다. 그들은 스물네 시간 뉴스를 검색하거나 주요 하이라이트처럼 엄선된 인스타그램 속 사람들의 삶을 자신의 현실과 비교하며 괴로워한다. 자신의 관심 가운데 많은 부분을 아낌없이 내주고는 그 대가로 자신을 갉아먹는 불안에 고통받는다. 잡지 에디터로 일하는 36세 여성 아이샤Aisha도 그런 환자 중 하나였다. 나와 상담하는 내내 아이샤는 트위터나 인스타그램을 할 때마다 얼마나 초조함을 느끼는지 이야기했다. "저는 최신 동향을 놓치지 않으려고 노력해요. 그런 이슈들에 관심도 많고요. 하지만 문득 내가 뉴스에 중독된 건 아닌지 궁금해지기 시작했어요. 어떨 때는 다른 건 전혀 생각할 수가 없고 계속 핸드폰만 확인하기도 해요." 소셜 미디어에 자신의 관심사를 포스팅하면 거기에 달린 댓글이 자신을 "오해"하거나 "공격"하는 것으로 느껴진다는 말도 덧붙였다. 잡지 에디터로서 성공하려면 소셜 미디어에서 계속 활발하게 활동하는 편이 좋다는 사실 때문에 아이샤는 더욱 힘들어했다.

아이샤에게 나는 업무를 위해 소셜 미디어에 쏟아야 하는 시간이 정확히 얼마나 되는지 아주 냉철하게 생각해보라고 조언했다. 내가 보기에 그녀는 실제로 필요한 것보다 더 많은 시간이 필요하다고 스스로 생각하는 듯했다. "중독의 특징은 무엇인가? 간단하게 말하면, 그 행위를 멈추는 선택지가 있다는 것을 더는 알아차리지 못하는 상태를 가리킨다." 영적 스승이자 작가인 에크하르트 톨러Eckhart Tolle는 저서《지금 이 순간을 살아라》에서 이렇게 말했다. "중독은 또한 잘못된 쾌락, 결국에는 반드시 고통으로 변할 쾌락을 제공한다."[18] 나는 아이샤에게 트위터를 켜고 거기에 빨려 들어가기 전에 잠시 멈춰서 자신의 행동이 불러올 잠재적 결과를 생각해보라고 말했다.

또한 정보의 바다를 항해할 때에는 의식적인 선택을 하기를, 즉 어떠한 매체를, 얼마나 자주 확인할지 스스로 현명하게 선택하기를 권했다. 노파심에 말하자면 책임감 있는 저널리즘은 우리의 적이 아니다. 지금 우리에게는 프로 의식을 가지고 진실을 파헤쳐 보도하는 미디어가 그 어느 때보다 더 간절하게 필요하다. 그러나 안타깝게도 정보의 시대라고 불리는 이 시대에 클릭 한 번으로 접할 수 있는 이야기들은 종종 불균형과 공포를 자극하여 스트레스반응을 부추기고 불안에 불을 지핀다.

내 몸이 불안을 말한다

아이샤는 먼저 업무상 필요 없는 앱을 지우고 하루에 일정 횟수만, 그리고 신뢰할 수 있는 몇몇 미디어에서만 정보를 확인하기로 했다. 또한 전자 기기와 멀리하는 시간을 갖는 데에도 동의했다. 잠자리에 들기 전 한 시간은 모든 전자 기기 전원을 끄고, 특히 핸드폰은 밤새 침실 밖에 두기로 약속했다. 이제 아이샤는 따뜻한 물에 목욕하거나 책을 읽으면서 저녁 시간을 보낸다. 불안이 한층 누그러졌을 뿐 아니라 온종일 뉴스를 확인하지 않아도 여전히, 어쩌면 더 효율적으로 일할 수 있음이 밝혀졌다. 이런 변화를 통해 우리는 소셜 미디어 안에 너무나 만연한 날카롭고 공격적인 말들이 아이샤의 감정에 어떤 영향을 미쳤는지 좀 더 객관적인 관점에서 이해해볼 수 있다.

## 끊임없이 누군가를 판단하고 단죄하는 인터넷 세상으로부터 거리두기

소셜 미디어 포럼에서 발생하는 취소 문화cancel culture(잘못된 언행을 했다고 생각하는 사람을 단체로 언팔로우하여 거부의 뜻을 표현하거나 사회적 압박을 행사하는 문화 – 옮긴이) 또한 기술 발달이 불안을 자극하는 또 다른 방식이다. 취소 문화는 누군가의 나쁜 행동을 마땅히 심판함으로써 우리가 개인으로서, 사회로서 더 성장하고 발전하게 도와주는 문화이기도 하지만, 자칫 엇나가면 더 해로운 영역으로 나아갈 수도 있다. 지금처럼 핸드폰으로 매일 몇 시간씩 소셜 미디어를 둘러보는 분위기에서의 취소 문화는 우리가 비판과 공격에 노출되어 있음을 의미한다. 인간이 공동체의 지지를 받을 때 안전함을 느끼도록 만들어졌다는 사실을 고려하면 취소 문화는 우리를 불안하게 하고 기본적인 안전감에 의문을 품게 할 수 있다. 진작 이뤄졌어야 할 중요한 대화들이 온라인에서 일어나고 있는 가운데 우리는 정신 건강과 함께 우리의 인식과 참여 사이에서 균형을 잡을 필요가 있다. 어쨌든 더 나은 세상을 위해 잘 싸울 수 있으려면 스스로 건강하고 행복하다고 느껴야 하기 때문이다. 활동가이자 캠페인 제로Campaign Zero(2015년에 시작된 미국의 경찰 개혁 캠페인 – 옮긴이)의 공동 창시자 브리트니 N. 팩넷 커닝햄Brittany N. Packnett Cunningham의 말처럼 "우리는 기운을 회복한 전사들이 필요하다."[19] 만약 기술 발달 때문에 침울한 상태라고 느껴진다면 정신 건강을 위해 때로는 잠시 물러나 한숨 돌리는 편이 더 바람직하다.

나는 대개 환자들에게 자기 자신을 병들게 하는 방식이 아니라 풍요롭게 하는 방식으로 정보의 바다를 항해하라고 조언한다. 내 몸에 어떤 음식이 어떻게 들어오는지에 따라 기분이 달라질 수 있듯이, 내가 보고 읽고 듣는 것이 신경계의 상태를 바꾸고 의심과 불안에 취한 감각, 즉 가짜 불안을 일으킬 수 있다. 달리 말하면 기술은 뻔히 보이는 곳에 숨어 있는, 피할 수 있는 불안의 근원이다.

내 몸이 불안을 말한다

# 7장
# 어떻게 먹어야 덜 불안할까

우리는 음식이 도구이자 무기인 이상한 문화적 순간에 도달했다.
―마이클 W. 트위티Michael W. Twitty, 《요리하는 유전자:
옛 남부 아프리카계 미국인의 요리 역사The Cooking Gene:
A Journey Through African American Culinary History in the Old South》

지난 수십 년간 우리는 영양에 관하여 모순되고 갈피를 잡을 수 없는 조언을 따라왔다. 처음에는 저지방 식단이 좋다더니 그다음에는 탄수화물을 줄이라고 한다. 아침 식사로 좋은 메뉴도 달걀흰자로 만든 오믈렛에서 자연 방목 소고기 스테이크로 바뀌었다. 한때는 즉시 심장마비라도 일으킬 것처럼 알려졌던 버터가 이제는 모닝커피에 첨가해서 먹으면 좋다고 소개된다. 건강한 음식을 선택하는 일은 그 어떤 이성적인 사람의 머리도 핑핑 돌게 하며 그 자체로 불안의 원인이 될 수 있다. 음식에 관한 전통적인 지혜가 세대에서 세대로 전달되는 토착 민족과 달리, 미국 음식의 '지혜'는 산업자금의 영향을 상당히 많이 받은 하루 권장량 피라미드다.[1] 따라서 미국인은 무엇을 어떻게 먹어야 하는지를 스스로 알아내야 했다. 이에 많은 환자들은 자신의 몸을 조절하고 소중히 돌보려는 노력의 일환으로 이른바 '클린 식단clean eating'에 관심을 가졌다. 물론 채소 주스나 스무디가 나쁘다는 건 아니지만, 치아시드 푸딩과 귀리 우유로 만든 말차 라테를 먹으면서 하루를 보내면 완벽하게 '클린'하게 먹었는데도 (그리고 인스타그램에 올리기에 근사한데도) 어딘가 영양이 불충분하고 불안한 느낌을 받을 수 있다. 사실 완전히 클린한 식사를 해도 기분 좋은 하루를 만드는 데 필요한 영양분이 전부 보장되지는 않는다.

정신 건강을 위한 음식이라는 측면에서 봤을 때 우리는 균형을 되찾아야 한다. 클린 식단, 팔레오 다이어트 식단, 저탄수화물 식단에도 장점이 있지만 이러한 종류의 식단은 파괴적인 결과를 가져올 수 있다. 특정 방식의 식단에 지나치게 연연하면 건강한 음식에 관한 관심과 강박 사이에서 아슬아슬하게 줄타기를 하게 된다. 음식에 대한 강박은 불안을 조장할 뿐만 아니라 식이장애로 이어질 수도 있다.

나도 비슷한 경험들을 했던 적이 있다. 의학대학원 1학년 때 나는 폭식을 시작했다. 그보다 몇 주 전쯤 인생의 모든 것이 뜻대로 안 된다는 무력감에 빠져 내 몸이라도 한번 통제해보자는 그릇된 마음으로 음식을 제한하기 시작했던 게 화근이었다. 돌이켜 보면 폭식에 빠진 데에는 몇 가지 이유가 있었던 것 같다. 일단 식단 제한 자체가 내 뇌를 음식에 집착하도록 몰아붙였다. 이는 열량이 부족하면 생존을 위해 먹거리를 찾아나서도록 설계된, 지극히 자연스러운 진화적 적응반응이었다. 또한 당시 나는 의학대학원 생활의 상당 부분이 내 삶의 목적과 단절되고 어긋나 있다고 느꼈고, 그러한 공허함과 고립감을 음식으로 채우길 바라며 마음을 달래려고 무의식적으로 먹었다. 그러나 그중에서도 가장 중요한 (그러나 가장 덜 알려진) 요인은 중독이었다고 생각한다. 그때 내게는 음식이 마약이었다. 이 중독은 소화기관 안에서 느껴지는 어떤 느낌, 뭐랄까 창자 깊은 곳에서 통제할 수 없이 부풀어 오르는 열망의 느낌으로 자신의 존재를 알렸으며, 내가 느끼는 스트레스와 외로움과 합쳐져 나를 폭식으로 이끌었다. 나는 마치 금단현상에 시달리던 마약중독자가 다시 약을 시작하면 증상이 전보다 더 심해지듯이 피자, 쿠키, 치즈 샌드위치, 아이스크림 등을 정신없이 흡입했다.

이 시기를 생각하면 마음이 아프다. 폭식은 비밀스럽고, 시간 낭비에, 자존감을 갉아먹으며, 몸에도 안 좋고, 돈도 엄청나게 많이 드는(많이 먹으려면 마트에 자주 가야 하므로) 행동이었다. 넋 놓고 먹다 보니 살이 찌기 시작했다. 버텨야 할 무게가 늘어난 탓에 무릎이 아팠다. 마침내 나는 식이장애 전문 치료사를 찾아갔고 서서히 회복할 수 있었다. 식이장애 치료는 아직도 부정적인 인식이 많고 접근이 어려워서 오랫동안 고생하는 사람들이 많은데, 나는 비교적 빨리 도움이 필요하다는 사실을 스스로 알아차렸고 바로 적절한 지원을 받을 수 있었으니 상당히 운이 좋았다.

## 어떤 음식이든 적당히

다른 중독보다 다루기 '쉬운' 중독은 없지만 다른 중독물질과 달리 음식은 완전히 끊기가 불가능하다는 점에서 특별한 어려움이 있다. 하루에도 몇 번씩 음식을 접해야 하는 상황은 회복을 어렵게 한다. 베스트셀러 작가이자 강사, 휴스턴대학교 연구교수인 브레네 브라운Brené Brown은 이를 다음과 같이 표현했다. "이런 말을 들은 적이 있다. '중독물질을 완전히 끊는 방식의 회복은 우리에 갇힌 사나운 호랑이를 거실에 두고 사는 것과 같다. 어떤 이유에서든 그 문을 여는 순간 호랑이가 나를 죽이리라는 사실을 안다. 중독물질을 완전히 끊지 않는 방식의 회복도 마찬가지지만 하루에 세 번 우리의 문을 열어야 한다는 점이 다르다.'"[2] 불안장애 환자 중에도 폭식과 싸우는 사람들이 많다. 그들을 진료하다가 문득, 환자들이 음식을 완전히 끊을 수는 없지만 중독성 있는 음식을 끊는 것은 가능하다는 생각이 떠올랐다.

식이장애 치료의 정석은 신중하게만 접근한다면 그 어떤 음식도 금지하지 않는다는 것이다. "어떤 음식이든 적당히." 모든 책과 치료사와 인터넷 자료가 이렇게 말한다. 그러나 내가 만난 환자 중에는 글루텐, 유제품, 설탕, 가공식품 금지가 폭식 스위치를 켜지 않도록 피하는 데 도움이 됐다는 사람들이 많다. 일반 의사들 눈에는 이러한 제한 또한 다른 형태의 식이장애로 보일 수 있겠지만 실제로 내 환자 중 다수가 회복에 도움을 받은 방법이다. 심지어 이를 설명하는 과학적 근거도 있다. 글루텐은 글루테오모르핀gluteomorphin이라는 물질로 분해되고, 유제품은 카소모르핀casomorphin으로 분해된다. 혹시 이 두 단어가 전부 모르핀으로 끝난다는 사실을 알아차렸는가? 마카로니 앤드 치즈는 맛있기만 한 것이 아니라 소량의 모르핀 같은 화학물질처럼 작용하여 먹으면 먹을수록 더 먹고 싶어진다.[3,4] 또한 설탕은 뇌를 흥분시키고, 가공식품은 뇌의 보상회로를 자극한다. 레이즈Lay's 포테이토칩의 슬로건은 자신 있게 말한다. 딱 하나만 먹을 순 없을걸? 이는 우리를 겨냥한 말이다. 그리고 정말로 우리는 하나만 먹고 멈출 수 없다. 중독성 때문이다.

이러한 중독에서 벗어난 환자들은 다시 포만감을 느끼게 되었으며 음식에 얽매이지 않는 자유를 조금씩 배워나갔다. 더욱 좋은 점은 그중 많은 환자가 마침내는 폭식 스위치를 건드리지 않고도 그런 음식을 다시 먹을 수 있게 됐다는 것이다. 게다가 폭식에서 벗어나니 기분도 안정되고, 소화 기능도 정상으로 돌아왔으며, 친구들과 외식도 즐길 수 있게 됐다. 진정한 회복은 언제나 더 깊이 있는, 심리적·정신적 차원에서의 치유를 포함한다. 자기수용과 긍정적인 사회적 상호작용이 가능해지며 삶의 의미와도 다시 연결된다. 무엇보다도 사람들이 폭식 행위를 완전히 이해하고 치유하는 데 필요한 심리적·정신적 과정이 이루어질 때까지 서서히 음식 중독에서 헤어 나오게 한다는 면에서 절식 처방은 중요한 탈출구를 제공할 수 있다. 따라서 나는 다소 과격한 제안이긴 하지만 폭식, 신경성 폭식증(폭식했다가 억지로 토하거나 설사약을 복용하는 등의 행위를 반복하는 증상 – 옮긴이), 특정 형태의 거식증 등 일부 식이장애는 중독성 높은 음식에 중독된 것이 근본 원인이므로 그러한 음식을 끊어야 거기서 벗어날 수 있다고 조언한다.

## 살찔까 걱정하느라
## 즐거운 식사 시간을 잃어버리는 불행

어떤 음식이 환자들의 몸에 마약처럼 작용하는지 파악하는 일을 수년간 하다 보니 중독성 음식을 끊고 자연식품을 먹는 것이야말로 식이장애를 해결하고 더불어 우울과 불안도 완화할 수 있는 핵심 열쇠라는 생각에 이르렀다. 나는 이러한 믿음을 실제 환자들에게도 적용하여 큰 효과를 보았으며 지금도 계속하고 있다.

그러나 이러한 접근에 위험이 따른다는 점도 발견했다. '올바른' 음식만 먹어야 한다는 강박감이 또 다른 잘못된 식습관인 건강 음식 집착증orthorexia을 일으킬 수 있기 때문이다. 안타깝게도 이는 건강에 신경 쓰는 사회에서는 이미 꽤 흔해졌다.

내 몸이 불안을 말한다

건강하게 먹기에 매우 깊은 관심을 두면서 몇몇 사람들은 음식 제한에 지나치게 초점을 맞추기 시작했다. 언제나 완벽하게 건강한 음식을 먹는 데 집착하고(식단 준비에 많은 시간을 쏟고 저녁 식사 초대를 거절하기 시작한다) 식사 환경을 통제할 수 없으면 불안해한다. 생활 반경이 점점 좁아지고 융통성이 줄어들며 사회적 관계를 잃는다. 부기 빼기, 폭식 줄이기, 인슐린 민감성 개선, 소화 기능 강화 등 몇 가지 건강 목표를 달성하고도 불안이 계속 높아진다.

영국의 배우이자 활동가인 자밀라 자밀Jameela Jamil은 음식에 집착하는 웰니스wellness(웰빙well-being, 행복happiness, 건강fitness의 합성어로, 신체적·정신적·사회적으로 건강한 상태를 가리키는 말–옮긴이) 문화의 고유한 문제와 관련해 소셜 미디어에 다음과 같은 글을 올렸다. "다이어트 문화는 (중략) 모든 현실감각을 잃어버리는 나락에 이르는 길이다. (중략) 혹시 자신이 음식을 죄책감, 수치심, 분노, 실패와 연관시키고 있진 않은지 살펴보자. 거울에 비치는 자기 몸을 보면서 자신이 어떤 말을 하는지 들어보자. (중략) 이 정도 몸이면 스스로 만족하고 자신감을 가져도 된다고 느끼는 기준을 당신이 사랑하는 사람 또는 존중하는 사람한테도 똑같이 요구하는가? 만약 타고난 체형 때문에 당신이 꿈꾸는 몸을 갖지 못해도 괜찮은가? (중략) 우리의 현명한 몸이 원하고 필요로 하는 것은 왜 중요시하지 않는가?"[5]

환자들과 음식 선택을 의논할 때 나는 두려움이 아닌 신뢰를 기반으로 음식과 자유롭고 편안한 관계를 유지하라는 말을 꼭 잊지 않고 덧붙인다. 음식이 다면적인 즐거움을 제공하며 그 자체로 불안을 이기는 강력한 치료제가 될 수 있다는 사실을 부인하지 않는 것이 중요하다. 만약 내 몸에 가장 좋은 방식으로 먹기 위해 사회적 관계를 피하기 시작했다면 아마도 정도를 지나쳤을 가능성이 크다. 좋아하는 사람들과 함께 식사하면서 삶의 긍정적인 면을 느낄 수 있는 사회적 관계는 그 어떤 건강식보다 건강에 이로우므로 '건강하게 먹느라' 친구들과의 식사 자리를 피하는 것은 치료에 전혀 도움이 되지 않는다고 설득하곤 한다. 또한 현대사회에서 건강하게 먹으려면 어쩔 수 없이 부닥치는 문제들을 해결하기 위해 외출하기 전에 밥 먹기, 모임에 도시락을 싸 가기 같은 팁도 함께 환자들에게 제공한다.

추가로 음식을 두려워하는 감정이 왜 위험한지 설명하자면, 인간의 뇌는 영원히 학습하며(그게 뇌가 하는 일이다) 우리가 대수학을 배우는 것과 거의 같은 방식으로 불안도 학습한다는 사실을 기억하는 일이 중요하다. 따라서 뭔가 방어가 필요하다는 생각이 들게 한다면 그게 무엇이든 당신의 불안을 높일 수 있다는 사실을 알아야 한다. 음식을 두려워하는 마음이 들면 설령 그로 인해 몸에 더 좋은 음식을 먹더라도 결과적으로는 오히려 불안을 높이는 결과가 빚어진다. 그러니 건강한 음식을 먹되 그것을 박탈이나 위협으로 느끼지 않는 법을 배워야 한다. 우리 몸이 불안을 막는 데 도움이 되는 자연식품에서 즐거움을 찾으며 좀 더 안전하고 풍족한 마음으로 음식을 먹

내 몸이 불안을 말한다

을 수 있다면 영양과 인생 모두를 좀 더 쉽게 헤쳐 나갈 수 있을 것이다.

## 자기 몸 긍정주의를 받아들이는 법

우울과 불안으로 나를 찾아온 환자 밸러리Valerie는 자기 몸 긍정주의 운동body positivity movement(자신의 신체를 긍정하고 있는 그대로 사랑하자는 사회운동 – 옮긴이)을 열렬히 지지하는 여성이었다. 첫 상담 때 식단을 바꿔보라고 제안하려는 찰나, 그녀는 다이어트 문화와 그것을 부추기는 "꼴도 보기 싫은 인스타그램 인플루언서들"에 대해 설득력 있는 비난을 장황하게 늘어놓았다. 그러나 잠시 후 곧바로 자신의 "여성적인 신체 부위"에서 나타나는 여러 문제를 언급하며 생리주기가 불규칙적이고 기간도 길고 양도 많으며 생리 기간에는 일상생활이나 업무가 힘들 정도로 심한 생리통과 두통에 시달린다고 덧붙였다.

그러니까 밸러리는 처음에는 닥쳐, 다이어트 광신도들아, 내가 정크푸드 먹는 걸로 욕하지 마 하더니, 이내 자신의 몸이 망가지고 있으며 그것 때문에 상당히 고통스럽다고 말하고 있었다. 그녀는 자신이 먹는 음식과 신체 기능 사이의 관계를 모르는 것이 분명했다.

나는 사람들이 이 둘 사이의 관계를 좀 더 제대로 인식하는 문화가 자리 잡기를 희망한다. 우리의 음식 선택은 체내 불균형 상태에 일조하며 이는 신체적·정신적 고통을 일으킬 수 있다. 좀 더 직설적으로 말하면 우리가 먹는 음식이 기분에 영향을 미치기 때문에 식단이 중요하다는 뜻이다. 밸러리와의 만남 덕분에 나는 자기 몸 긍정주의에 대한 입장을 되돌아보게 되었다. 자기 몸 긍정주의 운동은 밸러리를 이렇게 격려하는 듯했다. 네가 원하는 대로 먹어, 그리고 남성중심적 문화의 비위를 맞추느라 힘들어하지 마. 그러나 결과적으로 이러한 접근은 그녀의 삶을 편안하게 해주기는커녕 더 괴롭게 만들었다. 우울감과 매달 일주일씩 이어지는 생리통과 월경과다에서 벗어나지 못하게 막았다. 인생의 많은 것들이 그러하듯 자기 몸 긍정주의 또한 '둘 다/그리고'의 관점으로 섬세하게 바라봐야 한다.

나 또한 자기 몸 긍정주의 신념에 대부분 크게 동의한다. 소냐 러네이 테일러Sonya Renee Taylor가 그녀의 혁신적인 저서《내 몸은 미안하지 않습니다: 철저한 자기애의 힘 The Body Is Not an Apology: The Power of Radical Self-Love》에서 썼듯이 "우리 몸에 잘못된 형태라는 것은 없다." 모든 형태의 몸을 존중하고, 다이어트 문화를 거부하고, 우리 몸이 어떻게 생겨야 한다는 이상적인 기준(그리고 그 기준이 중요하다는 발상 그 자체)과 그 안에 만연한 인종차별적·성차별적 요소를 버리고, 다른 사람의 건강을 몸무게나 옷 사이즈로 판단할 수 없음을 인지하고, 면접이나 진료실에서… 아니, 어디서든 살쪘다고 조롱당하는 일이 일어나지 않도록 맞서야 한다는 생각은 나도 환영하는 바다. 남성중심적 문화가 요구해온 이상형 때문에 너무나도 많은 사람이 자기 몸을 싫어하도록 길들었다. 자기 몸 긍정주의는 바로 이러한 현실 앞에서 진실을 말하는 중요한 움직임이다.

그러나 밸러리처럼 가공식품에 중독되고 신체적 균형이 지나치게 무너진 상태에 이르면 그 또한 만족스러운 삶을 영위하기 어렵게 한다는 것을 나는 몸소 경험했다. 따라서 내가 먹는 음식과 신체적 건강이 내 기분과 기능에 영향을 미친다는 생각과 자기 몸 긍정주의의 신념을 조화롭게 받아들일 필요가 있다.

실제로 다이어트 문화와 외모 지상주의로 돈을 버는 강력한 기득권 세력이 있긴 하지만, 사람들의 식욕과 신진대사를 망가뜨리는 중독성 음식을 팔아서 배를 채우는 기득권 세력도 똑같이 강력하다. 그리고 자기 몸 긍정주의는 대규모 식품산업이라는 기득권 세력을 크게 간과했다. 나는 환자들에게 다음과 같이 말한다. 당신이 행복한 삶을 살지 못하게 막는 모든 기득권 세력에 초점을 맞춰야 한다. 거기에는 우리에게 날씬한 몸을 강요하는 이들만 존재하지 않는다.

어쨌든 내가 먹는 음식은 수명,[6,7] 삶의 질,[8] 그리고 내가 이 세상에서 이루고 싶은 일을 할 때 체력이 든든하게 뒷받침해 줄 수 있는지에 영향을 미친다. 우리가 목표를 향해 나아가고 삶을 즐기는 과정에서 음식과 몸무게에 대한 집착이 방해되는 것도 맞지만 정신적·신체적으로 건강하지 않은 상태 역시 마찬가지다.

나는 몸에 나쁜 음식을 먹는 사람들은 비난하지 않는다. 그보다는 알면서도 우리에게 중독성 있는 음식을 파는 식품산업을 비난한다. 상수도에 환경호르몬을 방출하고 안 좋은 화학물질을 피부에 바르라고 꼬드기는 제조업체들을 비난한다. 환경호르몬에 노출되면 체내 호르몬 불균형이 일어나고 신진대사가 흐트러진다. 또한 돈에 매수당해 당과 포화지방에 대한 과학적 합의를 왜곡하는 데 동의한 과학자들을 비난한다.[9] 이처럼 허술한 규제를 용인하고 번번이 기업의 이익을 위해 국민의 건강을 팔아버리는 정부를 비난한다. 그러니 우리, 다이어트 문화에는 저항하되 우리에게 필요한 것을 거부하지는 말자. 우리가 건강하게 먹어야 하는 이유는 다이어트 문화가 들이대는 잣대에 맞추기 위함이 아니라 우리가 기분 좋게 잘 살기 위함이다. 우리가 음식을 먹는 방식은 자기 몸을 부정해서가 아니라 철저한 자기애에서 나온 행동이어야 한다. 그리고 스스로를 아끼는 마음에서 식습관을 검토한다는 것은 쉽게 손이 가는 음식이 삶을 더 힘들게 만드는 순간을 가려낼 수 있다는 뜻이다.

마침내 밸러리는 자기 몸이 유제품을 소화하지 못하며 설탕이 기분과 호르몬에 좋지 않은 영향을 미친다는 사실을 인정했고 설탕과 유제품 섭취를 대폭 줄였다. 그리하여 우울과 불안이 나아졌을 뿐 아니라 이전에는 몰랐던 다낭성난소증후군과 자궁내막증을 진단받고 신체 건강도 좋아졌다. 여기서 얻을 수 있는 교훈은, 내가 먹을 음식을 선택하는 일은 마음속 회의실에서 긴밀하게 이루어지는 의사 결정 과정이어야 한다

내 몸이 불안을 말한다

는 것이다. 그리고 거기에 다이어트 문화와 대규모 식품산업이 앉을 자리 따위는 없다.

## 혈당이 떨어지면 불안이 높아진다

진료할 때 나는 다른 이유가 증명되기 전까지는 일단 환자의 불안이 혈당 때문이라고 가정하고 시작한다. 그렇다고 환자들이 느끼는 생생한 고통을 과소평가하거나 불안이 높은 사람은 전부 당뇨병 환자라고 말하는 건 아니다. 혈당은 흑백논리의 문제가 아니다. 당뇨는 아니지만 완벽하게 건강한 상태가 아닐 수도 있다. 사람들 대부분은 이상혈당증 스펙트럼 위어딘가에 속한다. 임상적 증상은 없으나 혈당조절에 미묘한 문제가 있어서 온종일 혈당이 오르내리는데, 혈당이 곤두박질칠 때마다 스트레스반응이 일어난다.[10] 요즘 식단이 대체로 혈당을 불안정하게 한다는 점을 고려하면 내가 진료실에서 마주하는 불안의 뿌리에는 혈당 저하로 인한 스트레스반응이 있을 때가 상당히 많다. 그리고 나는 그간의 사례를 통해 혈당조절이 불안을 완화하는 가장 즉각적이고 효과적인 조치 중 하나임을 확인했다. 만약 '배가 고파서 화가 나는' 경험에 익숙하다면 그것은 배고파서 생기는 불안hangxiety, 즉 혈당 저하로 인한 불안일 가능성이 크다.[11] 본인이 여기에 해당한다 싶으면 자신의 식단과 더불어 혈당이 기분에 미친 영향을 심도 있게 살펴볼 만하다. 행여 혈액검사 결과가 정상이고 의사가 한 번도 당뇨를 언급한 적이 없더라도 혈당을 안정적으로 유지하는 것이 불안에 도움이 된다고 확신한다.

인류의 진화 과정 동안 충분한 음식 섭취는 늘 생존과 직결된 문제였고 그래서 인체는 혈당을 안정적으로 유지하기 위해 일련의 견제와 균형 시스템을 갖췄다. 우리 몸은 당분을 글리코겐이라는 탄수화물 형태로 저장한다. 혈당이 떨어지면 혈당을 다시 높이기 위한 일련의 반응이 일어난다. 먼저 부신에서는 스트레스호르몬인 아드레날린과 코르티솔이 분비되어, 글리코겐을 글루코스로 분해하여 혈류로 내보내라는 신호를 간에 보낸다. 또한 아드레날린과 코르티솔이 분비되면 우리 몸은 다급하게 더 많은 음식을 찾는데 보통 오후 3시면 간식거리를 찾는 이유가 이 때문이다. 이처럼 우리의 신체 시스템은 혈당이 떨어지면 혈류에 다시 글루코스를 공급하고 더 많은 음식을 찾게 함으로써 혈당을 안정적으로 유지한다. 유일한 문제는 이것이 우리 몸에 최고 비상경계 조치를 발령한다는 점이다. 혈당을 안정시키는 과정에서 일어나는 스트레스반응이 우리한테는 불안처럼 느껴질 수 있기 때문이다. 그러나 이처럼 혈당 저하로 인한 불안은 대부분 피할 수 있다. 따라서 배고파서 생기는 불안에 시달리고 있다면 (설탕을 피하기가 쉽진 않겠지만) 식단을 바꾸는 것이 좋은 선택이 될 수 있다.

28세 환자 프리야Priya의 사례를 예로 들어보자. 프리야는 수년간 잦은 공황발작을 일으켰다. 그녀의 발작 패턴을 검토

내 몸이 불안을 말한다

한 결과 우리는 프리야가 유난히 달콤한 음식을 먹거나 식사를 건너뛴 후에 거의 항상 공황을 경험한다는 사실을 알아차렸다. 몇 주간의 관찰 끝에 프리야의 공황 원인이 저혈당이라는 확신이 생겼다. 그녀의 혈당을 안정적으로 유지하기 위한 치료 계획이 필요했다. 나는 불안을 해결해줄 확실하고 효과적인 방법이 있다며 프리야를 안심시켰다. 그러면서 먼저 질 좋은 재료에서 나온 단백질, 고구마 같은 전분이 풍부한 덩이줄기, 채소 위주로 하여 혈당 안정에 도움이 되는 자연식품과 몸에 좋은 지방으로 이루어진 식사를 규칙적으로 하고, 당과 정제 탄수화물을 최소화하라고 조언했다. 아침은 건너뛰고 점심은 프라푸치노와 사탕으로 대신하고 저녁으로 나초를 먹던 프리야의 기존 식단과는 180도 달랐기에, 내 말을 듣는 그녀의 얼굴에 사뭇 당황스러운 표정이 떠올랐다. 그래서 나는 좀 더 간단한 방법으로 시작할 수도 있다고 설명했다. 정해진 시간에 아몬드버터나 코코넛오일 한 숟갈을 먹어서 혈당을 유지하는 방법으로, 밤중에 혈당 저하 때문에 깨는 사람들에게 권했던 것과 같은 방법이었다. 마치 머리가 둘 달린 괴물이라도 보는 듯한 표정으로 나를 바라보긴 했지만 어쨌든 프리야는 조언을 받아들였다. 다음 상담 때 그녀는 오전 11시, 오후 3시, 그리고 자기 전에 아몬드버터를 한 숟갈씩 먹고 있다고 말했다. 놀랍게도 이후 프리야의 공황발작은 훨씬 뜸해졌고 아몬드버터 섭취를 깜빡했을 때만 주로 나타났다.

프리야와 나는 이처럼 즉각적인 성공에 뛸 듯이 기뻤지만,

그녀와 달리 효과가 더디게 나타나고 식단을 대대적으로 뒤엎어야 했던 환자도 많았다. (솔직히 말하면 나는 프리야에게도 불안이 나아지긴 했지만 건강과 삶의 질을 위해 식단을 계속 바꾸라고 권했다.) 가짜 불안에서 벗어나려면 때로는 음식에 첨가된 설탕을 좀 더 결연하게 거부할 필요가 있다. 다들 알다시피 달콤한 음식을 한입 베어 먹는 순간 그 즉시 "슈거 드래건sugar drag-on"의 봉인이 해제된다. "그 불 뿜는 짐승은 당신의 등에 매달려 크게 포효하며 다음 먹이를 요구한다." 홀30 Whole30의 공동 창립자이자 CEO인 멀리사 어번Melissa Urban은 이렇게 묘사했다. 한번 봉인 해제된 슈거 드래건은 도중에 떼어내기가 몹시 어렵다는 것을 깨달은 그녀는 "슈거 드래건을 제거할 수 있는 가장 좋은 방법은 굶기는 것"이라고 말했다.[12] 내 환자들도 마찬가지였다. 일단 슈거 드래건의 고삐를 푸는 순간 그들은 계속 설탕을 원했다. 그러나 1주 또는 2주간 설탕을 완전히 끊자 그러한 욕구가 줄어들었다.

물론 나도 안다. 설탕을 끊는 것은 절대 쉬운 일이 아니다. 가장 힘든 첫 주를 견디는 데 아몬드버터나 코코넛오일 한두 숟갈이 도움이 됐다는 환자들도 있었지만, 대부분은 그냥 참고 또 참았으며 그렇게 힘겹게 일주일 정도 당분을 멀리하고 난 후 그들은 자유로워졌다. 설탕에 대한 간절한 욕구가 사라졌고, 신체적으로도 그리고 감정적으로도 훨씬 건강해졌다고 느꼈다. 슈거 드래건이 죽은 것이다.

불안 완화를 목적으로 식단에 딱 한 가지만 변화를 준다면

내 몸이 불안을 말한다

나는 설탕 끊기를 추천한다. 혈당 안정을 위해 할 수 있는 모든 조치를 다 취하고 당분의 총섭취량을 줄여라.

## 카페인에 찌든 뇌

나를 찾아오는 환자들에게서 거의 공통으로 발견되는 두 가지 요소가 있다. 바로 불안과 커피다. 만약 당신도 둘 다 갖고 있다면 이제는 카페인이 (수면뿐만 아니라) 불안에 미치는 영향을 정직하게 직면할 시간이다. "심한 불안이 반복적으로 재발하는 환자가 나를 찾아온 적이 있다." 스콧 알렉산더 Scott Alexander라는 이름으로 활동 중인 익명의 정신과의사가 자신의 블로그 '슬레이트 스타 코덱스 Slate Star Codex'에 쓴 글이다. "나는 그녀에게 하루에 커피를 얼마나 마시는지 물어보았고 그녀는 하루에 스무 잔 정도 마신다고 대답했다. 그녀의 불안이 드라마 〈하우스〉급 의학적 난제는 아닌 게 확실해지는 답변이었다."[13] 불안과 커피의 상관관계가 얼마나 명확한지, 그러나 우리가 얼마나 자주 그것을 간과하는지를 풍자적으로 보여주는 일화다.

정확히 말하면 카페인이 원래 나쁜 것은 아니다. 카페인은 안전하며 즐기기 좋고 심지어 잠재적으로 몸에 이롭다. 마그네슘과 항산화제가 풍부하고 파킨슨병[14]과 제2형당뇨병[15] 예방과도 관련이 있다. 우리가 마시는 차에는 항산화제와 몸에 좋은 폴리페놀도 들어 있다. 그러나 단 음식과 마찬가지로 카페인 역시 코르티솔 분비를 촉진할 수 있는데[16,17] 이것이 불안으로 느껴질 가능성이 있다. 만약 당신이 범불안장애나 공황장애, 사회불안장애를 앓고 있고 매일 커피나 차, 탄산음료, 에너지 드링크를 마신다면, 카페인이 당신의 증상에 한몫하고 있을 가능성이 매우 크다.[18]

예민한 사람에게는 카페인이 마치 불안 유도 약물처럼 작용하여 스트레스반응을 촉진하고 불안을 유발할 수 있다. 나는 이러한 증상이 특히 카페인 대사가 느린 사람들에게서 주로 나타난다고 보는데, 본인이 여기에 해당하는지 확인하려면 유전자 검사를 해볼 수도 있고 아니면 단순히 카페인 효과가 몸에서 사라질 때까지 얼마나 오래 걸리는지 측정해서 짐작할 수도 있다. 우리가 섭취한 카페인은 코르티솔 분비를 촉진하여 교감신경(투쟁-도피) 반응을 활성화한다. 다시 말해 신경계가 싸울 준비를 하도록 만든다. 이때 스트레스요인이 발생하면(예를 들어 오늘따라 출퇴근길이 막히거나 찜찜한 업무 이메일을 받으면) 우리는 그에 평소보다 더 격렬하게 반응한다. 스스로 알아차리기도 전에 심장이 뛰고 손이 떨리며 몸 전체에서 흥분과 떨림이 느껴진다. 어쩌면 깊은 생각의 소용돌이로 너무 쉽게 빠져들 수도 있다. 혹시 다른 여러 환자처럼 당신도 항불안진정제와 커피를 둘 다 섭취하고 있다면 불안을 일으키는 약과 치료하는 약을 동시에 먹고 있다는 사실을 깨달아야 한다. 그럴 바에는 애초에 불안을 일으키는 약을 안 먹는 편이 좋지 않을까?

　그래, 옳은 말씀이야, 근데 커피를 끊을 생각만 해도 불안해지네. 이런 생각이 들지도 모르겠다. 하지만 내 이야기를 좀 더 들어봐라. 커피 마시기가 현대인이 가장 좋아하는 문화적 의식이 되었음은 나도 안다. 때로는 커피가 하루 중 유일한 즐거움이자 세상에 하나뿐인 진실한 친구처럼 느껴지기도 한다. 그러나 카페인이 기분 좋게 느껴지는 이유 가운데 하나는 그것이 카페인 금단현상을 해소해주기 때문이라는 점을 기억해라. 우리는 매일 아침 카페인 금단현상과 함께 눈을 뜬다. 그리고 커피는 자기가 만든 문제를 자기가 해결함으로써 인생의 구원자라는 신뢰를 얻는다! 하지만 다행히도 너무 많이 고통스러워하거나 희생하지 않고도 카페인과 멀어질 수 있는 방법들이 존재한다.

　만약 여기까지 읽고 카페인을 끊어봐야겠다는 마음이 생겼다고 해서 내일 당장 커피를 끊을 생각은 하지 마라. 내가 강력히 추천하는 방법은 카페인 섭취량을 서서히 줄여나가는 것이다. 카페인은 진짜 금단현상을 동반하는 진짜 마약이다. 따라서 두통, 과민함, 피로를 피하려면 몇 주에 걸쳐 조금씩 변화를 주는 편이 좋다. 하루에 여러 잔 마시던 커피를 한 잔으로 줄이고 그다음에는 반 잔, 그다음에는 홍차, 그다음에는 녹차로 대체한다. 마지막에는 녹차 몇 모금 정도로 줄인 후 마침내 카페인이 없는 허브차로 바꾼다. 처음 며칠은 온종일 멍한 느낌이 들 수도 있지만 시간이 지나면 점점 괜찮아질 것이다. 카페인을 너무 많이 섭취해서 또는 줄여서 생기는 문제 없이, 이전과 똑같이 에너지 넘치고 생산적인 스스로를 발견할 것이며 덤으로 근처 카페에서 매일 5000원씩 썼던 돈도 아낄 수 있다. 가장 중요한 사실은 카페인을 줄이거나 끊는 것이 불안 완화에 상당한 도움이 될 수 있다는 점이다. 신경과학자 저드슨 브루어Judson Brewer는 저서 《불안이라는 중독》에서 "바뀐 습관을 계속 유지할 수 있는 유일한 방법은 보상 가치를 업데이트하는 것"[19]이라고 말했다. 카페인이 불안에 미치는 영향을 의식하고 결국 카페인을 끊었을 때 불안이 얼마나 줄어들었는지 관찰해라. 이처럼 커피의 '보상 가치'를 업데이트하면 변화된 습관을 강화하는 데 도움이 된다. 여기까지 읽고도 불안 완화에는 관심이 있지만 커피가 주는 맛과 향과 즐거움은 포기할 수 없는 사람들을 위해서는 디카페인 커피를 추천한다.

## 술, 찰나의 불안 완화를 위한 어쩌면 가장 나쁜 선택지

오랫동안 인류는 불안을 다스리기 위해, 그리고 그 밖의 여러 이유로 술을 마셨다. 실제로 효과도 있었다. 적어도 단기적으로는 말이다. 자낙스 같은 벤조디아제핀(이하 벤조) 계열 약물과 마찬가지로 알코올은 뇌에서 신경전달물질인 GABA의 활동을 조절한다. 술을 마실 때 알코올이 GABA 수용체에 작

내 몸이 불안을 말한다

용하면 시냅스 내의 GABA 농도가 증가한 것처럼 느껴지고 그래서 기분이 좋고 즐겁고 편안해진다…. 걱정하던 일들이 갑자기 아무것도 아닌 듯 여겨지고 마음이 놓이고 자신감이 생기고 모든 일이 잘 풀릴 것만 같다. 짧지만 달콤한 순간이다. 여기서 이야기가 끝난다면 그야말로 세기의 사랑으로 길이길이 남을 것이다.

그러나 알다시피 우리 몸은 우리가 여유롭든 말든 전혀 상관하지 않는다. 그저 생존이 가장 중요한 관심사다. 그래서 겨우 와인 한두 잔을 마셨을 뿐인데도 우리 몸은 말하자면 표범 한 마리가 코앞까지 다가와도 알아차리지 못할 만큼 몽롱한 상태라고 인지한다. 그 순간 뇌는 항상성을 회복하기 위해 모든 노력을 다한다. GABA를 재흡수해서 흥분성 신경전달물질인 글루타메이트glutamate로 전환한다.[20] 그리고 나면 시냅스에 GABA가 흘러도 뇌는 그것을 감지하지 못한다. 이때 우리가 느끼는 기분은? 불안이다. 이처럼 알코올은 일시적으로는 우리를 느긋하게 해주지만 결국 술을 마시기 전보다 더 큰 불안을 안겨준다. 그리고 이러한 효과가 장기간에 걸쳐 누적될 수 있다는 점까지 고려하면 어떻게 술이 술을 부르고 우리를 악순환에 빠뜨리는지 이해하기란 그리 어렵지 않다.

술의 또 다른 문제는, 우리가 인생에서 어려운 순간을 맞닥뜨렸을 때 거기서 도망치거나 스스로를 무감각하게 하는 방식으로 대응하고 싶은 욕구를 부추긴다는 것이다. 그러나 그러한 태도는 다양한 인간 경험을 생생하게 느끼고, 내면의 진실에 귀 기울이고, 트라우마와 스트레스와 슬픔을 적절하게 처리하는 능력을 갉아먹을 수 있다.

그동안 우리는 와인이 '심장 건강'에 좋다는 말을 들어왔지만 최근 연구에 따르면 알코올은 아무리 소량이라도 건강에 해롭고 암과 치매 발생률을 높인다.[21] 그리고 정신 건강과 관련해 알코올이 GABA에 미치는 영향은 얼마를 마시든 상관없이 불안을 악화한다.[22,23]

지금껏 불안을 달래는 방법으로 술에 의지해왔다고 해서 그것이 부끄럽거나 잘못된 일은 아니다. 그러나 나는 당신에게 그동안 아무도 말해주지 않았던 진실을 알려줘야 할 책임을 느낀다. 장기적으로 봤을 때 술은 오히려 상황을 나쁘게 만든다. 그보다는 술에 취하지 않아도 편안함을 느낄 수 있도록 뇌에 GABA 활동을 재구축할 기회를 주는 편이 낫다. 그러려면 충분한 영향 섭취, 요가, 명상, 호흡요법, 장 건강 회복(특히 GABA 생산을 돕는 유익균 증식)이 도움이 되며, 알코올처럼 GABA 활동을 저해하는 물질은 피해야 한다. (벤조 계열 약물 또한 장기적으로는 GABA의 신호전달에 안 좋은 영향을 미친다.) 전반적으로 나는 술이 우리의 안녕에 미치는 영향과 술이 아닌 다른 선택지가 불안 완화에 더 도움이 된다는 사실을 각자 깊이 숙고해보기를 제안한다.

# 너무 많이 먹어도 너무 적게 먹어도 안 된다

현재 미국에서는 우리와 음식의 관계가 너무 심각한 나머지 음식과 영양의 연관성마저 잊은 듯한 지경에 이르렀다. 사실 뇌 기능은 우리가 먹은 음식이 뇌에 필요한 재료를 제대로 공급하는지에 달려 있다. 좋은 영양소를 충분히 섭취했을 때, 우리는 기분이 좋아진다.

특정 음식과 영양소는 신경화학과 불안에 직접적인 영향을 미친다. 예를 들어 세로토닌이나 GABA처럼 우리에게 안정감과 편안함을 주는 신경전달물질은 허공에서 갑자기 생기지 않는다. 칠면조에 함유된 트립토판tryptophan, 사골 육수에 든 글리신glycine과 같이 음식물에서 얻은 영양소를 재료로 인체 내에서 만들어진다. 게다가 우리 몸은 꾸준히 자신의 영양 상태를 확인하여 영양이 '충분'한지를 결정한다. 만약 필수 영양분이 부족하다고 판단되면 결핍, 긴박감, 초조함을 느끼며 먹을 것을 찾게 되고 영양소가 충분히 공급될 때까지 불안을 느낀다. 또한 설탕과 자극적인 음식이 직접 불러일으킨 스트레스반응이 불안으로 느껴질 수도 있다.[24,25] 식사를 통해 필요한 모든 영양분을 얻으려면 영양소가 풍부한 음식을 매우 다양하게 섭취해야 한다. 그러니 우리의 건강과 안녕을 지키려면 어떻게 먹는 편이 좋을지 지금부터 좀 더 자세히 살펴보자.

# 더욱 건강한 정신을 위한 식사

이제부터 당신의 접시에는 다음과 같은 음식이 올라와야 한다. 일반적으로 4분의 1은 질 좋은 단백질, 4분의 1은 탄수화물, 그리고 나머지 절반은 채소여야 하며 거기에 건강한 지방을 곁들여야 한다.

채소가 건강한 식사의 핵심이라는 사실은 거의 모든 영양 전문가가 동의한다. 비타민, 미네랄, 항산화제가 풍부하게 들어 있는 채소는 뇌 기능을 강화하고 불안 완화를 돕는다. 그러니 채소는 종류를 가리지 않고 충분히 먹자. 적어도 식사의 절반은 채소가 차지해야 하며 매일 매 끼니 가장 중심이 되는 음식 또한 채소여야 한다. 따뜻한 계절에는 생채소를 좀 더 많이 먹고 추운 계절에는 익히거나 스튜로 만들어서 먹는다. 채소를 먹을 때는 올리브유, 아보카도오일, 기ghee(인도에서 쓰는 정제버터) 같은 건강한 지방을 곁들인다. 예산이 허락한다면, 특히 껍질 없는 채소를 살 때는 가능한 한 유기농식품을 구매해라. (미국의 비영리단체인 환경운동그룹Environmental Working Group, EWG이 선정한 '더티 더즌dirty dozen'과 '클린15 clean fifteen'을 참고하면 반드시 유기농으로 구매해야 할 식품을 결정하는 데 도움을 받을 수 있다. 혹시 처음 들어보는 사람을 위해 덧붙이자면, 더티 더즌은 잔류 농약이 가장 많이 검출되는 과일·채소 열두 종, 클린15는 꼭 유기농이 아니어도 건강에 크게 해롭지 않은 과일·채소 열다섯 종을 선정한 것이다.[26])

세로토닌을 비롯한 펩타이드 계열 신경전달물질을 만들려면 단백질이 필요하다. 질 좋은 단백질을 섭취하려면 목초지에서 기른 육류와 가금류를 다양하게 먹고, 정어리, 멸치, 북극곤들매기(연어과 민물고기 - 옮긴이), 연어처럼 크기가 작고 차가운 물에서 살고 지방이 풍부한 자연산 생선을 먹는다. 여러 가지 영양소를 섭취하기 위해 고기도 다양한 종류로 골라서 먹자. 혹시 가능하다면 수렵육을 선택한다. 비주류 육류일수록 대규모 기업식 목장에서 생산한 식품일 가능성이 낮기 때문이다.

요즘은 기름기 적은 단백질에 집착하는 분위기가 형성되어 거의 모든 사람이 껍질 벗긴 닭가슴살만 찾는 듯하다. 닭이 균형 잡힌 식단에 포함될 수 있는 음식인 것은 맞지만, 그것만으로 필요한 영양소를 전부 채울 수는 없으므로 닭이 유일한 단백질 공급원이어서는 안 된다(그리고 닭고기를 고를 때는 질과 타협하지 마라. 항생제 없이 자연 방목으로 키운 닭을 선택하자). 가금류와 붉은 고기는 일주일에 한 번만 먹고 나머지는 생선으로 채우자. 자기 몸의 요구를 잘 알고 내 몸에서 필요하다고 말하는 단백질을 고르는 법을 배우면 더욱 좋다.

또한 육류의 종류뿐만 아니라 부위도 골고루 먹기를 권한다. 코부터 꼬리까지 모든 부위를 먹어라. 서구에서는 살코기를 먹는 데에만 집중하여 내장 부위는 별로 선호하지 않는다. 그러나 내장에는 고유한 영양소가 풍부하므로 찾아서 먹어볼 만한 가치가 있다. 물론 현대 미국식 식단에서 내장을 활용할 방법을 찾기가 쉽지 않음은 인정한다. 나 같은 경우는 정육점에서 목초 먹인 닭의 간 파테(페이스트리 반죽으로 만든 파이크러스트에 고기, 채소 등을 갈아서 만든 소를 채우고 오븐에 굽는 프랑스 요리법으로 소만을 지칭하기도 한다 – 옮긴이)를 구매한다. 닭의 간은 아연, 구리, 망간, 비타민A, 비타민C, 비타민B, 철분, 인, 셀레늄이 풍부해서[27] 자연이 주는 종합비타민이나 다름없다. 며칠에 한 번씩 파테를 한 숟갈씩 먹으면 우리 몸에 필요한 영양소를 충족하는 데 몹시 유용할 것이다.

뇌 건강을 생각해서 육류를 섭취하는 거라면 스테이크를 꼭 머리통만큼 먹어야 할 필요는 없다. 육류는 주요리가 아니라 조미료에 가깝다고 생각해라. 혹시 육류를 먹는 것이 당신의 윤리적 가치관에 어긋난다면 쌀과 콩류(같이 먹었을 때 완벽한 단백질을 이루는 조합), 달걀, 그리고 (소화가 가능하다면) 지방을 제거하지 않은 유제품으로 대체하는 방식을 추천한다.

## 우리가 육류에 대해 오해하고 있는 것들

놀랄지도 모르겠지만 나는 종종 환자들에게 붉은 고기를 **좀 더 많이** 먹으라고 권한다. 나도 한때는 채식주의자였던 만큼 이러한 조언을 가볍게 하는 것은 절대 아니다. 자신이 먹을 음식에 대한 사람들의 확고한 선택을 모두 인정하고 존중한다. 사실 나도 내 식단에 고기가 꼭 필요한지 매일 거듭 고민한다. 그러나 환자들과 나의 몸을 통해 직접 목격

내 몸이 불안을 말한다

한 사실을 부정할 수는 없다. 그것은 바로 육류, 특히 붉은 고기가 때로는 기분과 불안을 치유하는 과정에서 중요한 처방이라는 사실이다. 육류는 영양이 풍부한 데다 적절한 양을 먹으면 철분, 아연 같은 특정 영양소를 얻기 위해 접근 가능성이 가장 높은 음식일 수 있다.[28] 나는 또한 육류가 눈에 잘 드러나지 않고 쉽게 측정하기 어려운 방식으로 우리 건강에 이로운 영향을 미친다고 믿는다. 예를 들어 한의학에서는 고기, 전골, 사골 육수가 '피를 만들고' 신장의 기氣(부족하면 머리가 빠지고 체력이 약해지고 추위를 많이 타고 무릎이 아프고 겁이 많아질 수 있다)와 같이 꼭 필요한 것들을 지원한다고 이해한다.

신체적 건강을 최적화하고 싶어 하는 이들에게 나는 보통 선조들이 먹었던 것과 비슷한 식단을 적용해보라고 추천한다. 그것이 어떤 식단일지는 당신이 어느 지역 후손인지에 따라 다르다. 생선을 약간 곁들인 채식 위주의 식단일 수도 있고, 붉은 고기와 덩이줄기로 이루어진 좀 더 든든한 식단일 수도 있다. 어쨌든 대부분의 경우 (아주 소량이라도) 일정량의 동물성 음식을 포함하는 편이 필요한 영양소를 채우고 불안의 뿌리를 다루는 데 유용할 것이다.

채식이나 비건을 선택한 사람들에게는 이러한 조언이 상당히 의아할 것이며 어쩌면 분노를 느낄 수도 있다. 자, 내 주장을 좀 더 명확히 하겠다. 만약 당신의 우선순위가 윤리와 동물권이라면 육류 섭취는 고민할 여지도 없을 것이다. 당신의 뜻을 100퍼센트 존중한다. 내 제안은 **더 건강해지려고** 채식이나 비건을 선택한 사람들을 위한 것이다. 이 경우라면 당신의 선택을 재고해보기를 강력히 권한다. 사실을 말하자면 지난 수년간 붉은 고기가 몸에 해롭다는 생각이 기정사실처럼 굳어졌지만, 실제 연구 결과들은 그것을 뒷받침하지 못했고 결국 2019년 영양 학자들은 그 주장에 근거가 없음을 조용히 인정했다.[29] 따라서 거부감이 드는 게 아니라면 사골 육수, 치킨 수프, 그리고 가능하면 닭의 간으로 만든 파테도 시도해보고 건강과 불안이 어떻게 나아지는지 확인해보자. 그리고 육류를 소비하는 모든 사람에게 덧붙이자면, 동물복지에 관심을 가지고 고마운 마음으로 고기를 먹자. 윤리, 환경, 그리고 건강상의 이유로도 공장식축산으로 생산된 육류는 피하자.

## 탄수화물은 아군일까 적군일까

대부분의 영양 관련 조언과 마찬가지로 저탄수화물 식단 역시 주기적으로 인기를 얻었다가 잃었다가를 꾸준히 반복하고 있다. 그리고 늘 그렇듯이 이와 관련해서도 모두에게 딱 들어맞는 조언이란 없다. 그러나 불안장애로 나를 찾아온 환자들을 보면 대개 탄수화물을 피하기보다는 허용할 때 좀 더 쉽게 안정을 찾는다. 이러한 효과는 특히 가임기 여성에게서 가장 확연하게 나타난다. (나중에 다룰) 지방과 마찬가지로, 우리는 어떤 탄수화물이 몸에 좋고 나쁜지에 대해 좀 더 섬세한 문화적 대화를 나눠볼 필요가 있다.

이러한 구별을 헷갈리지 않게 이야기하기란 쉽지 않다. 나는 종종 환자들에게 정제 탄수화물이 염증을 유발하고[30] 혈당을 불안정하게 하므로 섭취를 최소화하라고 권하는데, 어찌어찌하다 보면 이 조언이 모든 탄수화물을 피하라는 뜻으로 잘못 전달되기도 한다. 그러나 사람들 대부분은 탄수화물이 잘 맞으며, 나는 한 끼의 4분의 1을 탄수화물로 채우기를 추천한다. 솔직히 말하면 나는 많은 사람이, 특히 건강에 관심이 많은 사람일수록 오히려 지금보다 탄수화물 섭취량을 늘려야 한다고 생각한다. 그래야 우리가 실제로 기근에 시달리고 있지 않다는 신호를 몸에 전달하고 그로 인한 스트레스반응을 잠재울 수 있기 때문이다. 한 가지 명확히 하자면 여기서 내가 말하는 탄수화물은 파스타, 빵, 비스킷, 쿠키 등이 아니다. 이것들은 염증을 일으키고 혈당을 마구 널뛰게 하는[31] 정제 탄수화물로, 당뇨,[32] 비만,[33] 치매,[34] 심장질환,[35,36] 소화불량,[37] 수명 단축,[38] 불안[39]의 원인이 될 수 있다.

반면 감자, 고구마, 플랜틴(일반적인 바나나보다 크고 단맛이 덜하며 주로 요리에 쓰이는 바나나 – 옮긴이), 호박, 타로, 카사바(고구마와 비슷한 열대지방의 중요한 식량 공급원 – 편집자) 등과 같이 전분이 많은 채소는 몸에 좋을 뿐만 아니라 불안을 피하는 데에도 종종 도움이 된다. 정제 탄수화물과 비교했을 때 전분이 풍부한 덩이줄기에 들어 있는 탄수화물은 체내에서 매우 천천히 소화·흡수되기 때문에 혈당이 급격히 떨어지거나 치솟는 문제 없이 안정적으로 혈액에 당분을 공급한다. 그리고 이러한 음식에는 저항성 전분이라는 것이 들어 있는데, 이는 (다음 장에서 살펴볼) 장내 유익균의 먹이가 되어 면역체계를 진정시키고 신경전달물질을 최적으로 생산할 수 있는 환경을 조성한다.

일반적으로 탄수화물이 당길 때는 자책하거나 억누르지 말되 가공식품으로 탄수화물을 섭취하는 것은 피해야 한다. 그 대신 전분이 많은 채소를 먹어라. 그러면 탄수화물에 대한 욕구를 충족할 수 있는 데다 염증 걱정 없이 우리 몸에 필요한 연료뿐 아니라 탄수화물의 이점까지 제공할 수 있을 것이다.

물론 단백질, 지방, 채소 위주의 저탄수화물 식단 또는 키토 식단이 더 잘 맞는 사람도 있다. 이러한 식단은 인슐린 저항성, 양극성장애, 발작 장애를 앓는 환자들이나 자신의 생리를 최적화하는 데 전념하는 남성 바이오해커(전문기관에 소속되지 않은 채 생명체의 유전자 정보를 연구하는 사람 – 옮긴이)들에게 잘 맞는다. 반면 내가 봐온 사례에 의하면 가임기 여성들에게는 저탄수화물 식단이 서로 다르게 작용했다. 전적으로 식단을 지키고 충분한 영양소를 섭취한 여성들은 몸이 탄수화물 대신 다른 연료를 이용하는 데 적응하는 듯했고 잘 지냈다. 그러나 저탄수화물과 키토 식단을 들쭉날쭉하게 따르거나 필요한 열량을 채우지 못한 사람들의 몸은 예측할 수 없이 공급되는 탄수화물에 굴복했고, 불규칙한 생리주기, 피로, 불면증 및 불안의 악화 등과 같은 증상이 나타났다. 이는 아마도 가임기 여성의 몸이 끊임없이 주변을 살피면서 임신을 할 수 있을 만큼 풍부한 먹거리가 있는지뿐만 아니라 지방 저장량이 충분한지 판단하기 때문이라고 생각한다. 만약 그렇다고 판단되면 여성의

내 몸이 불안을 말한다

호르몬은 정상적인 사이클을 계속하고, 매달 배란하며, 시상하부–뇌하수치–부신hypothalamic-pituitary-adrenal, HPA 축에 포함되는 후속 호르몬들도 적절하게 기능한다. 그리고 이는 여성이 긍정적이고 의욕적이며 안정적인 기분을 유지하게 돕는다. 반면 (탄수화물을 피한 탓에) 음식이 부족하다는 신호를 받으면 HPA 축은 임신하기에 적절한 시기가 아니라고 판단하여 배란을 막는 쪽으로 일련의 호르몬 작용을 조절할 수 있다. 이는 신체의 나머지 부분에도 후속적인 영향을 미치고 불안을 유발한다.

## 뇌는 지방으로 이루어졌다

이제 마지막으로 지방에 관해 이야기해보자. 나는 불안에 시달리는 사람들에게는 저지방 식단을 추천하지 않는다. 사실 불안을 완화하는 가장 빠른 방법 중 하나는 몸에 좋은 지방 섭취를 늘리는 것이다.

포화지방이니 불포화지방이니 하는 것들은 전부 잊어라. 그 대신 자연적으로 생긴 지방인지 아니면 트랜스지방, 마가린, 가공 채소 또는 종자기름seed oil(카놀라유, 콩기름 등)처럼 인공적으로 만든 지방인지를 구분하는 데 초점을 맞춰라. 식물성기름vegetable oil은 그 이름에 '식물'이 들어간다는 이유로 몸에 좋을 것이라는 인상마저 줄 수 있다. 그러나 안타깝게도 올리브유와 아보카도오일은 건강에 더할 나위 없이 좋지만, 공장에서 생산되는 식물성기름과 종자기름은 고도로 가공되어 염증을 유발하고[40,41] 심장질환, 암, 그 밖의 여러 건강 문제를 일으킬 수 있다.[42,43,44,45,46] 반면 동물성 지방과 최소한으로 가공된 식물성 지방(아보카도, 견과류, 코코넛)은 일반적으로 몸에 무리가 가지 않고 건강을 증진한다. 심지어 코코넛과 마카다미아는 엄밀히 따지면 '포화'지방에 해당하는데도 말이다. 이러한 지방 공급원은 인간이 수천 년 동안 섭취해왔기에 우리 몸에 더 익숙하고 면역체계를 자극할 확률도 적은 지방과 밀접한 관련이 있다. 내 조언에 따라 카놀라유를 버리고 나면 그 대신 무엇으로 요리를 해야 할지 궁금할 것이다. 저열에서 조리하는 음식은 올리브유, 코코넛오일, 목초 사육 버터grass-fed butter를 사용하고, 고열로 조리할 때는 기 버터, 목초지에서 자란 소에서 얻은 소기름, 아보카도오일을 선택한다. 이미 집에서는 카놀라유를 쓰고 있지 않더라도 식당에서 먹거나 포장해 온 음식은 거의 100퍼센트 가공 생산된 식물성기름으로 조리했음을 알아두는 편이 좋다. 이런 이유로 집밥이 염증 예방에 유리할 수 있다.

일반적으로 나는 불안장애 환자들에게 몸에 좋은 지방의 섭취량을 늘리라고 조언한다. 여기서 중요한 점은 적정량을 지키는 것인데, 정제 탄수화물이나 설탕, 가공식품과 달리 지방은 포만감을 안겨주기 때문에 과식하기가 어렵다. 매 끼니 적정량의 지방을 섭취하면 혈당을 안정적으로 유지하고 가짜 불안으로 인한 동요와 짜증을 예방하는 데 도움이 된다.

# 과일과 김치와 사골 육수는 마음껏 먹어라

자, 지금까지 끼니를 어떻게 채울지 이야기했으니 이제 간식거리로 넘어가보자.

첫 번째는 과일이다. 내 의견은 이렇다. 너무 깊이 생각하지 말고 과일을 먹어라. 어떤 이들은 과일에 함유된 당분을 걱정한다. 맞는 말이다. 당연히 당분도 고려해야 한다. 과일 스무디나 말린 과일 같은 설탕 폭탄은 주의해야 마땅하다. 그러나 식사 후에 사과 한 알이나 딸기 몇 알이 당긴다면 걱정하지 말고 먹어도 된다.

과일 외에 간식으로 고르기 좋은 음식으로는 견과류, 씨앗류, 올리브, 아보카도, 완숙 달걀, 목초 사육 육포, 질 좋은 다크 초콜릿(카카오 함량이 높고, 당과 유제품 함량이 적으며, 유전자 변형 대두 레시틴이 들지 않은 것) 등이 있다. 덜스(대서양과 태평양 북부 해안에서 자라는 해초의 한 종류 - 옮긴이), 김 등의 해초류도 황이나 천연 요오드처럼 평소에 쉽게 섭취하기 어려운 영양소가 풍부하므로 간식으로 좋다.

발효식품도 추천한다. 김치, 사워크라우트(양배추를 소금에 절여서 발효시킨 독일 요리 - 옮긴이), 미소味噌(일본에서 즐겨 먹는 된장의 일종 - 편집자), 낫토, 사과식초, 비트 크바스(비트를 발효해서 만든 러시아 전통 음료 - 옮긴이), 그리고 유제품 소화에 문제가 없다면 케피르(러시아 및 동유럽 국가에서 주로 마시는 전통 발효 우유 - 옮긴이)와 요구르트도 좋다. 이것들은 장에 유익균을 제공함으로써 장을 치유하고, 염증을 줄이고, 세로토닌이나 GABA 같은 신경전달물질의 합성을 촉진하며,[47,48,49] 면역기능 개선에 도움이 될 수 있는 기능성 식품이다.

마지막 추천 음식은 사골 육수다. 콜라겐, 글리신, 글루타민, 철분이 풍부한 사골 육수는 장을 치유하고 영양분 저장소를 만드는 등 정말 많은 일을 하며, 체내 건강 상태의 지표인 피부, 머리카락, 손톱을 건강하게 유지하는 데 기여한다. 거의 모든 전통문화에 고유한 형태의 사골 육수가 있는데, 이는 그만큼 사골 육수가 영양상 꼭 필요한 음식이며 잡은 짐승에서 최대한 많은 영양분을 얻기 위한 효율적인 방법임을 옛날 사람들도 알았기 때문일 것이다.[50]

## 채식과 팔레오 식단, 두 마리 토끼 잡기

대부분의 사람에게는 채식과 팔레오 식단의 장점만 취하는 것이 좋은 선택이다. 얼핏 보면 이는 (전형적인 이미지로) 채소주스를 마시는 요가 소녀와 뼈째로 고기를 뜯으며 크로스핏을 즐기는 상남자의 대결처럼 극단적으로 반대되는 듯하다. 그러나 이 두 가지 식단의 장점을 결합하는 것은 건강한 먹기에 대한 둘 다/그리고의 접근인 셈이다.

비건 환자의 경우 대체로 과일과 채소를 충분히 먹는다는 것이 장점이지만 그중에는 달콤한 디저트(고도로 가공된 비건 컵케이크 등)와 너무 많은 양의 땅콩버터에 끌리는 사람들이 많다. 그리고 비건 환자들이 느끼는 불안은 종종 미량영양소(아연, B₁₂,⁵¹ 오메가-3 지방산 등) 결핍 그리고 '차가운' 음식(한의학의 관점에서 채식은 땅과의 접촉, 온기, 그리고 사골 육수·치킨 수프·비프스튜 같은 든든한 음식이 부족하다) 과다섭취와 관련 있다고 생각한다.

반면 가상의 환자 조 팔레오는 온종일 크로스핏 체육관에서 운동한 후 그에 대한 보상으로 커다란 삼겹살 덩어리를 저녁으로 먹는다. 팔레오라고? 체크 표시! 고기가 너무 많고 채소는 턱없이 부족한 식사? 이것도 체크 표시! 이는 팔레오 식단을 하는 사람들에게서 흔히 발견되는 함정이다.

채식하는 사람들은 식단에 아주 약간의 사골 육수와 붉은 고기만 추가해도 (신체적으로) 나아질 것이다. 그리고 팔레오 식단을 좋아하는 사람들도 고기를 조금 줄이고 채소를 조금 늘리는 정도는 꾸준히 유지할 수 있을 것이다. 일반적으로 말하면 가공하지 않은 육류나 해산물 같은 동물성 음식을 적당량 곁들인 채식 위주 식단이 신체 건강과 정신 건강, 두 마리 토끼를 모두 잡을 수 있는 좋은 선택이다.

*/////////////////////////////////////////////////////////////////////////////////////*

# 피해야 할 음식은 피하되
# 완벽해지려고 스스로를 다그치지 말 것

어떤 음식은 염증을 유발하고, 장 건강을 해치며, 혈당을 급격히 치솟게 하고, 그 밖에 여러 부정적인 영향을 몸과 뇌에 미칠 수 있다. 더 건강한 신체 및 정신 건강을 위한 식사에서 피해야 할 또는 최소화해야 할 가장 중요한 음식은 다음과 같다.

- 가공식품
- 트랜스지방, 마가린, 공장에서 생산되는 식물성기름과 종자기름(카놀라유 등)처럼 인공적으로 만들어진 지방
- 첨가당과 액상과당
- 인공감미료
- 정제 탄수화물 (미국산 밀가루는 대부분 라운드업Roundup을 살포한 작물로 만든 것이므로 특히 주의해야 한다. 라운드업은 장 염증,[52] 장 투과성,[53] 암 발병 위험[54]을 높일 수 있는 매우 해로운 농약이지만 어째서인지 미국에서는 아직도 널리 사용되고 있다.)
- 흔히 보이는 옥수수, 대두 등의 유전자 변형 작물 (논쟁의 여지가 있긴 하지만, 나는 GMO 관련 농약이 장을 망가뜨리며 그래서 면역체계와 뇌의 기능에도 좋지 않은 영향을 미친다고 생각한다.)
- 모든 종류의 식품 보존제, 착색제, 이름만 천연인 '천연 조미료'

목록이 상당히 길다. 이를 100퍼센트 언제나 완벽하게 피할 수 있는가, 또는 피해야 하는가? 그렇지 않다. 그러는 나는 잘 지키고 있는가? 전혀 아니다! 현대사회에서는 이것들을 전

내 몸이 불안을 말한다

부 피하면서 먹기가 쉽지 않다. 돈도 많이 들고, 번거로우며, 사회 생활을 하기도 어렵다. 그리고 완벽을 추구하느라 받는 스트레스는, 건강한 음식으로 얻을 수 있는 불안 완화 효과보다 더 크게 불안을 높일 것이다. 그러니 그저 최선을 다하되, 그 과정에, 그리고 자기 자신에게 유연해져라.

## 칼로리가 아니라 화학물질에 주의를 기울이자

내가 칼로리에는 전혀 관심이 없다는 사실을 눈치챘을지도 모르겠다. 건강에 관한 한 중요한 것은 화학물질이라고 생각한다. (이 세상의 모든 것, 심지어 물조차도 엄밀히 말하면 화학물질이지만 여기서 말하는 '화학물질'은 보존제나 인공감미료와 같이 인공적으로 만든 식품 성분을 가리킨다.) 다이어트는 섭취한 칼로리 빼기 소모한 칼로리라는 단순한 공식을 설파하는 사람들이 아직도 많지만 사실 이 공식은 잘못된 과학에 기초하고 있다. 건강에서 더 중요한 것은 우리가 먹는 칼로리의 양이 아니라 **질**이다. 사실, 우리가 먹는 음식의 **질**은 우리가 얼마나 많은 **양**의 음식을 먹고 싶어 하는지, 즉 식욕에 영향을 미친다. 다시 말해 어떤 음식은 포만감을 주는 반면 어떤 음식은 오히려 식욕을 자극한다. 그렇게 먹은 음식의 **양**이 앞서 언급한 다이어트 공식의 '소모한 칼로리'에 해당하는 기초대사량에 영향을 준다는 것은 말할 필요도 없다. 즉 다이어트 공식은 뺄셈이 아니라 미적분이다.

아직도 섭취한 칼로리 빼기 소모한 칼로리 공식을 믿는 사람이 있다면 내가 제시하는 몇 가지 근거를 듣고 다시 생각해보길 바란다. 캐나다 연구원들이 두 그룹의 쥐에 매일 똑같은 식단과 똑같은 열량의 먹이를 넣어주었다. 다만 한 그룹에는 아스파르템을 넣은 물을, 다른 그룹에는 그냥 물을 주었다. 실험 결과 두 그룹이 섭취한 **총열량**에는 아무런 차이가 없었는데도 아스파르템을 먹은 쥐들은 체중이 증가했으며 대사증후군의 징후(높은 콜레스테롤 수치, 이상혈당)가 나타났다.[55] 인공감미료만으로도 얼마든지 동물의 대사 건강을 어지럽힐 수 있음을 보여주는 실험이다.[56]

인간을 대상으로 한 최근 연구 또한 이러한 개념을 설명해준다. 스웨덴 연구원들은 정상 체중의 건강한 성인 두 그룹에게 매일 똑같은 열량의 음식을 제공했다. 한 그룹은 간식으로 땅콩을 먹었고 다른 그룹은 같은 열량의 사탕을 먹었다는 점만 달랐다. 그런데 땅콩을 먹은 그룹은 대사 건강이 개선됐지만 사탕을 먹은 그룹은 체중, 허리둘레, 저밀도 지방단백질low density lipoprotein, LDL 콜레스테롤 수치가 모두 증가했다. 이같은 결과는 **얼마나 많이** 먹는지보다 **무엇을** 먹는지가 대사 건강에 더 큰 영향을 미친다는 사실을 보여준다.[57]

짜고 달고 자극적인 가공식품을 먹으면 포만감 신호를 무시하게 되어 과식하거나 대사 건강이 나빠지는 지경에 이르며 뇌 기능에도 부정적인 영향을 미친다. 그러므로 가짜 불안의 근원을 줄이기 위해 당신이 할 수 있는 최선은, '얼마나 많이'보다 '무엇을' 먹는지에 초점을 맞추면서 될 수 있으면 자연식품을 먹고 가짜 음식은 피하기를 목표로 삼는 것이다.

# 8장
# 염증의 공격을 받는 몸

결국 우리는 각 부분의 합이며, 몸이 건강하지 않으면
우리가 소중히 지켜온 모든 미덕도 그 뒤를 따른다.
—수재나 카할란Susannah Cahalan, 《브레인 온 파이어Brain on Fire》

1990년대 이후로 모노아민monoamine 가설은 특정 정신질환의 원인을 설명하는 가장 지배적인 정신과 이론이 되어왔다. 유전적으로 중추신경계 내에 세로토닌 같은 신경전달물질이 불균형하기 때문에 정신질환이 생긴다고 보는 이론이다. 오늘날에도 모노아민 가설은 사람들이 어떻게 우울이나 불안 같은 감정적 상태에 이르는지를 설명하는 이론으로 가장 많은 지지를 얻고 있다. 이 이론도 물론 의미가 있지만, 최근 들어 체내 염증이 종종(항상이 아니라 **종종**) 우울과 불안에 중요한 역할을 한다는 견해를 뒷받침하는 강력한 증거가 등장했다.[1,2,3] 모노아민 가설에 맞서는 이 이론을 사이토카인cytokine 또는 염증 가설이라고 한다.

개괄적으로 설명하자면 염증에 대한 인체의 진화적 반응이 기분장애의 증상으로 나타난다는 것이다. 우리가 질병과 연관지어 생각하는 증상(피로, 불쾌함, 욕)은 대부분 바이러스나 박테리아 그 자체 때문이 아니라 그와 싸우는 데 동원된 면역체계 때문에 일어난다. 그리고 심한 염증(기본적으로 우리 몸을 지키기 위해 면역체계가 활동하는 것)은 우리 혈관 안에서 일어나는 전투다. 진화적 설계에 따라 우리는 이러한 증상이 나타나면 계획을 취소하고, 이불을 덮고, 휴식을 취한다. 이는 질병의 확산을 막고 우리 면역체계가 최선을 다해 침입자와 싸울 수 있게 한다. 면역체계는 우리가 쉴 때 가장 잘 기능하기 때문이다. 그러나 이러한 증상은 우리가 우울증이라 부르는 것과 이상하리만큼 닮았다.

염증이 정신 건강에 영향을 미친다는 이 이론은 사이토카인(특정 면역세포에서 분비되는 신호전달 단백질이며 염증의 표지역할을 한다)이 혈액 속을 순환하는 독소와 병원균에 맞서기 위해 혈액-뇌 장벽을 넘을 수 있다는 사실이 밝혀지면서 더욱 힘을 얻고 있다. 사실 사이토카인이 공포와 위협 감지에 관여하는 뇌 부위(편도체, 뇌도, 내측 전전두엽 피질, 전측 대상 피질 등)에 직접 영향을 미친다는 사실은 이미 알려져 있다. 이는 우리가 위협받고 있다는 정보를 뇌에 전달함으로써 염증이 직접 불안에 일조할 수 있음을 시사한다.[4] 결국 우리가 흔히 정신 건강 문제로 여기는 인지적 증상(강박장애에서 나타나는 침투적 사고나 불안 등[5,6])이 사실은 염증에 대한 뇌 반응에서 기인했을 수도 있다는 것이다.

## 우리 안의 군대, 면역체계

인간의 면역체계는 세포와 신호전달 물질로 이루어진 아주 정교하고 복잡하게 설계된 네트워크로, 여러 위협에 대응하는 강력한 방어 시스템을 제공한다. 초기 인류가 땅 위를 걷기 시작한 그때부터 면역체계가 지닌 정교한 무기는 박테리아, 바이러스, 기타 병원균에 맞서 우리의 목숨을 구해주었다. 그러나 환경 변화는 면역체계의 기능에도 영향을 미쳤다. 먼저 항생제나 수도시설 같은 현대 의학과 위생이 발달하면서 우리 면역체계는 벤치로 물러났다(최근 있었던 코로나19 팬데믹은 극히 예외적인 사례). 이제 우리 몸은 침입자와 싸우는 데 많은 시간을 들일 필요가 없어졌는데, 이는 곧 면역체계가 아군과 적군을 구분하는 '교육'을 덜 받게 됐음을 뜻한다. 그와 동시에 각종 농약부터 프탈레이트(플라스틱을 부드럽게 만들기 위해 첨가하는 화학물질 - 옮긴이), 팝타르트Pop-Tart 과자까지 정체를 알 수 없는 화학물질과 식품의 폭격이 점점 거세졌다. 진화하는 동안 우리 몸은 이러한 외부 물질을 처리하는 법을 본질적으로 배우지 못했기에 이는 진짜 감염과 거의 같은 방식으로 우리 면역체계를 자극한다. 예를 들어 미국인이 매일 먹는 도리토스Doritos(미국 식품 회사 프리토레이Frito-Lay가 만든 토르티야 칩 – 편집자)는 면역체계를 공격적이고 혼란스럽게 만든다. 면역체계는 도리토스의 '감염'을 제거할 수 있다고 생각해서 계속 싸우지만 알다시피 우리 면역체계는 과자와 싸워 이기도록 만들어지지 않았다. 과자를 먹을 때마다 매번 '재감염'된다는 것은 말할 필요도 없다. 이처럼 염증을 유발하는 음식을 장기간 꾸준히 먹으면 면역체계가 점점 망가지고 과민해지며, 염증 수치가 증가하고, 우울이나 불안이 지속된다.

## 자가면역질환과 바짝 붙어 다니는 우울과 불안

케이블 TV를 볼 때마다 면역억제제 광고가 너무 많아서 놀란다. 류머티즘 관절염, 궤양성 대장염, 크론병, 셀리악병, 하시모토 갑상샘염, 그레이브스병, 다발경화증, 루푸스, 건선, 백반증, 제1형당뇨병, 습진 등의 자가면역질환을 앓는 환자가 약 1000만~4000만 명에 이르러 거의 유행병 수준이며[7,8] 그 수는 매년 늘고 있다.[9]

자가면역은 만성적으로 잘못된 정보를 전달받은 면역체계가 자기 몸의 세포를 공격하기 시작할 때 발생한다. 자가면역이 생기는 데 필요한 전제 조건은 스트레스요인(심한 식중독 같은 신체적 스트레스일 수도 있고 갑작스레 소중한 사람을 잃는 경험

같은 정신적 스트레스일 수도 있다), 유전적 성향, 장 투과성 또는 장 누수로 알려진 장 점막 손상[10] 등이 있는 듯하다. 또한 만성 감염, 부상, 곰팡이나 중금속 등에 노출되는 환경 때문에 일어날 수 있는 조직 손상도 자가면역을 자극하는 데 한몫한다는 가설이 제기되고 있다.[11,12] 자가면역 증상은 발진, 소화불량, 관절 통증, 피로, 그 밖의 여러 방식으로 나타날 수 있다. 그런데 혹시 자가면역질환과 바짝 붙어 다니는 또 다른 증상들을 아는가? 바로 우울증과 불안장애다. 사실 우울증과 불안장애는 다른 심각한 질병보다 자가면역질환에서 더 높은 확률로 발생하는데, 이는 사람들이 그저 아프다는 이유로 우울이나 불안을 느끼는 것이 아니라[13] 자가면역과 관련된 무언가의 직접적인 결과로 이러한 기분 변화가 나타나는 것임을 시사한다.

나는 만성적인 면역자극 자체가 우울과 불안을 일으킬 수 있다고 생각한다. 염증이 생기면 뇌에 직접 영향을 미치는 사이토카인이 우리 몸이 지금 전투 상태임을 알리는 메시지를 중추신경계에 전달하여 우리를 불편하게 만들기 때문이다.

실제로 불안과 자가면역 사이의 연결망은 쌍방향인 듯하다. 아동기의 부정적 경험 adverse childhood experiences에 대한 연구에 따르면, 아동기에 방치나 학대를 당했거나 심각한 스트레스요인에 시달린 사람들은 자가면역이 발생할 확률이 훨씬 높았다.[14] 때때로 자가면역의 일부 사례들은 어린 시절 트라우마로 인한 평생의 고통에 신체가 반응하여 뒤늦게 자가면역으로 발전한 것 아닌가 하는 생각이 든다. 아마도 아동기의 부정적 경험을 한 성인의 신체는 오랫동안 고통을 내재화해왔고 그래서 위협에 정신적으로, 신체적으로 과민하게 반응하도록 길들었을지도 모르겠다.

희망적인 대목은 스트레스, 위장관 문제, 유해 물질에 노출되는 환경을 개선하려고 노력하면 자가면역을 예방하고 치료할 수 있다는 것이다. 니나Nina는 만성 과민대장증후군, 감정기복, 나비 모양의 얼굴 발진, 잦은 구내염으로 고통받고 있었다. 이 같은 증상은 전부 흔한 자가면역질환인 셀리악병의 특징으로, 글루텐에 민감한 사람들에게서 나타났다. 또한 니나는 파스타처럼 글루텐이 많이 든 음식을 먹으면 위장관에 통증을 느꼈다. 내과를 찾아간 적도 있지만 의사는 검사 결과가 음성임을 보여주며 "좋은 소식입니다. 셀리악병이 아니에요!"라고 외쳤다. 그러면서도 니나가 왜 글루텐만 먹으면 배가 아파서 몸을 펴기도 어려운 상태가 되는지는 설명해주지 않았다. 그의 조언은 이랬다. 힘들어도 견뎌요! 당신은 앞으로도 글루텐을 먹을 수 있고 먹어야 합니다. 그러나 주류의학의 도움 없이도 니나는 만성적인 소화불량, 원인 불명의 자가면역 비슷한 증상, 글루텐이 포함된 식단, 이 세 가지를 서로 연결 짓는 데 성공했다. 며칠간 글루텐이 포함되지 않은 식사를 해봤더니 점점 나빠지기만 하던 건강 상태가 달라졌고 몸도 회복되기 시작했다.

안타깝게도 주류의학은 예방보다는 치료에 중점을 두며 인체를 대할 때도 여러 조직이 복잡하게 연결된 거미줄처럼 이해하기보다는 각각의 조직이 개별적으로 모여 있는 것으로 보기 때문에, 자가면역을 다루기에는 그다지 유리하지 않다. 만약 건선과 불안을 앓고 있는 환자가 있다면 한 의사는 건선을 치료하고 다른 의사는 불안을 치료한다. 그러면 한 걸음 물러서서 그 둘 사이의 관계를 살펴줄 사람은 누구란 말인가? 스테로이드와 면역조절제(약을 끊는 순간 염증이 재발한다)로 증상을 억누르기보다 그 두 증상의 뿌리에 있는 염증을 다뤄줄 사람은 누구인가? 그리고 주류의학은 병이 '완전히 진행'될 때까지 기다렸다가 치료하는 편을 선호하는데 이는 환자에게 불필요한 고통을 안겨줄 뿐 아니라 문제를 해결하기도 더 어렵게 만든다.

만약 자가면역이 당신의 불안에 한몫하고 있지 않은지 의심된다면, 또는 여기서 언급한 것들과 비슷한 증상이나 징후가 있다면, 문제의 근본에 접근할 수 있는 기능의학의사나 자연요법 치료사를 만나보는 것도 하나의 방법이다. 또한 장 건강 회복, 염증 감소, 스트레스 관리를 위해 이 책에서 제시하는 조언들을 따르는 것도 추천한다.


## 장-면역-뇌의 연결고리


42세 여성 조니Joni는 불안장애뿐만 아니라 소화기관에 뭔가 이상이 생겼음을 알리는 명백한 신호도 많이 갖고 있었다. 복부팽만감을 달고 살았고 변비와 설사를 반복했다. 또한 여드름, 습진, 편두통도 있었는데 이 또한 장에 문제가 있음을 보여주는 추가 단서였다. 우리는 몇 달에 걸쳐 그녀의 장 건강을 회복하기 위해 꾸준히 노력했고 그 결과 소화 증상과 염증 증상이 개선되면서 동시에 불안도 완화되었다. 서로 간의 연관성을 증명이라도 하듯 조니가 뜻하지 않게(어쩌면 의도적으로) 장을 자극하는 음식을 먹을 때마다 불안 증상도 돌아왔다.

이제는 모두가 알다시피 면역 활동의 약 70퍼센트는 장에서 이루어진다.[15] 이 수치가 놀라울 수도 있겠지만, 인체가 외부 세계와 접촉하는 주요 기관 중 하나가 장이라는 점을 생각하면 사실 이는 매우 적절한 설계다. 소장만 해도 무려 테니스 경기장 크기에 해당하는 표면적으로 우리가 삼킨 음식, 음료, 세균의 직접적인 접촉을 허용하는 상황이므로, 소화관이야말로 우리 몸을 지키는 군대의 상당수가 주둔하기에 합리적인 장소다. 겉면은 피부가 보호해준다 치지만 우리가 삼키는 것은 전부 체내에 밀접하게 접근할 수 있기 때문이다.

어째서 장 건강이 불안에 영향을 미칠까? 여기에는 몇 가지 주된 이유가 있다. 첫째, 정신과의사, 내과의사와는 달리 뇌와 장은 서로 소통한다. 2장에서 설명했듯이 뇌와 장 사이에는 둘을 직접 잇는 핫라인이 있다. 이러한 소통이 가능한 이유는 부교감신경계의 주요 구성요소인 미주신경이 뇌와 장 사이에서 양방향으로 정보를 전달하기 때문이다.[16] 그래서 뇌는 장에 이렇게 전할 수 있다. 이제 곧 100명 앞에서 발표해야 하는데 너무 떨려서 미칠 것 같아. 속 좀 비우자! 하지만 아마 이보다 더 중요

내 몸이 불안을 말한다

한 점은 반대로 장도 뇌에 말을 걸 수 있다는 것이다. 요로감염 때문에 항생제를 먹은 이후로 여기는 완전히 초토화됐어. 그러니까 상황이 좀 나아질 때까지 네가 쉴 수 있도록 나는 너를 불안하게 만들어야겠어. 당신이 이러한 신호를 무시하면 장은 회복할 기회를 얻지 못하고, 그러면 장은 계속해서 뇌에 기분이 안 좋다는 메시지를 보낼 것이다.

미주신경을 통한 소통뿐만 아니라 소화기관에 존재하는 무수히 많은 장내미생물, 다른 말로 마이크로바이오타microbiota 역시 불안에 영향을 미친다. 최근 들어 위장에 사는 미생물이 정신 건강에 미치는 효과를 연구하는 사이코바이오틱스psycho-biotics 분야가 부상하면서 장내미생물과 뇌 사이의 쌍방향 관계, 이른바 마이크로바이오타-장-뇌microbiota-gut-brain, MGB 축이 규명되기 시작했다. 터프츠대학교Tufts University 사이코바이오틱스 연구원들은 장내 마이크로바이오타가 면역체계와 신경계에 영향을 미칠 수 있으며 그 반대도 가능하다는 주장을 뒷받침하는 증거가 점점 많아지고 있다고 설명했다.[17] 또한 특정 종류의 유산균Lactobacillus이, 예를 들어 스트레스 회복탄력성resil-ience(어렵고 힘든 상황에 직면했을 때 그것을 인정하고 오히려 성장의 발판으로 받아들이는 능력 - 옮긴이)과 인지적 증상을 개선하고 불안을 완화하는 데 도움이 된다는 사실을 확인했다.[18] 한편 정신 건강과 (병원균과 유익균을 모두 죽이는) 항생제의 관계에 초점을 맞춘 연구에서는 "우울증과 불안장애 발생률의 증가가 반복적인 항생제 복용과 관련이 있음"을 밝혔다.[19] 항생제가 정신 건강에 영향을 미치는 이유는 장내 유익균을 파괴하기 때문으로 생각된다. 실제로 여러 연구에서 프로바이오틱스 영양제나 발효식품을 섭취하여 건강한 유익균을 회복하자 기분과 불안이 개선되는 결과를 볼 수 있었다.[20,21] 마지막으로 식단과 프로바이오틱스 영양제를 통한 유익균 회복이 전신염증을 줄인다는 연구도 있는데, 이 또한 유익균에 불안을 낮추는 능력이 있음을 보여준다.[22] 아직은 시작 단계에 있는 연구 분야이긴 하지만 미생물 균형을 개선하는 것이 불안을 줄이는 데 도움이 된다는 점은 이미 확고부동하게 분명하다.[23]

뇌뿐만 아니라 장도 세로토닌과 GABA를 비롯한 여러 신경전달물질의 생산을 책임진다는 사실을 기억할 것이다. 앞서 언급했듯이 장내미생물 가운데 특정 박테로이데스 균주가 GABA 합성에 관여한다고 제안하는 논문에 증거도 나와 있다.[24] 특정 박테리아가 GABA 합성에 관여한다는 사실은 손상된 장내세균이 어떻게 GABA 이용 가능성에, 그리고 결국 불안에 직접 영향을 미칠 수 있는지 설명한다. 그래서 지금 우리 앞에 유행병처럼 퍼지고 있는 불안을 조사할 때도 항생제가 GABA 생산에 관여하는 장내미생물을 초토화한 것이 중요한 이유임을 직감했다.

끝으로, 장 건강이 불안에 영향을 미치는 가장 중요한 방식은 염증을 통하는 것이다. 1부에서 살펴봤듯이 장 건강 이상은 뇌를 비롯한 몸 전체에 전신염증을 일으킬 수 있는 특별한 능력이 있다. 간단히 말하면 장에 염증이 생기면 뇌에도 염증이

내 몸이 불안을 말한다

생긴다. 그리고 이는 (장의 정상적인 구성 성분인) 지질다당류가 장 투과성이 높아진 장벽을 빠져나가 샐 때나 장내에 병원균과 기회감염 박테리아가 너무 많아서 장이 면역체계에 적색경보를 울리고 싸우라는 신호를 보낼 때 일어난다.[25] 두 가지 경우 모두 염증은 뇌에 도달하고 그러면 우리는 불안을 느낀다.

장이 불안에 영향을 미치고 있는지 신속하게 파악하는 방법은 (설사, 변비, 복부팽만, 속 쓰림 등의 위장 증상을 관찰하는 방법 외에도) 자신의 신체적 건강 상태, 일생의 주요 사건, 불안을 연대순으로 적어보는 것이다. 어떤 사람들은 기억이 닿는 한 어릴 때부터 쭉 불안을 안고 살아왔을 것이다. 반면 특정 사건, 예를 들어 이혼, 해외여행, 항생제 치료, 수술, 심한 식중독 등을 겪고 난 후부터 불안이 생긴 사람들도 있을 것이다. 만약 후자에 속한다면 식중독균의 침입이나 항생제 치료에 따른 유익균 말살 같은 이유로 마이크로바이옴에 변화가 생겨서 장 건강이 위태로워진 것이 당신이 느끼는 불안의 주요 원인은 아닌지 마땅히 의심해볼 만하다. 그뿐만 아니라 심한 스트레스 자체도 항생제와 상당히 흡사하게 작용하여 장내 생태계와 장벽 건강에 영향을 미칠 수 있다. 따라서 불안의 근본적 원인이 항생제든 살모넬라균이든 이혼이든 간에 일단 장을 치료하고 나면 불안을 다스리는 데 큰 도움이 될 것이다.

장 건강을 회복하는 과정은 다음 몇 단계로 요약할 수 있다. 장을 자극하는 요인을 제거하고, 장을 진정시켜주는 음식이나 영양제를 먹고, 장이 치유될 만한 조건을 만들어주는 것이다.

앞서 살펴봤듯이 장을 자극할 수 있는 음식은 다양하다. 글루
텐과 유제품이 가장 높은 비중을 차지하기 하지만[26] 공장에서
생산되는 식물성기름,[27,28,29] 인공감미료,[30] 카라지난 등의 식
품 안정제,[31] 라운드업 등의 농약[32] 또한 장 건강을 망가뜨리는
숨은 원인이다. 우리가 먹는 약물 중에서도 장 건강에 악영향
을 미치는 것들이 있다. 따라서 장 건강을 지키고 싶다면 불필
요한 제산제,[33] 이부프로펜 같은 진통제,[34] 처방 진통제,[35] 경구
피임약,[36] 항생제[37]는 지나치다 싶을 정도로 최대한 피하는 편
이 좋다. 물론 이는 각자의 건강 상태에 맞춰 받아들여야 할 조
언이다(주치의와 상담 없이 어떠한 것도 함부로 바꾸지 마라). 그리
고 이 모든 약을 언제나 무조건 피해야 한다고 말하는 것도 아
니다. 다만 약을 먹었을 때 얻을 수 있는 효과와 장 건강에 미
칠 피해를 따져보고 복용하기를 권하는 것이다.

장을 진정시켜주는 음식으로는 손상된 장벽 치료에 효과적
인 콜라겐이 함유된 사골 육수, 장벽 세포들을 위한 천연연료
인 부티르산이 함유된 기 버터, 장 조직들을 복구하는 데 도움
이 되는 아미노산인 글루타민을 추천한다. 장내 유익균을 번
성시키는 것도 중요하다. 이렇게 말하면 대부분은 건강한 생
유산균을 알약 형태로 만든 프로바이오틱스 영양제를 떠올린
다. 물론 프로바이오틱스도 도움이 되지만 장에 건강한 박테
리아들이 서식하게 하는 진짜 초석은 사워크라우트 같은 발효
식품을 고구마처럼 전분이 풍부한 채소(유익균의 먹이인 프리
바이오틱 prebiotic으로 기능한다)와 함께 규칙적으로 먹는 것이다.

어떤 사람들은 유익균을 늘릴 때 좀 더 세심하게 주의를 기울여야 한다. 조니의 사례처럼 복부팽만, 가스, 트림 등의 증상이 나타난다면 소장 내 세균 과다 증식small intestinal bacterial overgrowth, SIBO, 즉 상부 위장관에 박테리아가 너무 많은 상태일 수 있다. 이런 경우에는 몸에 유익균을 다시 집어넣기 전에 먼저 과증식한 세균부터 일부 죽이는 편이 낫다.

장 건강 회복을 위한 마지막 조언은 지금껏 살아온 방식에서 벗어나라는 것이다. 장을 치료하려면 에너지의 분배가 필요한데, 이는 오직 휴식을 통해서만 이루어질 수 있다. 마치 하나의 문화처럼 우리는 몸에 이상을 느끼면 일단 약이나 영양제부터 사고 싶어 하고 정작 필요한 행동 변화는 나중 문제라고 생각한다. 그러나 수년간 환자들의 장 건강 회복을 위해 애쓴 결과 나는 휴식이 필수 불가결한 요소임을 깨달았다. 다시 말해 적절히 쉬면서 스트레스를 줄이지 않으면 아무리 글루텐을 피하고 사골 육수를 잔뜩 먹어도 장은 낫지 않는다. 만약 장 문제와 불안을 겪고 있다면, 그리고 좀 더 기분 좋은 삶을 원한다면 당신의 몸은 휴식이 필요하다. 때로는 충분한 수면과 스트레스 관리를 위해 시간을 내기가 거의 큰 산을 옮기는 일만큼이나 어렵다는 점을 나도 안다. 그래도 산을 옮겨라. 충분히 자고 적게 일하고 매일 어떤 형태로든 휴식을 취하는 습관을 들여라.

혹시 암페타민 제제의 각성제를 복용 중인 사람이 있다면 덧붙이고 싶은 말이 있다. 전체적인 회복, 특히 장 건강 회복은 신경계가 부교감 또는 이완 상태일 때만 가능하다. 각성제는 당신의 몸이 스트레스반응에 들어가도록 설계된 것임을 알아야 한다. 실제로 나는 각성제를 끊기 전까지는 장 건강을 회복하지 못하는 환자들을 많이 목격했다. 각성제가 유도한 스트레스반응이 진정한 치유로 가는 길을 막았기 때문이었다.

장 건강 회복을 위한 마지막 단계는 변기 밑에 발 받침대를 놓아두는 것이다. 인터넷에 검색해보자. 감사 인사는 나중에 받겠다.


## 면역체계를 재조정해 불안을 다루는 법


면역체계의 균형을 되찾고 우울과 불안의 통제를 돕기 위한 정보로 음식을 활용할 수도 있다. 나는 환자들에게 염증을 유발하는 음식을 줄이는 것 외에도 염증을 없애는 데 도움이 되는 음식과 행동을 추가하라고 조언한다. 먼저 강황의 활성 성분인 쿠쿠민curcumine으로 시작해보자. 쿠쿠민은 핵인자카파비NF-κB라고 불리는 면역체계의 중심축에 작용하여[38,39] 별일 아니니까 애태우지 마 하고 전달한다. 내가 추천하는 방법은 카레를 먹거나, 강황 페이스트에 기 버터와 물을 섞어서 전통적인 인도식 '강황 우유'를 만들어 먹는 것이다. 강황과 후추를 같이 쓰면 시너지가 발휘되어 염증을 없애는 데 더욱 효과적이다. 생강,[40] 마늘,[41] 양파,[42] 연어처럼 오메가-3가 풍부한 음

내 몸이 불안을 말한다

식,[43] 녹색 잎채소나 비트처럼 색소가 포함된 거의 모든 채소[44] 또한 예민해진 면역체계에 이롭다.

염증을 줄이는 것뿐만 아니라 면역체계를 재조정하는 것도 필요하다. 그러려면 면역체계가 지금 우리가 살고 있는 환경과는 전혀 다른 조건에서 진화해온 강력하고도 복잡한 시스템이라는 개념으로 다시 돌아가야 한다. '진화 기간' 동안 인류는 미생물에 꾸준히 노출되는 환경에서 살았다. 그중 어떤 미생물은 상냥하고, 어떤 것들은 우리와 공생하며(우리를 돕는다는 뜻), 또 어떤 것들은 병을 일으키거나 기생한다(잠재적으로 우리에게 해가 될 수 있다는 뜻). 태어날 때 통과하는 산도産道부터 음식에 묻은 흙, 가깝게 지내는 동물들(그리고 그 배설물)까지 우리는 계속해서 미생물에 노출된다. 그리고 이러한 노출은 우리 소화관에 사는 미생물 생태계를 더욱 다채롭게 만들어준다. 이렇게 형성된 생태계는 면역체계를 조정한다. 즉 우리 몸 안의 박테리아와 바이러스는 면역체계와 끊임없이 소통한다. 다채로운 생태계와 광범위하게 교류하면서 면역체계는 많은 연습을 거치고 그리하여 병원균과 유익균, 적군과 아군을 구분하는 법을 배운다.

다시 오늘날로 돌아와 보자. 장내세균이 손상된 채로 태어나는 아기들이 많아졌다. 예를 들어 (현재 미국에서 이루어지는 출산의 약 32퍼센트에 해당하는[45]) 제왕절개로 태어난 아기의 소화관에는 엄마의 산도가 아닌 병원 공기와 의사·간호사 피부에 있는 미생물의 흔적이 남는다.[46] 자연분만은 아기의 소화관에 엄마에게서 받은 다양한 미생물 집합체를 남기지만, 이처럼 이로운 미생물 전달조차도 (지극히 정상적인 질 박테리아인) B군 연쇄상구균 검사에서 양성이 나온 산모에게 주입되는 다양한 항생제 때문에 제대로 이루어지지 않을 수 있다. (미국에서는 약 40퍼센트의 여성이 출산 중에 항생제를 맞는다.)[47] 제왕절개로 분만한 사람들을 비난하거나 부끄럽게 하려는 의도는 전혀 없다. 피할 수 없는 수술이거나 아기와 산모의 목숨을 구하는 수술일 때도 많기 때문이다. 그러나 어쨌든 현대사회의 여러 측면이 우리의 마이크로바이오타에 영향을 미치고 그래서 면역체계의 고장에 일조하고 있음은 사실이다. 그리고 우리는 이를 적절하게 바로잡기 위한 노력을 냉정하게 바라봐야 한다. "아무도 자동차를 금지하자고 말하진 않듯이 나도 항생제나 제왕절개를 아예 금지하기를 바라는 것은 아니다." 저명한 마이크로바이옴 연구자 마틴 J. 블레이저Martin J. Blaser 박사는 저서 《인간은 왜 세균과 공존해야 하는가》에서 이렇게 말했다. "다만 그것들이 좀 더 현명하게 쓰이기를, 그리고 그로 인한 최악의 부작용을 해결할 방법을 찾기를 요청하는 것뿐이다."[48]

태어난 이후로도 우리는 장내세균 생태계의 다양성을 광범위하게 공격하는 세상에서 살아간다. 예를 들어 미국인 청년들은 스무 살이 될 때까지 평균 17회의 항생제 치료를 받는다고 한다.[49] 거기에 설탕과 가공식품, 만성 스트레스, 술, 제산제, 피임약, 정신과 약물, 유제품에 남은 잔여 항생제, 수돗물 속 염소까지 더하면 현대인의 소화관 속 생태계가 멀쩡한 게 외려 이상할 정도다. 결국 우리 면역체계는 기본적인 훈련조차 받지 못하는 셈이다. 이는 요즘 아이들 사이에서 유행하는 천식, 습진, 알레르기, 음식 과민증 등 만성 염증성질환에서 확연하게 드러난다. 나는 심지어 주의력결핍과잉행동장애attention deficit hyperactivity disorder, ADHD가 염증 때문에 일어나는 사례도 있다고 주장한다.[50] 그리고 많이 알려지지 않은 연결고리지만 만성염증은 심장질환[51]부터 암,[52] 치매,[53] 그리고 물론 정신 건강 문제[54,55]에 이르기까지 현재 우리 사회를 괴롭히고 있는 여러 주요 질병과도 관련이 있다.

그러면 이러한 문제들을 어떻게 다뤄야 할까? 어떤 요소들은 우리가 완전히 통제하기 어렵지만, 우리가 실천할 수 있는 것들도 몇 가지 있다. 다음은 내가 환자들에게 추천하는 것들인데 편리하게도 불안 완화를 위한 일반적인 조언과 겹치는 부분이 많다.

1. 공장에서 생산되는 식물성기름 등 염증을 유발하는 음식을 피하고 강황 등 항염증성 음식을 먹어라.
2. 불필요한 항생제를 피하고 발효식품이나 전분이 풍부한 덩이줄기를 섭취하여 장내미생물 생태계를 다채롭게 유지해라.
3. 농약에 노출된 식품(일반적인 밀가루 등)처럼 장을 자극하는 음식을 피하고 사골 육수 등 장을 진정시키는 음식을 먹어서 장을 치유해라.

4. 면역체계가 적절하게 기능하는 데 필요한 영양소를 섭취해라. 아연, 비타민C, 비타민A, 비타민B군으로 시작해보면 좋다.

5. 해가 진 후에는 청색광을 피해라. 면역 활동을 돕는 멜라토닌 호르몬은 어두울 때만 분비된다. (청색광에 대해 더 알고 싶다면 5장을 참고해라.)

6. 충분히 쉬어라. 면역체계가 하는 일은 대부분 우리가 자는 동안 이루어진다.

7. 긴장을 풀어라. 만성 스트레스는 면역 활동을 억제한다.

8. 비타민D 검사를 받아보고 비타민D가 부족하지 않도록 충분히 햇볕을 쬐라(다음 장에서 좀 더 깊이 다룰 것이다). 상황이 여의치 않으면 영양제로 보충해라.

으레 그렇듯이 현대 생활은 기본적으로 위의 조언과는 정반대다. 자극적이고 영양가 없는 음식을 먹고, 충분히 쉬지 못하며, 거의 실내에서만 생활하느라 낮에는 햇빛을 보지 못하고 밤에는 너무 밝은 환경에서 지내며, 스물네 시간 업데이트되는 뉴스에 중독되어 늘 공포 상태에 있다. 그러나 만약 위의 조언 중에서 단 몇 가지라도 실천할 수 있다면 면역체계를 조정하고 불안을 완화하는 길에 한층 더 가까워질 것이다.

내 몸이 불안을 말한다

# 햇빛을 충분히 쬐어야 하는 하고많은 이유

햇빛은 다양한 방법으로 우리의 기분을 띄워주지만 그중에서도 정신 건강에 가장 중요하게 이바지하는 점은 우리 피부가 비타민D를 생성하게 해준다는 것이다. 비타민D, 만세! 비타민D는 사람들이 생각하는 것보다 훨씬 더 중요하다. 기분이 편안해지고 감기와 자가면역을 피하려면 비타민D를 건강한 수준으로 유지할 필요가 있다.

비타민D는 정말로 아주 중요해서 진화도 위험을 감수하지 않고 안전한 길을 택했다. 인체는 몹시 신뢰할 만하고 어디나 존재하기에 절대로 그것 없이 살게 될 리가 없는 것, 바로 태양에 반응하여 비타민D를 생산하는 시스템을 갖췄다. 이는 매우 훌륭한 설계였다. 선크림, 비디오게임, 재택근무가 일상에서 햇빛을 제거해버리기 전까지는 말이다.

그렇다면 도대체 얼마나 대단하길래 진화가 비타민D를 그렇게까지 우선했을까? 사실 비타민이라는 명칭은 다소 부적절한데 우리 몸에서 비타민D는 호르몬에 가깝게 기능하기 때문이다. 비타민D는 올바른 면역기능에 필수적이고(그래서 감염[56]과, 논란의 여지는 있지만 초기 암[57]을 억제하는 데 도움을 준다) 앞서 언급했듯 면역체계를 조정하여 우리가 진짜 병원균(예를 들어 코로나19)을 공격하게 해주며[58] 한편 양성 알레르기항원(예를 들어 천식, 계절성 알레르기)에 과민 반응을 보이거나[59] 잘못된 표적을 겨냥하는 일(예를 들어 자가면역)이 없도록 한다.[60]

건강한 비타민D 수치는 인지기능과 치매 예방,[61] 심혈관계 건강,[62] 골밀도와 골다공증 예방,[63] 생식능력과 호르몬 건강,[64] 특정 암의 예방[65,66,67,68,69,70]과 관계가 있고 정신 건강에도 필수적이다. 게다가 연구에 따르면 건강한 비타민D 수치는 우울증과 불안장애 발병률이 낮게 나타나는 것과 관련이 있다.[71,72]

　세계보건기구World Health Organization, WHO 기본 지침에 따르면 우리 몸에서 충분한 양의 비타민D를 생성하려면 하루에 5~15분씩, 일주일에 2~3일 햇볕을 쬐어야 한다. 그러나 실제로는 하루 15분으로 부족하다. 연구 결과 미국인 대다수가 비타민D 부족인데[73,74,75] 사실 이마저도 기준치(밀리리터당 30나노그램)가 지나치게 낮게 설정된 상태에서 판단한 것이다. 만약 최적 수치인 밀리리터당 약 50나노그램을 기준으로 했다면[76] 그보다 훨씬 많은 사람들이 비타민D 부족에 해당했을 것이다. 나 또한 그동안 환자들을 대상으로 충분히 많은 혈액검사를 했고 우리 모두 비타민D 탱크가 빈 채로 생활하고 있음을 확인했다. 미심쩍다는 생각이 들 때면 나는 인류가 진화하던 시기의 조건을 떠올려보기를 좋아한다. 스스로에게 물어보자. 그 옛날에 인류가 하루에 5~15분씩, 일주일에 2~3일만 야외에 있었을까?

　우리는 햇빛을 조심하고 온몸에 선크림을 듬뿍 발라야 한다고 배워왔다. 햇빛에 과도하게 노출되는 것을 피하면 피부암과 상당수의 죽음을 일부 예방할 수 있다는 말을 조금도 의심하지 않았다. 그러나 나는 햇빛 노출을 이렇게나 무서워하는 사회적 분위기가 전 인구, 특히 유색인종의 비타민D 결핍을 유발하지는 않았는지 의문이다.[77] 햇빛이 피부암 위험을 높이는 것은 사실이지만 그동안 우리가 지나치게 한 면만 보고 있었던 것은 아닌지 돌아보면서 햇빛의 이점과 위험을 둘러싼 대화를 재구성해볼 필요가 있다.

우리와 태양의 관계는 비타민D의 필요성과 피부암의 위험성, 이 둘 사이에서 정교하게 균형을 잡아야 한다. 이처럼 우선순위들이 서로 다투는 가운데 답을 찾기 위해 우리 몸이 선택한 방법이 피부색이다. 만약 우리 선조가 햇빛이 충분한 지역에서 진화했다면, 멜라닌색소는 피부 표면 가까이에 자리 잡아 피부색을 어둡게 만들고 자외선으로 인한 DNA 손상과 그에 따른 피부암 위험을 막는 강력한 보호막을 제공한다. 반대로 햇빛이 거의 없는 지역에서 살았다면, 피부암을 막는 것보다 부족한 햇빛으로 비타민D를 쉽게 만드는 것이 더 중요하기 때문에 멜라닌이 세포 깊숙이 자리 잡는다. 우리 몸에서 비타민D와 피부암 사이의 줄타기는 매우 중요해서 피부색을 결정하는 유전자는 변화하는 환경에 맞춰 빠르게 적응한다. SLC24A5, MFSD12 등 피부색 결정 유전자는 '고도로 보존된' 유전자 영역에 속하며 자연선택의 주요 표적으로 간주된다.[78] 심지어 약 7만 년 전 인류가 아프리카를 벗어나 이동하던 시기에는 이들 유전자의 '선택적 싹쓸이selective sweep(특정 환경에 유리한 형질이 강한 자연선택을 받아 집단 내에서 그 발현 빈도가 빠르게 늘면서 그 주변 형질까지 함께 증가하는 현상 – 옮긴이)'가 일어나 유라시아인 전체에서 이들 유전자의 발현이 변하기도 했다.[79] 다시 말해 피부색을 밝게 해서 피부암의 위험을 높이는 것도 치명적이고, 피부색을 어둡게 해서 비타민D가 부족한 상태를 만드는 것도 신체 건강을 해치므로, 결국 피부색에 관해서만큼은 어느 쪽으로든 재량의 여지가 없기 때문에 진화도 기존의 평형 상태를 건드리지 않았다.

피부암 예방을 위해 가장 중요한 것은 햇볕에 타지 않는 것이다. 그러나 아이러니하게도 피부암이 무서워서 햇빛 노출을 완전히 피하다 보면 어쩌다 가끔 햇볕을 쪼였을 때 오히려 더 쉽게 일광화상을 입을 수 있다. 평소에 최대한 피부를 보호하고 하얗게 유지하고 살다가는, 태양이 뜨겁게 내리쬐는 곳으로 휴가를 떠나거나 한여름에 거리를 걸어 다니다 선크림이 다 떨어지면 햇볕에 탈 확률이 훨씬 높아진다. 1년 내내 햇볕에 조금씩 노출되어 타는 것보다 이런 식으로 일광화상을 입는 것이 피부암에 걸릴 위험을 훨씬 더 높인다.

한편 지역과 피부색에 상관없이 햇빛을 피하라는 조언은 처음 의도는 좋았는지 몰라도 피부색이 어두운 사람들에게는 오히려 독이 된다. 멜라닌색소가 많은 피부는 매일 15분씩 북아메리카의 햇볕을 쬐는 것만으로는 비타민D를 충분히 생성하기 어렵다. 그리고 의료 당국에서 잘 알려주지 않는 한 가지 사실이 있는데 햇빛 때문에 피부암이 생길 확률은 비교적 낮다는 것이다.[80,81,82] 그러나 햇빛 노출을 피하는 바람에 발생하는 비타민D 결핍은 당뇨,[83,84] 비만,[85] 코로나19로 인한 사망률 또는 중환자실 입원율,[86,87] 치매,[88] 일반적인 암,[89,90] 심장질환,[91,92,93] 골다공증,[94] 천식,[95] 자가면역,[96,97] 우울증,[98] 그리고 불안장애[99]와 관련이 있다.

실제로 햇빛 노출의 적정량은 피부색과 위도에 따라 다르다. 그리고 개인의 피부색, 피부암 가족력, 거주지, 생활 방식, 심지어 어린 시절에 일광화상을 입은 적이 있는지 등에 따라서도 햇빛 노출의 위험과 이점이 각기 다르다. 지금 살고 있는 곳의 지형이 자신의 선조들이 살았던 곳과 얼마나 비슷한지를 고려하는 것도 유용하다. 시카고에 사는 아프리카계 미국인은 피부암보다 비타민D 결핍을 더 조심해야 하고, 적도 부근에 사는 북유럽인의 후손은 비타민D 부족 문제보다는 흑색종(멜라닌형성 세포 때문에 생기는 악성종양 - 편집자)을 더 신경 써야 한다.

비타민D 영양제를 복용하면 소위 해로운 자외선에 피부를 노출해야 할 필요가 없을 것 같지만, 나는 영양제가 진짜를 대체할 수 없다고 믿는다. 인체 건강의 많은 부분이 그러하듯 비타민D의 역학은 영양제가 할 수 있는 것보다 훨씬 복잡하다.[100,101] 비타민D 결핍이 다양한 질병 및 나쁜 결과와 관련이 있다는 결과는 여러 연구에서 반복적으로 나타나고 있지만, 영양제 복용으로 비타민D 수치를 높이자 이러한 문제들이 나아졌음을 입증한 연구는 아직 없다. 아마도 햇빛에 대한 인체 반응에 단순히 비타민D 수치로 나타낼 수 있는 것 이상의 무언가가 포함되어 있으리라는 설명이 있어야 이 둘 사이의 잃어버린 부분이 채워질 것이다. 실제로 인체는 자외선B UVB에 반응하여 여러 다른 중요한 '광합성물photoproducts'을 만들어내는데[102,103] 베타-엔도르핀, 부신피질자극호르몬, 칼시토닌 유전자 관련 펩타이드, 산화질소, (통증, 스트레스, 고혈압, 염증에 도움이 될 수 있는) P물질 등이 있다.[104,105,106,107,108,109]

햇빛 노출은 특히 우리의 건강과 안녕에 유익해 보이고 심지어 이러한 이점이 피부암으로 인한 사망률 증가 위험을 상쇄한다고 주장하는 연구도 존재한다.[110] 최근 스웨덴에서 약 3000명을 대상으로 한 추적연구에 따르면 햇빛 노출을 피한 사람들이 '모든 사망 원인'으로 죽을 확률이 두 배 더 높다고 한다. 다시 말해 햇빛 노출을 피한 사람들의 전체 사망률이 두 배 더 높다는 뜻이다.[111] 따라서 (비타민D 검사 결과에 따라 마그네슘, 인, 비타민A, 비타민K 등 다른 적절한 미량영양소를 균형 있게 보충하면서 먹는) 적절한 영양제 복용은 특히 겨울철에 부족하기 쉬운 비타민D를 보충하기에는 좋은 전략이지만, 전반적인 건강과 안녕을 생각한다면 단순히 비타민D 수치만으로는 측정되지 않는 태양 광선만의 고유한 이점들을 누리는 편이 더 좋겠다.

## 라임병과 곰팡이

라임병과 (주로 곰팡이에 노출되어 발생하는) 만성염증반응증후군Chronic Inflammatory Response Syndrome, CIRS의 복잡한 내용을 파고드는 것은 이 책의 주제가 다루는 범위를 넘어선다. 그러나 이 두 질병으로 인한 면역 활성 상태의 증상 중 하나로 불안이 나타나는 사례가 많다는 점을 적어도 언급이라도 해야겠다. 만약 진드기에 물려서 라임병에 걸렸다고 생각할 만한 이유가 있다면, 또는 수도가 새거나 곰팡이가 핀 건물에서 생활하거나 일한다면 기능의학 전문가를 만나서 진단과 치료를 받는 편이 좋다. 라임병과 곰팡이 모두 심각한 수준의 불안을 일으킬 수 있지만 진료 과목이 명확하게 나누어져 있는 주류의학은 그것을 간과하거나 무시할 때가 많다.

---

## 글루텐과 유제품이
## 불안에 미치는 직접적 영향

'글루텐과 유제품'이라는 주제를 본 당신의 반응은 아마 둘 중 하나일 것이다. 너무 많은 사람이 이들 과민증에 대해 떠들어댄 탓에 더는 듣고 싶지 않아서 눈을 피하거나, 아니면 이미 관련된 책이란 책은 전부 다 읽고 관련된 팟캐스트도 전부 다 들은 바람에 이제는 글루텐과 유제품에 관한 논문이라도 쓸 수 있을 정도로 빠삭해서 눈을 피하거나. 음, 그래도 이 책에는 불안이라는 관점을 통해 바라본 새로운 정보가 꽤 있으니 지겹더라도 한 번 더 읽어볼 만한 가치가 충분하다.

나도 안다. 글루텐 과민증은 모든 사람이 가장 외면하고 싶어 하는 음식 과민증이다. 그리고 치즈는 신성한 존재다. 만약 누군가가 우리에게서 글루텐과 유제품을 빼앗아 가려 한다면 아주 격렬한 저항에 부딪힐 것이 분명하다. 이 두 가지는 사회가 허락하는 가장 인기 있는 마약이나 다름없기 때문이다. 생각해보면 먹고 나서 기분이 좋아지는 음식은 전부 글루텐과 유제품의 조합이다. 우유와 쿠키, 마카로니와 치즈, 치즈 샌드위치, 아이스크림콘, 아이스크림을 얹은 브라우니, 피자. 이 세상이 음식을 통해 제공해야 하는 거의 모든 위안과 기쁨을 담고 있는 것들이다. 그러니 당신이 다음과 같이 생각한다고 해도 비난할 수는 없다. 이 사디스트 같은 의사는 도대체 왜 이렇게 인간의 기본적인 권리를 빼앗아 가려 하는 거야?

너무나 미안하지만 그래도 나는 글루텐과 유제품이 당신의 불안에 미칠 수 있는 직접적인 영향을 끈질기게 이야기해야겠다. 이 음식들은 장을 자극하고 전신염증을 유발하며 중독성이 있어서, 염증 수치를 높이는 데다 여느 마약과 마찬가지로 먹으면 일시적으로는 기분이 좋아지지만 결국 금단증상이 나타나고, 중독되며 불안해진다.

오늘날 우리는 비셀리악 글루텐 민감증이 갑자기 온 사회를 거의 휩쓸다시피 하는 상황을 보고 있다.[112] 인류가 수천 년 동안 별문제 없이 글루텐을 먹어왔다는 사실을 생각하면 이는 매우 의아한 일이다. 그러나 내가 만난 불안장애 환자 가운데 정말 많은 사람이 글루텐을 끊고 나아졌다는 사실은 부정할

내 몸이 불안을 말한다

수 없다. 한 가지 어리둥절한 점은, 나를 포함한 다수가 미국에서 글루텐을 먹었을 때는 증상이 나타났지만 유럽이나 아시아에서 먹었을 때는 아무 문제가 나타나지 않는 현상을 경험했다는 사실이다. 셀리악병은 지역과 상관없이 증상이 나타나지만 글루텐 과민증은 그렇지 않은 듯했다. 휴가 중에는 마음이 더 느긋하고 여유롭기 때문이라고 반박할 수도 있겠다. 실제로 장은 편안한 상태에서 더 잘 기능한다. 그러나 정말로 그것이 똑같은 파스타를 먹어도 이탈리아 신혼여행 중에는 괜찮고 일상에서는 속이 더부룩해지는 이유를 충분히 설명해줄까? 몇 년 전에 나는 이 이론을 몸소 확인해볼 수 있었다. 당시 나는 7개월간 세계 곳곳을 돌아다니며 지냈다. 이탈리아, 그리스, 이스라엘, 홍콩, 호주, 뉴질랜드에 있는 동안 나는 온갖 종류의 글루텐을 먹었다. 그런데도 내 피부는 깨끗하게 빛났고 소화도 잘됐다. 다음으로 나는 하와이제도의 최북단 섬 카우아이Kauai에 도착했다. 미국 농산물이 나는 미국 땅으로 돌아온 것이다. 그리고 거기서 빵 한 입을 베어 먹는 순간 글루텐 과민 증상이 전부 다시 돌아왔다. 그때도 나는 완전히 휴가 모드였다. 그곳은 천국 그 자체였는데도 나는 배가 아파서 몸을 펼 수가 없었다. 도대체 무엇 때문이었을까? 미국산 밀에 잔뜩 살포된 미국산 농약 라운드업이 글루텐 과민증을 일으킨다는 것이 내 생각이다. 다른 나라들에서는 라운드업 사용이 훨씬 제한되고 있으므로 이는 지리학적으로도 이치에 맞는다.[113,114] 그러니 미국인이 겪고 있는 글루텐 과민증은 알고 보면 전부 라운드업 과민증이 아닐까?

　그렇다면 라운드업은 왜 문제일까? 라운드업의 유효성분인 글리포세이트는 장 투과성,[115] 이른바 장 누수를 초래하는 것으로 알려져 있다. (미국 환경보호국Environmental Protection Agency에서도 글리포세이트가 멸종위기종 보호법Endangered Species Act으로 보호 중인 동식물의 93퍼센트를 해치거나 죽인 것으로 의심하고 있지만[116] 이는 이 책이 다루는 주제와는 별개의, 그러나 심각한 주제다.) 장 누수가 일어나면 부분적으로 소화된 글루텐 단백질을 비롯한 위장관 속 내용물 일부가 혈류로 유입되는데, 이때 특정 유전적 취약성을 가진 사람들의 몸에서는 글루텐을 표적으로 하는 항체 부대가 생성된다. 미국산 밀에는 라운드업이 너무 많이 뿌려져 있어서 글루텐과 거의 세트 상품이라고 봐도 무방할 정도다. 글루텐을 먹으면 동시에 장 누수를 일으키는 물질을 함께 섭취하게 되고, 그러면 글루텐 일부가 혈류로 새어 나가 글루텐을 공격하는 항체를 생성하게 한다. 이후에는 그 사람이 글루텐을 먹을 때마다 이 항체가 소장을 공격할 수 있고 결국 장 염증이 나타나는 악순환을 초래한다. (글루텐 저항 항체가 '분자 모방molecular mimicry'에 의해 갑상샘 조직을 공격할 수 있다는 주장도 있다. 분자 모방이란 갑상샘 조직이 글루텐의 아미노산 배열과 너무 비슷한 나머지 항체가 글루텐을 공격한다고 생각하면서 사실은 갑상샘을 공격하는 것을 뜻한다.[117,118] 이는 글루텐과 갑상샘 질환과 불안장애·양극성장애 등의 정신질환 사이의 관계를 시사한다. 다시 말해 때로는 그저 갑상샘기능부전이 정신질환으로 위장한 것일 수도 있다.) WHO는 라운드업이 발암물질일 가능성도 있다고 보고 있으며[119] 또한 장내미생물 다양성을 해침으로써 장신경계를 망가뜨릴 수 있다는 가설도 제기되고 있다.

아마 이런 궁금증이 생길지도 모르겠다. 좋아, 그러면 라운드업을 뿌리지 않은 유기농 글루텐을 먹으면 되는 거야? 어떤 사람들에게는, 그렇다. 장시간 발효시킨 유기농 사워도sourdough(시큼한 맛이 나는 빵 반죽 - 옮긴이)를 주로 먹어온 사람이라면, 발효과정에서 글루텐이 상당 부분 분해됐을 테고 라운드업의 흔적도 없으므로 괜찮을 것이다. 그러나 평생 라운드업이 잔뜩 든 빵만 먹어왔다면, 특히 장 누수가 벌써 진행된 상태에서는 아무리 유기농 발효식품에 든 것이라도 글루텐 자체가 이미 염증성 단백질이 됐을 것이다. 이는 라운드업이 글루텐 저항 항체를 만들도록 자극할 뿐만 아니라 이 항체들이 우리 몸에 오랫동안 남아 있음을 암시한다.[120]

만약 글루텐을 끊었더니 불안이 완화되는 것을 확인했는데도 살면서 글루텐을 조금은 계속 먹고 싶다면, 그리고 셀리악병 환자가 아니라면, 유기농 사워도를 먹어보거나 밀에 라운드업을 뿌리지 않는 나라에 갔을 때 글루텐을 먹어보자. 언제나 그렇듯 내가 어떻게 느끼는지가 가장 중요하다. 아무런 신체적 증상이나 불안의 급격한 증가 없이 잘 소화할 수 있다면… 할렐루야! 반면 글루텐을 먹고 몇 시간 내에 초조함, 슬픔, 불안, 멍함이 느껴지거나 터질 듯한 배를 고통스레 움켜잡게 된다면 앞으로도 글루텐은 조심해야 한다는 사실을 솔직하게 받아들이자.

그러나 유제품은 이야기가 좀 다르다. 유제품에 대한 불내성은 사람마다 다르기도 하지만 유제품의 종류에 따라서도 다르다. 스펙트럼의 한쪽 끝에는 거의 모든 사람이 문제없이 소화할 수 있는 버터, 기 버터 등이 있다. 케피르처럼 살균 처리와 지방 제거 없이 양젖이나 염소젖을 그대로 발효시켜서 만든 유제품은 소화할 수 있는 사람이 그보다 적다. 스펙트럼의 반대쪽 끝에는 호르몬제와 항생제가 들어 있는 일반적인 우유가 있다. 몸에 좋은 음식으로 알려졌지만 사실 우유는 엄청나게 가공된 식품이며, 동물 연구들에 따르면 우유가 혈류에서 염증반응을 일으킨다는 증거가 적어도 몇 가지는 있다.[121] 아이스크림을 먹을 때마다 배가 아프거나 설사를 한다는 사실을 이미 아는 경우가 아니라면 자신의 불내성 정도를 파악하기 위해 다음과 같은 실험을 해보자. 먼저 한 달간 유제품을 끊고 자신의 상태를 살펴본 후 다시 유제품을 하나씩 먹어보면서 자신의 신체적, 정신적 증상을 확인한다. 언제 내 몸이 거부하는지를 솔직하게 인정해라. 만약 유제품이 몸에 맞지 않는데도 계속 먹고 있다면 그것이 불안에 일조하고 있을지도 모른다.

이는 글루텐과 유제품에서 가장 골치 아픈 부분으로 이어진다. 바로 글루테오모르핀과 카소모르핀이다. 마약 모르핀과 어근이 같다. 실제로 글루테오모르핀과 카소모르핀은 인체 내에서 아편제와 비슷하게 작용할 수 있다.[122] 밀가루와 유

내 몸이 불안을 말한다

제품에 든 이러한 성분이 장 누수를 통해 혈류로 스며들면 혈액-뇌 장벽을 넘어 뇌에 있는 아편 수용체와 결합할 수 있다.[123,124,125,126,127] 따라서 장에 염증이 생긴 사람이 피자를 먹으면 모르핀을 소량 복용한 것과 비슷한 효과가 나타날 수 있다. 이는 우리가 피자를 사랑하는 이유이기도 하지만, 식사 후에 멍하고 나른한 기분이 드는 것도 이 때문이다. 그리고 그 몽롱한 기분이 사라지고 나면 다시 그 기분을 느끼고 싶고 불안해진다. 즉 아무 죄도 없어 보이는 그 순진무구한 머핀이나 치즈가 우리를 중독에 빠뜨릴 수 있으며 그렇게 기분이 계속 오르락내리락하면 불안으로 이어질 수 있다.

스스로 음식 과민증이 있는지를 파악하기가 항상 쉽지만은 않다. 어떤 경우에는 복부팽만, 가스, 복통, 설사, 변비, 특정 음식을 먹은 후의 대변에서 나오는 점액과 같이 증상이 분명해서 쉽게 알 수 있지만, 여드름, 관절통, 발진, 습진, 코막힘, 후비루(콧물이 목으로 넘어가는 증상–옮긴이), 가려움, 편두통과 같이 증상이 직접적이지 않거나 머릿속이 멍하거나 불안이 약간 높아지는 정도로 미묘하게 나타날 때도 있기 때문이다. 본인이 글루텐과 유제품을 잘 소화할 수 있는지 확인하는 가장 좋은 방법은 한 달간 체계적으로 글루텐과 유제품을 배제하는 식단을 시도해보는 것이다. 수프, 샐러드드레싱, 간장, 그레이비소스, 튀긴 음식, ('글루텐을 함유하지 않았음 gluten-free'이라고 적혀 있지 않은) 오트밀, 생선튀김 같은 음식에도 글루텐과 유제품이 숨어 있으니 주의해야 한다. 그 한 달 동안은 사소한 실

수도 하지 않도록 조심해라. 그러지 않으면 결괏값의 정확성이 떨어질 것이다. 금지 기간이 끝나면 끊었던 음식을 체계적으로 한 번에 하나씩 식단에 다시 넣는다. 전체적으로 기분이 어떤지, 특히 불안 수준이 어떻게 변하는지 관찰한다. 글루텐과 유제품을 끊은 후 처음 며칠간은 금단현상으로 불안이 더 심해지다가 이후로는 점점 나아졌다면, 당신이 끊은 음식 가운데 무언가가 불안에 일조하고 있었을지도 모른다는 단서다. 일단 자기 몸이 이러한 음식들을 어떻게 받아들이는지 알고 나면 그에 맞게 선택할 힘이 생긴다. 그 정보로 어떻게 할지는 당신에게 달렸다. 배에 가스가 좀 차더라도 아이스크림을 먹는 편이 나을 때도 있고 공황발작을 겪느니 팬케이크를 참는 편이 나을 때도 있다.

식이 제한에는 대개 주변 사람들의 곱지 않은 시선이 따라온다. 구경꾼들에게는 식이 제한이 유난 떠는 것처럼 보이거나 미화된 형태의 식이장애처럼 보일 수 있다. 그러나 식이 제한은 안정적인 기분을 유지할 수 있는 방식으로 식사를 하겠다는 결심이며, 자기 자신을 사랑하고 아끼는 마음에서 나오는 행동이다. 우리 사회에서 식이 제한을 하려면 어느 정도 결단과 물살을 거슬러 오르는 용기가 필요하다. 핵심은 자기 몸을 잘 알고 매일 스스로를 위해 의식적으로 자신을 사랑해주는 선택을 하는 것이다.

# 헤르페스 보균자라면 의심해볼 만한 점

환자들이 불안한 원인을 찾을 때 나는 그 패턴을 조사한다. 놀라우리만큼 많은 환자에게서 나타나는 패턴 중 하나가 헤르페스가 발병하기 직전과 발병한 도중에 불안, 공포, 우울, 심지어 절망이 상당히 증가하는 경우다. 나는 이것이 바이러스의 침입으로 면역체계가 활성화되면서 염증도 따라 증가했기 때문이 아닐까 생각한다.[128,129] 포진과 염증이 가라앉으면 환자의 기분도 원래대로 돌아온다. 만약 당신이 헤르페스 보균자이고 포진이 생길 때마다 불안이 높아진다면 염증 진정에 도움이 되는 방법(157~158쪽 참고)을 따라 해보기를 권한다. 때로는 L-라이신, 소량의 날트렉손, 급기야 발라시클로버 같은 영양제나 약을 병행해야 할 수도 있다. 헤르페스가 뇌 염증과 정신적 고통의 원인이 된다는 사실은 아직 과소평가되고 있지만 만약 당신의 기분이 헤르페스의 발병에 영향을 받는다고 느낀다면 의사와 상의하여 필요한 도움을 받아라.

# 9장
# 여성의 호르몬 건강과 불안

공동체는 여성 구성원이 건강한 만큼만 강하다.

—미셸 오바마Michelle Obama

역사를 통틀어 여성에게만 존재해온 또 다른 형태의 가짜 불안이 있다. 즉 염증이나 수면부족으로 인한 불안과 달리 지극히 평범하고 정당한 행동인데도 단지 성별에 근거해 부당하게 정신질환이라는 꼬리표가 붙은 불안이다. 기원전 1900년 무렵에는 여성의 기분이 자궁의 위치(고대에는 자궁이 한자리에 있지 않고 계속 움직인다고 보았다 - 옮긴이)에 좌우된다고 생각했다. 이러한 발상은 이후로도 상당히 오랫동안 계속됐다. 그리스의 의사 히포크라테스Hippocrates는 여성의 변덕스러운 감정을 자궁과 연관 지어 설명하면서 처음으로 히스테리아hysteria

내 몸이 불안을 말한다

라는 단어('돌아다니는 자궁wandering womb'이라는 뜻 – 옮긴이)를 썼으며, 정신분석의 아버지 지그문트 프로이트Sigmund Freud는 히스테릭한 여성은 "리비도적 진화"의 부족으로 정신이 이상해진 상태라고 해석했다.[1] 그리고 이러한 정서는 오늘날의 병원 진료실에서도 여전하다(보통 에둘러 드러나긴 하지만 어쨌든 존재한다). 여성 환자가 치료 계획에 대해 질문이 많거나 자기 생각을 내세우면 마치 그들이 지나치게 까다롭고 예민한('히스테릭한'을 의미하는 현대식 완곡한 표현) 사람인 것처럼 은근슬쩍 눈치를 주거나 그들을 무시하는 경향이 있는 의사들이 많다.

나 또한 이처럼 선입견에 사로잡힌 사례들을 많이 목격했다. 여성 환자가 잦은 복통이나 신경성 문제로 병원에 가면 그런 증상은 단순히 불안 때문이라는 말을 듣곤 한다. 즉 모두 마음의 문제라는 것이다. 어느 기업의 마케팅 임원인 59세 여성 설레스트Celeste는 손이 저리고 쓸개에서 알 수 없는 감각이 느껴져서 몇 달간 여러 의사를 찾아갔다. 그러나 그것들은 단지 불안과 과민대장증후군 때문이라는 진단만 들었다. 한참을 방황한 끝에 설레스트는 마침내 자신의 불편함을 진지하게 들어주는 의사를 만났고 초음파와 피 검사를 진행한 결과 그녀의 몸에서는 담석과 비타민B12 결핍이 발견됐다. 남들보다 불안을 잘 느끼는 사람들의 예민함이 자기 몸 안에서 일어나는 불균형에도 더 예민하게 반응한 것이라고 나는 생각한다. 설레스트의 말처럼 불안한 환자들은 "믿을 만한 화자"이며 따라서 일반적으로 그들의 통찰은 쓸모 있는 정보로 간주될 수 있다.

또 다른 환자인 33세 채리스Charisse는 치료 계획에 의견을 내려고 했다가 마치 자신이 선을 넘는 사람이 된 듯한 느낌을 받았다고 했다. 채리스는 불규칙한 생리주기 때문에 산부인과를 예약했다. 나와의 첫 상담 때부터 그녀는 1년 전에 항우울제인 졸로프트를 서서히 끊었다며 더는 약을 먹고 싶지 않다고 말했고 그래서 나는 그녀의 의견을 반영해 치료 계획을 짰다. 그러나 산부인과를 찾아간 날 채리스가 약 처방 없이 생리주기를 치료하고 싶다고 하자 (마찬가지로 여자였던) 의사는 피임약이 유일한 합리적 선택지라고 주장하면서 업신여기는 듯한 말투로 이렇게 말했다. "내 조언을 따르지 않아도 상관없어요. 선택은 당신이 하는 거니까요." 아프리카계 미국인 여성인 채리스는 거기에 미묘하게 사회구조적 인종차별이 서려 있음을 느끼고는 금세 저항을 포기하고 좌절한 기분으로 다시 나를 찾아왔다. 그 산부인과의사를 다시 찾았을 때 채리스는 약을 먹기 시작한 후부터 한바탕 우는 일이 잦아졌고 약이 자신을 우울하게 만드는 것 같다고도 이야기했지만, 의사는 약물치료가 채리스에게 최고의 선택이 아닐 수도 있음을 인정하는 대신 또다시 그녀의 우려를 일축하며 졸로프트를 제안했다.

이처럼 여성의 목소리가 묵살당하는 사례(채리스의 경우처럼 같은 여성 사이에서도 존재한다) 외에도, 자신의 요구가 제대로 소통되지 않는다고 느낀 여성 환자의 몸이 직접 스스로를 대변하려 시도하는 현상도 왕왕 목격했다. 다시 말해서 환자가 자신의 기분과 욕구를 표현할 통로를 갖지 못하면(또는 사

내 몸이 불안을 말한다

회구조적으로 무시당하면) 마음속 깊숙이 묻혀 있는 감정이 신체적 증상으로 '그 형태를 전환'하여 드러나기도 했다. 특히 이러한 현상은 삶의 다른 구석에서 기본적인 권리를 박탈당하거나 억압당한 여성 환자들에게서 전형적으로 발견됐다. 사회적으로 권리를 빼앗기거나 그게 당연한 것처럼 학습된 사람들, 관계에서 자기 자신보다 남을 더 우선하는 사람들, 여성의 순교를 긍정적으로 강조하는 문화에 응하기 위해 자신의 욕구를 억누르는 사람들이 그렇다. 그들이 목소리를 내지 못하니 몸이 대신 말하는 것이다. 여기 뭔가가 잘못됐어요 또는 나 힘들어요 하고 말이다. 물론 기존에도 병적 피로, 전환장애(심리적 원인으로 몸이 마비되거나 운동기능, 감각기능 등에 이상이 생기는 질환 – 옮긴이), 가성 발작(간질이 아닌데도 발작하는 경우 – 옮긴이) 등이 있어서 이 같은 현상이 전혀 새롭지는 않지만, 오늘날에는 전신통증과 민감함이 주요 증상인 섬유근육통이나 만성피로증후군 같은 형태가 가장 흔하다. 섬유근육통과 만성피로증후군 모두 타당한 물리적 근거가 있으며 생생하게 실재하는 통증과 고통을 일으킨다. 그러나 이들은 신체적 건강과 심리적·정신적 건강의 교차점에 존재한다. 나는 이러한 질병이 현대사회에 가득한 독소(장내세균 불균형은 섬유근육통에 영향을 미치며[2] 미토콘드리아 기능부전은 만성피로와 관련이 있다[3]) 그리고 사회적 제약이 복잡하게 혼합되어 나타났다고 생각한다. 어쨌든 아직도 정신적 괴로움보다는 신체적 아픔으로 관심을 받는 편이 덜 불편하고 손가락질도 덜 받기 때문이다. 이 경우에는 신체적 증상이 '그저 불안'으로 무시되고 있다기보다는 정신적 고통이 신체적 질병으로 나타나고 있다고 이해해야 한다. 그래서 여성(섬유근육통은 남성보다 여성에게 아홉 배 높게 나타나므로 대부분 여성이다[4])의 우울과 불안은 제대로 다뤄지지 않을 때가 많다.

결론적으로, 만약 당신이 건강상 이유로 병원을 찾아갔는데 의사가 그것을 무시하거나 별일 아닌 듯 군다면 괜한 민망함과 부끄러움에 순순히 침묵하지 마라. 자신의 몸을 믿어라. 내 몸은 내가 제일 잘 안다. 당당하게 목소리를 내고, 저항하고, 자기주장을 내세워라. 내 몸을 의심하기보다는 시스템을 의심해라. 우리 사회는 아직도 가야 할 길이 멀다. 그리고 사회의 부당한 부분을 계속 개선해나가는 일에는 우리 모두의 참여가 필요하다.

## 만약 갑상샘기능부전을 앓고 있다면

미국인 약 2000만 명이 일정 형태의 갑상샘기능부전을 앓고 있으며[5] 그중 대부분이 여성이다. 사실 미국인 여성 여덟 명 중 하나는 살면서 적어도 한 번은 갑상샘 질환을 앓는다고 한다.[6] 또한 현재 65세 이상 여성의 20퍼센트가 갑상샘 기능이 원활하지 않으며 이들 중 상당수는 진단조차 받지 않은 채 살아가고 있다.[7,8] 갑상샘은 우리 목에 있는 작은 분비샘으로 전신의 에너지 균형을 담당하고, 갑상샘호르몬은 주로 신진대사 조절을 책임진다. 갑상샘이 활발하게 활동하지 않는 상태를 가리키는 갑상샘저하증은 매우 흔한 질병이며 이를 치료하기 위한 씬지로이드는 1년간 가장 많이 처방된 약 순위에서 몇 년째 부동의 1위를 지키고 있다. 갑상샘 활동이 활발하지 않으면 피로, 우울감, 변비, 탈모, 건조한 피부, 머릿속이 멍한 상태, 체중 증가, 감량의 어려움, 근육통, 운동 과민증 등이 나타날 수 있다. 갑상샘기능부전을 겪고 있다면 눈썹 바깥쪽 3분의 1이 매우 가늘어지거나 숱이 줄어드는 것을 느낄 수도 있다. 한편 갑상샘이 지나치게 활발히 활동하는 상태인 갑상샘항진증은 에너지 과다, 불면증, 과민함, 초조함, 설사, 빠른 심장박동, 두근거림, 더위, 다한증, 이유 없는 체중 감소, 그리고 불안을 일으킬 수 있다.

의학 교과서에서 갑상샘항진증과 저하증은 완전히 구별되는 배타적 질병으로 다뤄지지만, 실제로 내가 환자들을 만나면서 느낀 점은 훨씬 복잡하다. 가끔은 갑상샘항진증이 저하증으로 이어지기도 한다. 그리고 갑상샘저하증 진단을 받은 사람 중에는 항진증과 저하증 증상이 모두 나타나는 경우도 많다. 나 역시도 갑상샘저하증 환자가 불안을 경험하는 경우를 많이 목격했다. 실제로 갑상샘기능부전을 확진받고 나면 약물 복용부터 식단 조절, 디톡스까지 여러 방법을 조합해서 접근하기를 추천한다.

## 생리주기와 정신 건강의 상관관계

일반적으로 생리주기는 여성이 생리를 시작하기 전에 겪는 (대개 과민함과 관련된) 호르몬 변화와 동일시되지만, 알고 보면 여러 단계 그리고 기분으로 이루어져 있으며, 그것은 전반적인 현상이다. 난포기는 생리혈이 나오기 시작한 후 전체 주기 중 처음 절반 동안 진행되는데 이때 가장 두드러지는 호르몬이 에스트로겐이다. 에스트로겐 분비가 서서히 증가하면서 여성은 자신감과 활력을 느끼고 사교성을 띠며 사람들과 어울리기를 즐긴다. 어떤 일이 생겨도 별로 동요하지 않는다. 배란기에는 에스트로겐과 안드로겐 분비가 더 많아져서 여성의 성욕과 에너지 수준을 높인다. 배란이 끝난 후에는 프로게스테론이 가장 많이 분비되는 황체기에 들어선다. 생리 기간이 조금씩 가까워질수록 여성은 짜증과 피로를 느끼고, 밖에 나가서 사람들을 만나기보다는 집에서 목욕하는 쪽을 더 선호하게 된다.

이때는 또한 많은 여성이 월경전증후군premenstrual syndrome, PMS에 시달리는 시기이므로 쉬고 싶어 하는 몸의 요구를 존중해주는 편이 좋다. 에스트로겐, 프로게스테론, 세로토닌의 변동은 불안, 우울, 피로, 식욕, 수면장애에 일조할 수 있다. 불편하긴 하지만 어쨌든 PMS는 가임기 여성 네 명 중 약 세 명에게 영향을 미칠 정도로 흔하다.[9]

그러나 내가 만난 여성 환자 중에는 호르몬 수치가 정상적인 범주에서 벗어나는 바람에 보통 사람들보다 훨씬 과장되고

내 몸이 불안을 말한다

병적인 형태의 PMS를 경험하는 사람들이 많았다. 그들은 생리 기간 직전에 심한 경련, 극심한 감정 기복, 심지어 자살 충동까지 느꼈다. 이러한 증상이 흔할지는 몰라도 정상적인 것은 아니다. 그것은 우리 몸이 신체적 불균형을 알리며 도움의 손길을 구하는 신호에 가깝다. 그런데도 여성 환자들이 극심한 PMS를 체념한 듯이, 마치 여성이라면 어쩔 수 없이 겪어야 하는 일처럼 받아들이는 모습을 너무나도 많이 보았다. 그러나 PMS가 꼭 그런 식이어야 할 필요는 없다. 지금부터 무너진 호르몬 균형을 되돌림으로써 이렇듯 과장되게 부풀려진 증상들, 즉 가짜 PMS를 없애는 방법을 알아보자.

내가 가장 흔하게 만나본 사례는 에스트로겐 우세증estrogen dominance이라는 것이다. 아직 논쟁 중인 주제이긴 하지만 나는 지금 우리 사회에 에스트로겐 우세증이 생물학적으로 분명히 존재한다고 생각한다. 이 개념은 여성의 에스트로겐 수치가 너무 높고 프로게스테론 수치는 너무 낮아서 에스트로겐과 프로게스테론의 비율이 정상 범위를 벗어난 상태를 가리킨다. 이는 황체기 때 거대한 호르몬 충돌을 일으켜서 심한 PMS로 보일 수 있으며 심지어 생리 시작 1~2주 전부터 극심한 짜증, 불안, 우울감을 불러일으키는, PMS보다 훨씬 심각한 월경전불쾌장애premenstrual dysphoric disorder, PMDD처럼 나타날 수도 있다. 이렇게 비정상적으로 에스트로겐 수치가 높은 이유는 우리가 개인 위생용품,[10] 화장품,[11] 향수,[12] 청소용품,[13] 손소독제,[14] 플라스틱,[15] 감열지 영수증,[16] 농약[17,18] 등의 형태로 제노에스트로겐xenoestrogen과 내분비교란물질(각각 에스트로겐을 흉내 내는 화학물질과 호르몬의 정상 기능을 바꿔놓는 화학물질)에 지속적으로 노출되기 때문이다. 한편 프로게스테론이 너무 낮은 것은 영양에 대한 잘못된 정보와 만성 스트레스가 그 원인이다. 프로게스테론을 생성하려면 콜레스테롤[19]과 프레그네놀론pregnenolone이라는 전구물질이 필요하다. 그러나 각종 언론과 논문에서 콜레스테롤을 저격하면서 사람들이 콜레스테롤 섭취를 대폭 줄였다. 몸에 좋은 메뉴라고 착각하며 달걀흰자로 만든 오믈렛을 주문한다. 심지어 콜레스테롤억제제를 복용하는 사람들도 있다. 그리고 프레그네놀론이 부족한 이유는 또 다른 중요한 호르몬, 바로 스트레스호르몬인 코르티솔의 전구물질이기도 하기 때문이다. 따라서 우리가 스트레스를 받을 때마다 프레그네놀론은 코르티솔을 만드는 데 먼저 사용된다. 모든 사람이 만성 스트레스에 시달리는 현대사회에서 프로게스테론 생성에 쓸 수 있는 프레그네놀론이 얼마나 적게 남았을지 쉽게 상상할 수 있을 것이다. 프레그네놀론 강탈pregnenolone steal이라고 불리는 이 과정은 많은 이들의 프로게스테론 수치를 위태로울 정도로 떨어뜨렸다.[20,21] 이 모든 요인이 합쳐진 결과로 탄생한 에스트로겐과 프로게스테론 비율의 불균형이 생리 전 더욱 급격한 호르몬 충돌을 일으키는데, 그것이 바로 가짜 PMS다.

다행인 점은, 개인 위생용품을 천연 대용품으로 바꾸고 농약과 플라스틱에 대한 노출을 줄이고 에스트로겐 대사산물을

내 몸이 불안을 말한다

해독하는 간의 건강을 위해 쓴맛 나는 녹색 채소를 많이 먹고 스트레스를 관리하는 등의 노력으로 얼마든지 호르몬 균형을 되찾을 수 있다는 사실이다. 여기서 우리가 호르몬 균형을 갖추려는 목적은 여성의 생리주기가 여러 단계와 기분으로 이루어져 있다는 사실을 부인하기 위함이 아니라 그 주기를 좀 더 편안하고 힘들지 않게 지나가기 위함이다.

더군다나 여성이 PMS로 나타나는 신체적 표현을 좀 더 잘 통제할 수 있으면 이 시기에 오히려 기대하지 못했던 이득을 누릴 수도 있다. 문화적으로 사람들은 이때 나타나는 여성의 감정적 통찰력을 단지 비이성적인 것으로만 보는 경향이 있지만, 나는 한 달 중 이 기간이야말로 내면에 깊숙이 자리 잡은 신념에 접근할 수 있는 때라고 굳게 믿는다. 다시 말해서 PMS는 여성이 감정적으로 변하는 시기가 아니라 말도 안 되는 헛소리를 그냥 참고 넘기지 않는 시기다. 따라서 우리는 황체기와 PMS 때 나타나는 원초적이고 짜증 나고 쉽게 상처받는 감정이 전하는 진실을 존중해야 한다. 그리고 이 기간에는 휴식을 취하고, 내면을 살피고, 한 달 중 이때에만 온전히 드러날지도 모르는 진실을 탐구해야 한다.


## 피임약을 끊으면 불안이 누그러질지도 모른다


나는 환자의 기분 문제가 외생 호르몬(인체 내부에서 만들어지는 호르몬과 달리 외부에서 들어온 호르몬)과 관련이 있다고 의심되면 종종 피임약을 중단하라고 권한다. 물론 피임약은 여성에게 임신과 성생활을 둘러싼 자유와 주체 의식이라는 중요한 권리를 허락해준 선택일 수 있다. 그러나 최근 연구에서 외생 호르몬이 가임기, 특히 청소년기 여성의 기분 변화에 일조한다는 사실이 밝혀졌다.[22] 그리고 내 임상 경험에 따르면 호르몬 조절을 통한 피임은 불안에도 영향을 미칠 수 있다. 물론 경구피임약이 가장 바람직한 선택인 경우도 있겠지만, 어쨌든 나는 의사들이 환자에게 피임약의 위험과 부작용을 확실하게 알려야 한다고 강력히 주장한다. 특히 젊은 여성이 피임약 처방을 받는 사례가 점점 늘어나고 있다는 사실을 고려하면 이는 더더욱 중요하다. 최근 한 연구는 청소년기의 경구피임약 복용 경험이, 그것이 계속 이어졌는지와는 상관없이, 성인이 된 이후의 우울증 위험과 장기적으로 상관관계가 있음을 입증했다. 논문의 저자는 이러한 발견이 "청소년기는 [경구피임약을] 처음 복용한 지 몇 년이 지난 후인 성인이 되었을 때까지도 우울증에 걸릴 위험을 높일 수 있는 아주 예민한 시기"임을 보여준다고 명확하게 설명했다.[23] 즉 어린 나이에 호르몬 조절을 통한 피임을 시작하면 추후 정신 건강과 관련된 부작용이 나타날 가능성이 커질 뿐만 아니라 수년간 지속될지도 모른다.

이와 같이 외생 호르몬은 기분장애의 위험을 높이고, 피임약은 염증,[24] 미량영양소(특히 불안과 우울에 작용하는 비타민B군)의 결핍[25,26]을 초래하며, 또한 마이크로바이옴의 변화를 유

내 몸이 불안을 말한다

도한다는 가설도 제기된다.[27] 어떤 경구피임약은 장기 복용 시 쓸개에 문제를 일으키고[28] 일부 자가면역질환[29,30]의 위험을 높인다는 사실도 알아두는 편이 좋겠다. 내가 특히 꺼림칙하게 여기는 부분은 경구피임약이 성호르몬결합글로불린sex hormone binding globulin, SHBG 같은 결합단백질의 생산을 늘린다는 점이다. 이러한 결합단백질은 혈류를 따라 순환하다가 (우리가 보통 테스토스테론으로 생각하는) 안드로겐 같은 다른 호르몬과 결합한다.[31] 그러면 이용 가능한 안드로겐이 줄어들어서 결국 우리의 에너지, 성욕, 그리고 물론 기분에도 영향을 미칠 수 있다.[32]

예전에 36세 여성 나오미Naomi라는 환자를 진료한 적이 있다. 처음 나를 찾아왔을 때 나오미는 우울증 약으로 웰부트린, 주의력결핍장애 약으로 애더럴, 불안장애 약으로 자낙스 등 여러 가지 질병으로 여러 가지 약을 먹고 있었다. 게다가 피임약까지 복용 중이었다. 첫 상담 때 나는 그녀에게 피임약을 끊을 의사가 있는지 물었다. 나오미는 현재 약으로만 피임하고 있으며 여드름과 생리통 완화에도 도움이 되기 때문에 절대로 끊을 수 없다고 대답했다. 우리는 그녀의 우울증, 불안장애, ADHD의 근본 원인을 다루기 위해 최선을 다했다. 그녀는 식단을 바꾸고, 수면을 우선하기 시작했으며, 매일 조금씩 운동했고, 심지어 직장에서 자기만의 선을 만들고 지키기까지 했다. 마침내 그녀는 웰부트린과 애더럴을 끊는 데 성공했고 엄청난 해방감을 느꼈다. 매일 오후 혈중 애더럴 농도가 '떨어지는' 효과 때문에 피곤하고 미친 듯이 허기지고 쉽게 짜증이 나는 부작용을 더는 겪지 않아도 된다는 사실에 기뻐했다. 또한 우울증과 집중력에도 차도를 보였다. 그러나 그 아래에 깔린 불안은 여전히 좋아지지 않았다. 그러고 나서 나와 치료를 시작한 지 몇 년 후에 나오미는 남자 친구와 헤어졌고 마침내 피임약을 중단하기로 했다.

효과는 즉각적이고 분명했다. 나오미의 불안은 그야말로 눈 녹듯이 사라졌다. 공황발작이 멈췄고 기분이 좋아졌다. 삶에는 여전히 스트레스가 존재했지만 나오미는 이전에는 볼 수 없었던 회복탄력성으로 스트레스요인에 대처했다. 그녀는 점점 더 나아졌다. 다시 연애를 시작하면서 프로게스테론을 분비하는 자궁내장치intrauterine device, IUD를 장착하기 전까지는 말이다. IUD에서 분비되는 프로게스테론은 '국부적 효과'만 있어서 자궁내막에만 영향을 미친다고 안내된다. 하지만 실제로 자궁 안에서 분비된 프로게스테론은 혈류로 유입되어 뇌를 비롯한 전신을 순환한다.

나는 나오미에게 구리형 IUD, 가임기 인지 피임법, 콘돔과 같이 호르몬 조절 없이 피임하는 방법을 권했지만 그녀는 듣지 않았다. 친구들한테 구리형 IUD를 삽입하고 생리 양이 늘었다는 '무시무시한 이야기'를 들었고, 배란기를 확실히 알 자신이 없었으며, 남자 친구가 콘돔을 써줄 가능성이 전혀 없다는 것이 이유였다. 호르몬 IUD를 삽입한 지 1~2주 만에 나오미의 불안은 내가 그녀를 처음 만났을 때와 같은 수준으로 돌아왔다.

　나는 IUD 삽입 시기와 불안장애 재발 시기가 일치한다는 점을 지적했다. 하지만 나오미는 최근 회사 일이 너무 힘들어서 그렇다고 힘없이 대답했다. 물론 일이 힘들었을 것이다. 일은 항상 힘들다. 이전과 똑같이 힘든 일이 견딜 만하게 힘든 일에서 견딜 수 없게 힘든 일로 갑자기 변한 것이다. 일은 달라진 게 없었다. 달라진 것은 나오미의 호르몬이었다. 그렇게 몇 달이 지나자 나오미의 불안은 극도로 심해졌고 불안 완화를 위해서라면 무엇이든 하겠다는 지경에 이르렀다. 그녀는 결국 IUD를 제거했고 그로부터 몇 주 후 불안은 다시 사라졌다.

　호르몬 조절을 통한 피임이 나오미의 불안을 유발한 근본 원인이었음이 분명했다. 나는 한 발짝 물러나 그녀의 진료 기록을 꼼꼼히 살폈다. 첫 진료 기록을 다시 확인했을 때 내가 그동안 놓쳤던 무언가를 발견했다. 나오미는 열여섯 살 때 처음으로 여드름 때문에 피임약을 먹기 시작했다. 그녀가 우울증과 불안장애 진단을 받은 것도 그 무렵이었다. 모든 퍼즐이 맞춰지는 순간이었다. 나오미의 정신 건강 문제는 모두 그녀가 10대 때 피임약을 복용하면서 생긴 것이었다. 때때로 새로운 증상이 사실은 새로운 약물의 부작용일 때가 있다. 그러나 아무도(심지어 나조차도 바로 알아차리지 못했다) 나오미의 우울증과 불안장애의 시작점과 호르몬 조절 피임의 시작점을 서로 연결하지 못했다.

　이 단순한 연결고리가 지난 20년간 나오미의 삶을 얼마나 괴롭혔는지 생각하면, 그것이 나오미의 인간관계와 경력과 자기정체감에 미쳤던 영향과 그로 인한 고통을 생각하면, 나는 슬픔과 분노에 압도된다. 그리고 나오미는 호르몬 조절 피임으로 불안을 겪는 수많은 여성 환자 중 하나일 뿐이다. 나오미의 불안장애는 그녀가 처음 피임약을 처방받은 때로 거슬러 올라가며, 약의 복용·중단과 완벽하게 동일한 시점에 좋아졌다가 나빠지기를 반복했다. 그런데도 그녀가 병원에서 들은 이야기는 전부 정신질환이 있다는 설명뿐이었다. 다행히도 이때부터 나오미는 호르몬 조절 없는 피임법만 사용하고 있다. 만약 당신의 정신 건강 이력이 나오미의 사례와 비슷하다면 다음을 고려해보자. 병원에서 상태를 진단받기 전에 먼저 자신이 정신질환을 흉내 내는 약물 부작용을 겪고 있는 것은 아닌지 가려내라. 호르몬 조절 피임법이 흔한 범인이다.[33] 우리의 정체성을 숨 막히게 옭아매온 병명, 진단, 피할 수 없을 것만 같은 숙명이 때로는 너무나도 간단하게 고칠 수 있는 일시적 불균형일 수 있다.

## 다낭성난소증후군과 '완치' 개념에 대하여

다낭성난소증후군polycystic ovary syndrome, PCOS은 생리주기가 불규칙적이거나 지나치게 길고, 안드로겐 과다 증상이 나타나는 호르몬 이상 질환이다. 소셜 미디어에 기능의학을 토대로 한 PCOS 접근법에 대한 글을 올렸을 때, 많은 사람에게서 이 병에는 '완치' 개념이 없는데 내가 잘못된 정보를 퍼뜨리고 있다는 지적과 비난을 받았다.

광범위한 의미의 '완치'는 과학자들이 불현듯 유레카를 외치면서 병을 치료할 해결책을 가지고 나타나는 것을 의미하는 구식 개념이다. 그러나 실제 질환의 진행 과정은 종종 그보다 훨씬 복잡하므로 언제나 치료보다는 예방이 낫다. 건강은 유전적 소인과 환경적 영향(식단, 생활 방식, 스트레스, 유해 환경 및 물질에의 노출 등)의 조합으로 결정된다. 이 중에서 유전적 소인은 우리가 어찌할 수 없지만 환경적 영향과 유전자 발현은 **통제할 수 있다.**

PCOS에 취약한 유전자는 아주 오래전부터 존재해왔지만[34] 최근 들어 PCOS 발병률이 점점 증가하고 있는 데에는[35] 환경적 영향이 지배적이다.[36,37,38] PCOS의 근본 원인으로는 높은 코르티솔 수치,[39] 인슐린 저항성과 비만,[40] 만성염증[41]이 있다. 일반적인 현대식 식단과 생활 방식을 버리는 것만으로도 PCOS의 징후와 증상이 약해지는 경우가 많다. 완치, 회복, 치유, 치료 같은 용어의 정의를 두고 논쟁하는 것도 물론 좋다. 그러나 만약 당신이 불규칙한 생리주기, 난임, 다모증 상태에서 균형 잡힌 호르몬 수치, 시곗바늘처럼 규칙적인 생리주기, 임신 가능 상태로 변화하면, 아마도 용어의 적확성 따위는 전혀 상관하지 않을 것이다.

///////////////////////////////////////////////////////////////////////////////////////////

# 임신과 출산은 여성의 불안에
## 어떤 영향을 미칠까

우리는 이상한 시대에 살고 있다. 만성 스트레스, 농약, 내분비교란물질부터 주머니 속 핸드폰까지,[42] 여성과 남성의 생식능력에 영향을 미치는 요인들이 마치 바다를 이룬 듯한 환경에서 매일같이 살아가고 있다. 그런데도 우리 문화는 너무나 단순하게 한 가지 요인, 바로 여성의 나이에만 초점을 둔 채 생식능력을 논하며, 여성의 '생물학적 시계'를 부정할 수 없을 만큼 강하게 강조한다. 이제는 과거 그 어느 때보다 더 생식능력을 잘 통제할 수 있음에도 불구하고 동시에 그에 대한 불안의 위험도 더 커졌다. 회사는 갈수록 더 많은 근로시간을 요구하고 아이가 학교에서 열이 나면 제일 먼저 뛰어가야 하는 사람도 엄마이니, 한창 아이를 키워야 하는 시기의 워킹맘들은 어쩔 수 없이 '마미 트랙mommy track(육아를 위해 출퇴근 시간 조정, 단축근무 등을 하는 것. 그 대신 승진이나 급여 등에서 불이익을 받는다-옮긴이)'을 선택하고 마치 저글링이라도 하듯 여러 역할을 다 하면서 가정에 집중한다. 그래서 상황상 아이를 가질 준비가 되지 않았을 때 호르몬 조절로 피임하다가 막상 임신할 준비가 됐을 때 난임 치료를 받는 사람들이 많다. 어떤 사람들은 이러한 문제를 피하고자 미리 난자를 얼려두기도 한다. 이 모든 것이 각 개인에게 권한을 주는 선택일 수도 있지만, 그로 인해 지금 우리가 '아이를 낳아야 한다는 압박'과 '임신과 출산이 경력에 방해가 되어서는 안 된다는 압박'과 '고위험 임신 또는 아예 불임이 되지 않으려면 시간이 많지 않다는 압박' 사이에서 아슬아슬하게 줄타기를 하고 있다는 사실을 명심해야 한다. 혹시 아이를 가질 생각이 전혀 없는 사람이라면 이번에는 그 선택에 대해 바란 적도 없는 질문과 훈계를 끊임없이 듣고 대답해야 하는 압박이 뒤따른다. 이처럼 시간에 민감한 골칫거리들을 결정해야 하는 상황에서 받는 중압감 때문에 가임기 여성 환자들은 점점 더 불안해진다.

임신을 한다고 해서 불안이 끝나는 것도 아니다. 오히려 혹시 나쁜 일이 생길까 걱정하느라 뜬눈으로 밤을 지새우는 데 특화된 뇌 주름이 하나 더 생기는 듯하다(그리고 이런 걱정은 아이를 키우는 내내 계속된다). 실제로 2018년에 임신 14주 이하 임산부 634명을 연구한 결과에 따르면 '높은 불안 상태'에 있는 경우가 29.5퍼센트나 됐다.[43]

또한 당연한 말이지만 유산과 관련해서는 더 특별한 어려움이 뒤따른다. 최근 몇 년간 유산에 대한 오명을 벗기려는 노력이 상당한 발전을 이루긴 했으나 아직도 유산은 여성의 건강 여정에서 적절한 자료와 이해와 지원이 부족한 부분으로 남아 있다. 여러 이유가 있겠지만 그중 하나는 사회 분위기상 여성이 자신의 유산 경험을 남들과 나누지 못하고 살아왔다는 것이다. 사실 임상적으로 확인된 임산부 가운데 약 8~15퍼센트(그리고 전체 임산부 중 30퍼센트)가 유산하며[44] 대부분이 첫 12주 안에 일어난다. 그래서 많은 여성이 안정기에 접어들기 전에는 주변에 임신 소식을 알리기를 조심스러워한다. 자신의 영역과 사생활을 지키고 싶은 마음은 이해하지만 개인적으로 나는 여성들이 임신 소식을 더 빨리 나눠도 괜찮다고 생각하기를, 그래서 아무에게도 말 못 하고 침묵 속에서 괴로워하는 여성들이 더 적어지기를 바란다. 이 사안에 대해 강렬한 끌림을 느꼈던 나는 임신 사실을 비교적 일찍 공유했다. 둘째를 임신하고 10주에 접어들었을 때 인스타그램에 알렸다.

그러나 11주 차에 유산했다.

의사로서 나는 유산이 흔하고 정상적이며 지극히 자연스러운 일이라는 사실을 매우 잘 이해하고 있었다. 배아의 상당수에 유전적 오류[또는 오자(DNA에 담긴 유전자 정보를 복사하는 과정에서 오자가 생긴다는 뜻──옮긴이)]가 있으며, 유산은 생존할 수 없는 배아가 임신 초기 단계를 넘어가지 못하도록 막아주는 견제와 균형 시스템인 셈이다. 이 시스템은 진화 기간 내내 인류와 함께해왔다. 부모의 나이가 많을수록 유전적 오류가 증가하긴 하지만 어쨌든 나이와 상관없이 얼마든지 일어날 수 있다. 게다가 유산의 원인이 염색체이상에만 있는 것도 아니다. 태반의 위치와 상태, 혈전 성향, 그 밖에도 딱히 꼬집어 말하기 어려운 요인들이 영향을 미친다. 유산은 누구에게나 일어날 수 있으며, 그게 나한테 문제가 있다거나 내가 무언가를 잘못했다는 뜻은 아니라는 것을 잘 알고 있었다. 하지만 안다고 해서 그 경험이 쉬운 것은 전혀 아니었다.

나는 그 고통스러운 감정을 날것 그대로 느끼면서 오랫동안 가만히 앉아 있었다. 마음이 어느 정도 진정되자 애도와 평화가 뒤섞인 감정이 찾아왔다. 지금도 나는 서로 대립되어 보이는 두 가지 감정을 동시에 간직하고 있다. 유산은 너무나도 가슴 아픈 상실이고, 유산 후에 불안장애와 우울증을 앓는 여성 환자들도 많이 치료해왔다. 실제로 나는 (끝없이 이어지는 듯한 시험관시술 후에) 연달아 유산을 경험한 여성들을 진료하면서, 계속되는 애도와 급격한 호르몬 변화가 더욱 심각한 형태의 불안장애와 우울증으로 변하는 것을 확인했다. 충격, 절망, 분노, 무감각함, 심지어 안도감까지 한꺼번에 혼란스럽게 뒤섞인 감정을 경험하는 것은 지극히 정상적인 반응이다. 어떤 감정을 느끼는 데에는 옳고 그름이 없다.

아기를 잃은 후에 나는 유산을 겪은 여성의 몸과 마음이 필요로 하는 것에 대한 의료계의 이해가 얼마나 부족한지 깨달았다. 나는 피를 많이 흘렸고, 가벼운 어지럼증을 느꼈으며, 완전히 지쳐버렸다. 자궁탈출(원래 위치보다 아래로 이동하는 것)이 진행되기 시작했다. 내 몸은 휴식을 원하고 있었다. 그러나 유산한 다음 날 아침, 나는 휴식하는 대신 분주히 돌아다니면서 추가적인 초음파와 피 검사를 받고 수액을 맞아야 했다. 겨우 불편한 응급실 침대에 몸을 구겨 넣자고 환자 분류를 기다릴 필요는 없었다. 내가 필요했던 것은 담요를 덮고 소파에 기대어 따뜻한 차를 마시면서 방금 내게 일어난 일을 꼼꼼히 살피는 과정이었다. 물론 유산 후 심각한 합병증이 일어나는 사례도 가끔 있으므로 의사의 조언을 따르는 것도 중요하다. 그러나 내 몸이 하는 이야기에 귀 기울이면서 자신의 정신적이고 신체적인 안녕을 돌보는 과정도 꼭 필요하다.

운이 좋게도 나는 둘라doula(임신, 출산과 관련해 산모의 신체적, 감정적 관리를 돕는 비의료인 – 옮긴이)이자 트라우마 전문가이자 《야생의 부름Call of the Wild》 저자인 킴벌리 앤 존슨Kimberly Ann Johnson에게 도움을 받을 수 있었다. 그녀는 "본질적으로 유산은 임신 유지 기간에 비례하는 산후기간에 해당"한다고 설명했다. 유산과 출산의 가장 중요한 차이는, 적어도 미국 문화에서는, 유산 후 휴식을 취하거나 직장에서 휴가를 얻는 문화가 없다는 점이다. 안정기에 접어들기 전에는 임신과 유산 사실을 거의 입 밖으로 내지 않으니 어떻게 휴가를 얻을 수 있겠는가? (제도적으로 출산 후에 휴가와 회복이 필요하다는 사실을 인정하는 것도 겨우 이루어졌다는 점을 고려하면 유산 후 회복 필요성을 인정하기까지는 갈 길이 한참 먼 듯하다.)

몇 주간 깊이 생각하고 회복하는 시간을 보내고 난 후 나는 인스타그램에 유산 소식을 알렸고 믿을 수 없이 많은 위로와 응원을 받았다. 감사하기도 했지만, 가장 중요한 점은 나와 비슷한 경험을 한 다른 사람들의 마음에도 울림을 줬다는 것이었다. 많은 여성이 나서서 유산과 관련한 다양한 경험을 나누어 주었고 나는 그처럼 따뜻한 치유와 회복을 위한 공간을 가진 것이 얼마나 큰 영광인지 깨달았다. 세계 곳곳의 여성들이 안도의 한숨을 내쉬며 이런 이야기를 나눌 수 있어서 매우 기쁘다고 말하는 것을 들을 수 있었다. 나는 하나의 사회로서 우리가

내 몸이 불안을 말한다

유산의 무게감을 짊어질 준비가 됐다고 생각한다. 마음의 준비만 됐다면 언제든지 기꺼이 임신 사실을 알리고, 유산에 관한 대화를 일상적으로 나누고, 유산으로 자책하지 않는 세상이 되기를, 이 고통스러운 기간에 여성이 마땅히 받아야 할 돌봄과 지원이 제도적으로 보장되는 사회가 되기를 바란다.

## 갓 아이를 낳은 여성을
## 온 세상이 따뜻하게 품어줘야 하는 이유

미국의 임신과 출산 환경 가운데 일부는 모든 선진국 중에서 가장 열악한 수준이다. 끔찍하게도 2018년 미국에서 약 660명의 임산부가 임신 또는 출산으로 사망했고(임산부 10만 명당 17.4명이 사망) 미국의 임산부 사망률은 산업화 국가 중 꼴찌를 기록했다.[45] 게다가 미국 질병통제예방센터 Centers for Disease Control and Prevention에 따르면 흑인 여성이 임신과 관련된 원인으로 사망할 확률이 백인 여성보다 세 배 높다.[46]

어렵게 출산의 문턱을 넘더라도, 미국을 포함한 전 세계 모든 여성은 대개 직장에서 불평등한 급여를 받고 집에서는 제대로 된 보상도 없이 가사 노동의 일방적인 분배에 시달리는 힘든 여정을 시작한다.[47] 미국 인구의 약 11퍼센트에 해당하는 여성들이[48] 산전 돌봄과 출산에 대비하는 의료보험도 없는 상태다. 그리고 워킹맘은 육아휴직 정책의 미흡 또는 부재, 감당하기 어려운 보육 비용, 잠재적인 직업 불안정성에 직면한다. 불안을 느끼는 초보 엄마의 수가 증가하는 것이 놀라운 일도 아니다. 실제로 2017년부터 2019년까지 멘털 헬스 아메리카Mental Health America(미국의 정신 건강 서비스 관련 비영리단체 – 편집자)에서 선별검사를 진행한 초보 엄마 또는 출산 예정 엄마 가운데 74퍼센트가 정신 건강에 중등도 내지 중증 수준의 문제가 있는 것으로 나타났다.[49] 산후기간의 불안장애 발생률은 17퍼센트로, 산후우울증postpartum depression, PPD(4.8퍼센트)을 훨씬 웃돈다.[50] 그러나 산후불안증postpartum anxiety, PPA에 대한 인지는 PPD보다 한참 떨어진다. PPA가 PPD보다 더 최근 병명인 것도 하나의 이유지만[51] 이러한 형태의 불안에 대해 거의 들은 게 없는 일반 대중은 여성이 산후에 겪는 정신 건강 문제를 대부분 우울증이라 가정하기 때문이기도 하다. 실제로 PPA는 단독으로 또는 PPD와 함께 발생할 수 있으며, PPA를 겪는 여성들은 두렵고 압도되는 기분을 느낀다. 생각이 끝도 없이 이어지고, 가만히 앉아 있지 못하며, 어지럼증, 열감, 메스꺼움 등 신체적 불편함을 느끼는 것도 PPA의 또 다른 증상이다. 신생아를 돌볼 때 흔히 나타나는 수면부족도 이러한 기분을 부추기거나 악화할 수 있음을 알아두는 편이 좋다.

이러한 문화적·사회적·재정적 요인만으로는 인생에 시련이 부족하기라도 하다는 듯 아기를 키우는 여성의 몸이 처한 현실은 심지어 영양부족까지 안겨준다. 간호를 받든 못 받든, 어쨌건 늘 잠이 부족하고 시간에 쪼들리는 채로 열 달 동안 배

속에 아이를 품고 출산하고 조리하는 과정은 영양부족으로 이어지기에 딱 좋다. 나는 체내 영양분 창고의 고갈이 PPA를 유발하는 중요한, 그러나 과소평가되고 있는 근본 원인 중 하나라고 생각한다. 따라서 PPA에서 회복하려면 엄마가 되는 변화를 받아들이는 과정과 치료만큼이나 영양 보충도 중요하다.

다른 유형의 문제이긴 하지만 산후기간에 나타날 수 있는 건강상 취약점이 또 있다. 임신 중에 인체는 면역체계가 태아와 태반을 '외부 물질'로 인식하여 공격하지 않도록 자연적으로 면역 활동을 완화한다.[52] 그래서 자가면역질환 환자 중에는 임신 기간에 증상이 나아지는 경우가 많다. 그러나 산후에는 면역체계가 급격히 복구되기 때문에 출산한 지 얼마 안 된 엄마들은 염증과 자가면역질환에 특히 취약하다.[53]

따라서 산후기간에는 자신의 면역체계를 자극하지 않도록 매우 조심해야 한다. 음식 과민증이 있는 사람은 출산 후 몇 주간은 그 음식을 피하도록 최선을 다해라. 나중에는 크루아상이 그만한 불편함을 감수하고도 먹고 싶은 음식인지 주관적으로 판단해서 결정할 수 있는 때가 올 것이다. 그러나 산후 몇 개월은 자가면역질환이 쉽게 발생하거나 악화할 수 있는 매우 예민한 시기다. 그리고 물론 심한 염증은 불안에도 직접 영향을 미친다. 그러므로 염증을 최소화하는 것은 산후 불안을 최소화하는 데에도 도움이 된다.

갓 출산한 산모는 온 마을의 도움과 여러 세대에 걸쳐 내려온 지혜, 수유하는 법에 대한 조언, 따뜻한 죽, 영양이 풍부한 음식, 그리고 그녀가 출산과 그로 인한 신체·생활·정체성의 변화를 받아들이는 동안 그들의 이야기에 귀 기울여줄 누군가가 필요하다. 그들을 위해 따뜻한 죽을 준비해주고 그들이 씻고 잠시 눈을 붙이는 동안 아기를 봐줄 사람이 필요하다는 것은 두말할 필요도 없다. 그러나 현재 우리 사회는 산모들이 삶의 전환과 신체적 시련뿐만 아니라 불안까지 얻기에 딱 좋은 조건을 갖췄다. 그러므로 우리는 이 주제에 목소리를 높이고, 스스로를 위해, 그리고 다른 엄마들을 위해 할 수 있는 것들이 무엇이 있는지, 무엇이 필요한지 인식해야 한다.

# 10장
# 조용한 유행병, 금단현상

다시는 하나의 이야기가, 그것이 유일한 듯 이야기되지 않을 것이다.

―존 버거John Berger

'환자에게 해가 되는 일을 하지 말라'라는 히포크라테스선서를 의사들이 진지하게 생각하지 않는다는 것은 아니지만, 나는 의사들이 너무 쉽게 처방한 약물들이 가짜 불안을 일으켜 의도치 않은 위기를 불러왔다고 생각한다. 이러한 현상은 특히 정신 건강 문제에서 가장 두드러진다. 그리고 이는 정신 의학의 현주소이기도 하다. 환자에게 구체적인 병명을 붙임으로써 마치 그것이 환자의 유전적 숙명인 듯한 오해를 불러일으키는 한편, 정신질환의 근본 원인을 간과할 수 있고 때로는 그들이 치료하고자 했던 문제를 오히려 악화시킬 수도 있는 약물을 처방한다. 그러면서도 이러한 약물의 부작용과 장기 복용 시의 결과는 물론 환자가 복용 중단을 결심했을 때 일어날 수 있는 금단현상을 다루는 것은 외면해왔다.

이러한 상황은 특히 오늘날에 더 의미가 있는데 지금 우리는 역대 최고로 많은 약을 먹고 있기 때문이다. 미국은 세계에서 약을 가장 많이 먹는 나라로, 두 명 중 한 명꼴로 처방 약을 받으며 60대 미만 미국인에게 가장 많이 처방되는 약은 항우울제다.[1] 정신과 약을 먹는 인구수가 코로나19 팬데믹 기간 동안 눈에 띄게 치솟았음은 물론이다. 미국의 경우, 2020년 2월 중순부터 3월 중순까지 겨우 한 달 만에 클로노핀, 자낙스, 아티반 등 벤조 계열의 항우울제 처방이 34.1퍼센트, 우울증 약처방은 18.6퍼센트 증가했다.[2]

정신과 약물로 인한 가짜 불안은 서로 다른 경로로 일어날 수 있다. 각성제인 애더럴과 바이반스, 항우울제인 웰부트린 같은 특정 약물은 노르에피네프린 같은 스트레스호르몬과 도파민을 조절해 직접적으로 불안을 높이고 불안으로 느껴질 수 있는 활성화상태를 만든다. SSRI나 벤조 계열 약물은 '중간 금단interdose withdrawal'을 일으킬 수 있는데, 이는 다음 약을 먹기 전 혈류 속 약물 수치가 가장 낮은 상태에서 일어나는 상대적 금단현상으로, 약물 수치가 떨어지면서 신체가 다음 약을 초조하게 기다리는 상태를 가리킨다. 그러나 아마도 가장 심각한 문제는 벤조 계열 약물이 장기적으로 GABA 수용체에 영향을 미쳐서 약의 힘 없이는 스스로 평온한 기분을 느끼기가 어

내 몸이 불안을 말한다

려워질 수 있다는 것이다.

특히 벤조 계열 약물을 복용하는 인구수가 가파르게 늘어나자 의료계가 대부분 간과하고 있는 골치 아픈 결과가 벌어졌다. 스탠퍼드대학교 교수이자 심리학자인 키스 험프리스Keith Humphreys는 벤조 계열 약물이 상당히 중독성 있고 파괴적인데도 마땅한 주목을 받지 못하고 있다는 점을 꼬집으며 "약학계의 '로드니 데인저필드Rodney Dangerfield(항상 푸대접받는다는 설정으로 유명한 미국의 스탠드업 코미디언 겸 배우 – 옮긴이)'"라고 표현하면서 "아마도 사람들은 의사가 처방해준 약이니 그렇게 나쁠 리가 없다고 생각하는 것 같다"라고 그 까닭을 유추했다.[3]

벤조 계열 약물의 가장 큰 문제 중 하나는 그것이 GABA 수용체의 작용에 영향을 미친다는 사실이다. 앞서 설명했듯이 GABA는 중추신경계의 주요 억제성 신경전달물질로, 우리에게 토닥토닥 괜찮아 하고 속삭이며 기분을 달래고 진정시켜준다.[4,5] SSRI 계열 약물이 무차별적으로 난사하는 산탄총이라면(특정 신경전달물질을 조절하려고 약을 먹지만 그 과정에서 다른 많은 것들을 파괴한다) 벤조 계열은 정확히 하나의 목표물만 맞힌다. 그것들은 직접 $GABA_A$ 수용체에 작용하여 시냅스에 GABA를 쏟아붓는 효과를 일으킨다(물론 기분이 아주 좋아진다).[6] 벤조를 삼키자마자 세상이 갑자기 평화롭고 포근한 곳처럼 느껴진다. 그러니 약 복용을 재고하라는 내 제안에 많은 사람이 거부감을 느끼는 것도 당연하다. 불안에 시달릴 때 먹는 벤조 한 알은 따뜻한 포옹이나 다름없다. 온갖 스트레스가 난무하는 지금 같은 시대에 이처럼 빠르고 확실하게 편안함을 얻을 방법이 있는데 누군들 원치 않겠는가?

그러나 안타깝게도 이야기는 여기서 끝나지 않는다. 사실 벤조 계열 약물은 단기간에만 마법을 부릴 수 있으며 나중에는 복용 전보다 오히려 더 상태를 악화시킬 수도 있다. 인체는 생존을 목표로 만들어졌다. 평온함을 느끼도록 만들어진 것이 아니다. 따라서 시냅스에 GABA가 쏟아지면 우리 몸은 항상성, 즉 원래의 균형 상태를 되찾으려고 노력한다. GABA가 너무 많아. 혹시라도 진짜 위험한 일이 생기면 어떡해? 이러다가는 위협에 제대로 대응하지 못할 만큼 느긋해져서 살아남지 못할 거야. 그래서 우리 몸은 벤조 계열 약물에 반응하여 GABA 수용체를 줄인다.[7] 그 이후로 우리 뇌는 GABA를 더는 느끼지 못하는 것처럼 기능한다. 약 기운이 사라지면 GABA의 양은 정상이지만 GABA 수용체는 비정상적으로 부족한 상태가 된다. 이는 상대적인 GABA 금단현상을 일으키며, 시간이 지날수록 벤조가 GABA 신호에 미친 영향이 누적되어 심각한 금단 상태로 이어질 수 있다. 불안하고 과민한 상태부터 아주 고통스러운 상태, 어느 환자의 표현을 빌리면 마치 머리카락을 잡힌 채 지옥으로 끌려다니는 기분이 드는 상태까지 다양하게 나타난다. 많은 환자들이 벤조 내성(몸이 벤조 계열 약물에 익숙해져서 같은 효과를 얻으려면 이전보다 더 많은 양을 복용해야 하는 현상[8]) 때문에 처음 약을 먹기 시작할 때보다 더 큰 불안을 호소한다. 사실,

내 몸이 불안을 말한다

장기적으로 봤을 때 벤조는 불안을 악화하는 듯하다. 불안 때문에 먹기 시작한 약이 오히려 불안을 키우는 셈이다.[9] 붙이기 전보다 더 큰 상처를 남기는 반창고를 떠올려보면 되겠다. 그리고 새롭게 난 상처는 궁극적으로 벤조가 만들어낸 가짜 불안이다.

벤조 계열 약물이 습관성이며, 중독을 완곡하게 가리키는 의학 용어인 '신체적 의존성'을 만들어낸다는 사실은 잘 알려져 있다. 그래서 환자들이 2주 후에 다시 약 처방을 받으러 오면(왜냐하면 이제 이 약이 그들의 불안을 완화할 수 있는 유일한 방법이니까) 때때로 의사들은 갑자기 태도를 바꿔서 약 처방을 거절하며 환자에게 무안을 준다. 이걸 이겨내야 해요. 장기 복용하면 안 좋은 약이에요. 익명의 정신과의사이자 블로거인 스콧 알렉산더는 다음과 같이 지적했다. "환자들은 약을 끊을 때 얼마나 힘들지도 의사가 당연히 계산에 넣어서 처방해줬으리라 생각한다. 그러나 의사가 환자의 기대에 언제나 부응하지는 않는다."[10]


## 낫고 싶어서 약을 먹었는데
## 약 때문에 더 불안해질 수도 있다


어떤 이들에게는 정신과 약을 끊는 일이 극도로 고통스러울 수도 있음을 나는 직접 목격했다. 사실 정신과 약 금단증상에 시달리는 사람들을 너무 많이 봐서 그것이 소리 없는 유행병이라고까지 생각한다. 실제로, 런던에서 일하는 의사 제임스 데이비스James Davies와 존 리드John Read는 2019년에 항우울제 중단을 시도한 사람 중 56퍼센트가 금단현상을 경험하며 그중 46퍼센트는 그 증상이 심각하다는 사실을 발견했다.[11] 팬데믹 동안 항우울제와 벤조 계열 약물을 모두 복용하는 사람 수가 급격히 증가했음을 고려하면 그중 일부가 약을 끊고 싶다고 결심했을 때 그 영향력이 상당하리라 생각된다.

만약 복용 중단이 더 쉬웠다면 나 역시도 약 처방에 훨씬 호의적이었을 것이다. 그러나 정말 많은 사람이 약을 끊었다가 불면증, 짜증, 우울, 불안, 멍함, 피로, 메스꺼움, 공황발작, 브레인 잽brain zaps(뇌에 전기충격을 받은 것처럼 느껴지는 현상) 등의 증상을 경험하면서 의사에게 적절한 도움이나 조언을 구하려 애쓴다. 내가 가장 염려하는 점은 금단증상을 겪는 도중에 자살하고 싶다는 생각까지 하는 환자들이 많다는 것이다. 심지어 약을 끊기 전에는 그런 생각을 단 한 번도 하지 않았던 환자가 자살 생각을 하는 사례도 보았다.

벤조 계열 약물의 금단현상은 특히 더 까다롭다. GABA가 괜찮은 기분의 본질이라면 GABA 금단 상태는 아무것도 괜찮지 않은 기분의 전형이다. 애더럴부터 헤로인까지 나는 꽤 오랫동안 약물 금단현상에 매달려왔는데, 내가 목격한 모든 금단 중에서 환자들이 가장 괴로워하는 것이 바로 벤조 금단이었다. 환자들은 짜증, 불안, 불면, 공황, 절망, 자살 충동은 물론

내 몸이 불안을 말한다

이고 너무 괴로워서 자신의 몸 밖으로 기어 나가고 싶은 충동마저 느꼈다.

서너 달 동안 매일 약을 복용해왔다면 어떤 사람들에게는 벤조를 끊어내는 일이 엄청나게 어려울 수 있다. 누가 큰 문제없이 벗어날 수 있을지, 또 누가 심각한 금단현상에 시달릴지 예측하기는 어렵다. 그 어떤 의사도 자기 환자가 벤조에 중독되길 바라진 않겠지만, 의도야 어쨌든 이러한 약물은 한번 복용하기 시작하면 계속 의존하게 만들기 때문에 환자가 금단현상으로 괴로워하는 사례는 실제로 매우 자주 일어난다. 예를들어 일단 금단 상태에 접어들면 편안해지기는커녕 보통의 기분, 즉 약 복용을 시작하기 전에 느꼈던 정도의 불안만 느끼게 하는 데에도 훨씬 많은 벤조를 먹어야 한다. 그리고 안타깝게도 이러한 약을 더 오래, 더 꾸준히 먹을수록 GABA 수용체가다시 정상적으로 기능하기가 더욱 어려워진다. 그런데도 이것이 불안장애 환자들을 도울 수 있는 최고의 방법이라 말할 수있을까?

벤조 금단을 겪는 환자들을 치료할 때 나는 (7장에서 살펴본것처럼) 자연적인 GABA 활동을 재구축할 수 있도록 돕는 데집중한다. 영양 및 수면 개선, 절주, 그 밖에도 호흡요법, 명상, 요가, 챈팅chanting(어떤 노래, 구절, 기도문 등을 반복적으로 읊조리는 것 – 옮긴이), 침술 등이 전부 자연적인 GABA 회복을 유도하는 데 도움이 된다. 물론, 이러한 것들이 유용하긴 해도 실천하기가 항상 쉽지만은 않음을 나도 인정한다.

환자들이 이러한 약물에서 벗어날 수 있으려면 어떻게 도와야 하는지 정신과의사들은 배운 적이 없다는 점이 이 상황을 더욱 어렵게 만든다. 사실 의사들 대부분은 SSRI 같은 약물이 금단현상을 일으킬 수 있다는 생각 자체를 인정하지 않는다. 만약 환자가 항우울제를 끊은 후에 기분이 가라앉고 불안, 공황, 불면증, 이유 없이 또는 사소한 일에 울음이 터지는 증상 등이 나타나면, 그것은 금단현상이 아니라 재발로 고려되어야 한다고 배웠기 때문이다. 물론 재발도 가능하다. 그러나 약을 끊고 나서 처음 몇 주는 뇌 내 화학작용과 수용체 발현이 다시 평형을 찾아가는 중이기에 그것이 재발인지 아닌지 구별하기가 어렵다. 만약 우울증 병력이 있는 사람이 코카인을 잔뜩 흡입한 후 다음 날 아침에 일어나서 불쾌감과 무력감을 느낀다면, 우리는 그것을 우울증의 재발로 볼 것인가 아니면 코카인 금단현상으로 인한 일시적인 기분으로 볼 것인가? 분명히 말한다. 항우울제는 강력한 정신 활성 물질이며 따라서 항우울제를 중단하면 정말로 금단현상이 나타날 수 있다. 지금 우리 사회에는 약 복용을 중단하고 나서 금단증상에 시달리면서도 그것이 정신과 약물 때문인지 모르는 사람들이 너무나도 많다. 그 대신 그들은 스스로를 또는 자신의 생활환경을 탓하거나, 또는 단순히 우울증이 재발했다고 믿으며 정신과 약이 정말로 효과가 있었구나 하고 생각한다.

토바Tova는 청소년기부터 20대까지 몇 년 동안 중등도 수준의 우울과 불안을 겪다가 스물다섯 살에 처음으로 렉사프로를

내 몸이 불안을 말한다

처방받았다. 약을 먹자마자 즉각 기분이 나아지는 경험을 하진 못했지만, 시간이 흐를수록 그녀는 자신이 예전보다 덜 울고 회사에서도, 집에서도 더 잘 지내는 것 같다고 느꼈다. 금방 증상이 개선되고 나니 렉사프로를 계속 먹어야 할지 의문이 들기 시작했고 그래서 토바는 다짜고짜 약을 끊었다. 그러고 나서, 그녀의 표현에 따르면, 복용 중단 후 "갑자기 대혼란이 펼쳐졌다." 그녀는 과민하고 불안해졌으며, 룸메이트와 엄마에게 툭하면 화를 냈고, 잠을 잘 수가 없었다. 결국 토바는 다시 약을 먹기 시작했다. 그래서 기분이 나아지면 또 약을 끊고 그러고 나서 다시 불안해지는 악순환을 몇 년간 반복했다. 그때마다 렉사프로는 마치 천국에서 보내준 선물처럼 토바를 평온하고 정상적인 상태로 되돌려주었다. 나를 찾아왔을 때 토바는 렉사프로가 자기 인생의 구원자라고 굳게 믿고 있었다.

그러나 토바의 병력을 본 나는 그녀가 겪는 정신 건강 문제의 근본적인 원인이 단순히 화학적 불균형에 있지 않으리라는 생각이 들었다. 그리고 그녀가 렉사프로를 끊었다가 다시 시작할 때마다 기분이 나아졌던 것은 약의 치료 효과 덕분이 아니라 단순히 금단현상에서 벗어났기 때문이리라고 추측했다. 그래서 토바가 우울과 불안에서 자신을 구해줬다며 렉사프로를 찬양하는데도 불구하고, 나는 처음에 효과가 있다고 느낄 만큼 렉사프로가 그녀의 감정을 무디게 만들었으며 그 이후에는 단지 금단현상을 완화했을 뿐이라고 판단했다. 토바는 렉사프로를 복용한 후로 성욕이 줄었다고도 말했다. 언젠가는 렉사프로를 끊어야 한다는 말을 꺼내자 당연하게도 그녀는 굉장히 방어적인 태도를 보였다. 토바는 내가 색안경을 끼고 본다고 느꼈고 자신의 가장 든든한 조력자를 부정하는 내 의견에 저항했다. 나는 토바에게 그녀의 고통이 얼마나 큰지, 그리고 그런 그녀에게 안정감을 가져다주는 존재가 얼마나 소중한지 충분히 이해한다고 힘주어 말했다. 실제로 나는 정신질환을 약물로 치료하는 것에 대해 조금도 부정적으로 생각하지 않는다. 다만 내가 약을 처방할 때는 하나를 얻으면 다른 하나를 잃을 수 있다는 사실을 언제나 인정하고 설명한다.

이후 몇 달간 토바와 나는 그녀의 우울과 불안의 뿌리를 탐색했다. 마침내 그녀의 문제가 다이어트와 칼로리 제한, 건강에 좋은 지방 섭취의 부족, 카페인 민감성, 경구피임약 부작용, 타인에게 자기 자신을 맞추는 성향, 만성적인 라임병이 합쳐져서 나타난 것임을 암시하는 패턴을 파악하기 시작했다. 우리는 각각의 문제를 기초부터 바로잡으면서 하나씩 해결해나갔다. 이러한 변화와 함께 토바는 조금씩 렉사프로를 줄여보기로 할 만큼 상태가 좋아졌다. 하지만 이번에는 다짜고짜 약을 중단하는 대신 한 달에 10퍼센트씩 서서히 복용량을 줄여나가기로 했다. 또한 라임병을 치료하면서 영양가 있는 음식 섭취, 충분한 수면, 명상, 해독 작용을 돕는 적외선 사우나 등을 병행했다. 사람들과의 관계에서 한계선을 설정하고 자기 생각과 욕구를 표현할 줄 알아야 한다는 데에도 동의했다. 약 1년 후, 토바는 렉사프로를 완전히 끊었으며 우울과 불안에서

내 몸이 불안을 말한다

도 벗어났다.

## 금단증상으로 괴로워하는 이들을 위한 기본 지침

금단현상이 사람마다 매우 다양하게 나타난다는 것을 확인하고 나서 나는 정신과 약을 끊으려는 환자들을 도울 때마다 각각의 사례를 완전히 유일무이한 상황이라 생각하고 접근한다. 그러나 내가 모든 환자에게 공통으로 적용하는 몇 가지가 있는데 다음과 같다. 처음 복용량을 줄일 때는 10퍼센트씩만 줄일 것, 신체의 해독 작용을 도울 것, 신경계의 회복을 도울 것, 감정을 표출할 수 있는 공간을 만들 것.

나는 금단증상을 최소화하기 위해 복용량을 한 달에 10퍼센트씩만 줄이기를 추천한다.[12] 그래서 환자들이 직접 집에서 알약을 쪼개지 않아도 되도록(정확도가 떨어질 수 있다) 제약회사에서 완제품으로 판매하는 알약 대신 일반 가루약으로 정확한 무게를 재서 개인에 맞게 만드는 조제약을 활용한다.

만약 환자가 이전에 겪었던 금단증상이 너무 괴로웠던 기억 때문에 복용량 줄이기를 두려워한다면, 천천히 약을 줄이는 것은 갑자기 중단하는 것보다 훨씬 덜 고통스러운 과정임을 알려준다. 반면 약을 끊으려는 의지가 강한 환자들은 때때로 복용량을 10퍼센트씩 줄여나가는 과정이 지나치게 더디다고 느낀다. (중간에 멈추거나 비율을 조정하는 것에 따라 달라지긴 하지만 대체로 1년 정도 걸린다.) 이러한 환자들의 경우에는, 금단증상 때문에 오히려 다시 약을 먹어야 하는 사례가 자주 발생하므로 빠르지만 지속할 수 없게 끊는 방식보다는 느리더라도 성공할 수 있게 끊는 방식이 중요하다는 사실을 강조한다. 그리고 엄밀히 말해서 복용량을 줄이면 약을 '복용 중'인 상태가 아닌 것과 마찬가지라는 이야기도 한다. 치료 목적이 아니라 단순히 그들의 몸이 금단현상에 빠지지 않을 정도만 복용하는 것이기 때문이다. 실제로 약을 줄여가는 과정의 마지막 몇 달 동안 환자들은 효과적으로 약에서 '벗어나며' 소량의 약으로 금단증상만 면한다.

약을 줄여나가는 동안에는 약을 대사하는 과정에서 나온 분해산물을 제거할 수 있도록 신체의 해독 작용을 돕는 일이 중요하다. 나는 대개 물을 많이 마시고, 엡섬염으로 목욕을 하고, 가능하면 정기적으로 적외선 사우나를 하라고 권한다. 일부 환자에게는 상온의 커피를 직장에 흘려 넣어서 대장을 완전히 비우고 해독하는 커피 관장이 특히 효과적이었다. 이 과정을 즐기는 사람이야 거의 없겠지만 나는 약을 줄이느라 힘들어하는 환자들이 커피 관장으로 도움을 받는 경우를 많이 목격했다.

또한 환자들이 약을 줄이면 신경계가 혼란에 빠져서 감정기복, 짜증, 불면, 뭔가에 쉽게 압도되는 기분 같은 증상이 나타나는 것을 계속 확인했다. 그래서 환자들이 스스로를 이완상태로 유도할 수 있도록 매일, 적어도 하루에 한 번은 명상과

내 몸이 불안을 말한다

호흡요법을 실천하기를 추천한다. 그리고 언제나 그렇듯이 좋은 수면 습관과 영양가 있는 음식을 최우선으로 두라고 조언한다. 이 두 가지는 우리 몸이 뇌의 신경전달물질과 수용체를 다시 만드는 데 아주 중요하다.

마지막으로, 대부분 사람은 약을 줄이는 과정 중에 상당한 정도의 감정 분출을 경험한다. 이는 환자마다 다양한 방식으로 표현된다. 어떤 이들은 슬픔이나 분노의 파도를 느끼고, 또 어떤 이들은 절망에 빠졌다가 나오기를 반복한다. 실질적인 차원에서 봤을 때, 이는 아마도 그들의 신경 내 화학물질이 다시 평형을 찾는 중이기 때문일 것이다. 그러나 심리·정신적 차원에서 보면 이는 약 때문에 무뎌졌던 감정의 재현과 분출이라고 생각한다. 예를 들어 정신과 약을 복용하던 중에 사랑하는 사람을 잃은 환자의 경우, 애도하는 감정이 약을 줄이는 과정에서 뒤늦게 나타나는 것을 종종 목격한다. 약 복용 중단으로 인한 감정 분출을 대할 때, 나는 마치 조산사가 건강한 임산부를 대하듯이 접근한다. 그것이 고통스럽다는 사실은 알지만 두려움으로 반응하지는 않는다. 가만히 곁을 지키면서, 다가오는 모든 것을 받아줄 여유를 유지한 채 반복적으로 환자를 안심시킨다. 내가 바로 여기에, 당신 옆에 있어요. 당신은 이겨낼 거예요. 이는 괴로워하는 환자들을 다독이는 하나의 과정이기도 하지만, 수많은 환자가 일단 새로운 감정적 삶에 적응하고 나면 오히려 더 안정을 느끼고 결국에는 균형을 되찾는 모습을 꾸준히 봐왔기 때문에 가능한 믿음의 표현이기도 하다.

## 우리는 약물에 대한 설명을 들을 권리가 있다

　무엇보다도 가장 중요한 것은, 약 복용을 결정하기 전에 먼저 환자와 의사 간에 철저하고 신중한 (아마도 수차례에 걸친) 대화가 이루어져야 한다는 점이다. 그래야 환자가 충분히 설명을 들은 후에 투약에 동의했다고 말할 수 있다. 그러나 안타깝게도 짧은 시간 내에 많은 환자를 받아야 하는 현 시스템상 이러한 종류의 대화가 점점 더 드물어지고 있다. 너무나도 많은 환자가 정신과 약 복용으로 일어날 수 있는 부작용(흔히 체중 증가, 소화불량, 성욕 저하 등)을 제대로 고지받지 못한 채 약을 먹기 시작한다. 그러나 내가 느끼기에 가장 큰 문제는 환자가 나중에 약을 중단할 경우 겪을 수 있는 금단현상에 대한 논의가 전혀 이루어지지 않는다는 점이다. 나는 모든 의사가 처음 약을 처방하기 전에 약의 효능뿐만 아니라 이러한 고려 사항도 함께 알림으로써 환자가 이해득실을 제대로 따질 수 있도록 도와야 할 의무를 갖는다고 생각한다.

　마지막으로, 혹시 당신이 이 글을 읽고 자신이 약에 중독됐다는 생각에, 또는 아주 괴로운 금단현상을 겪으리라는 생각에 좌절하고 있다면 전혀 희망을 잃을 필요가 없다고 말하고 싶다. 우리 뇌는 상당히 유연하고 적응력이 뛰어나다. 뇌는 학습한다. 뇌는 약물에 의존하는 법을 배우기도 하지만, 약을 끊은 후에 회복하고 재건하는 법도 배울 수 있다. 희망은 언제나 존재한다.

# 11장
# 스트레스를 해소하고 이완하기

당신이 짊어지고 있는 그 산은 그저 오르기만 하면 되는 것이었다.
―나즈와 제비안Najwa Zebian(레바논계 캐나다인 활동가―편집자)

신체의 스트레스반응이 만들어낸 가짜 불안은 식단과 일상적인 습관에 변화를 줌으로써 어느 정도 예방할 수 있다. 그러나 불안에 대한 신체의 생리학적 경험을 다룰 때는 몇 가지 중요한 고려 사항이 두 가지 더 있다. 바로 이완반응을 유도하는 것과 스트레스 사이클을 종료하는 것이다.

첫 번째 단계인 이완반응 유도하기는 불안을 막는 멀티비타민을 먹는 것과 비슷하다. 이는 신체의 스트레스 역치를 높임으로써 불안이 애초에 스트레스반응을 일으키기 어렵게 만든다. 두 번째 단계인 스트레스 사이클 종료하기는 인생에는 피할 수 없는 스트레스가 있음을 인정하고 충전된 에너지를 배출하여 우리 몸이 원래 상태로 돌아갈 수 있도록 하는 것이 중요하다는 생각에 기초한다. 요약하자면, 우리가 매일같이 이완반응을 담당하는 부교감신경계를 자극하고 스트레스반응을 자극하는 교감신경계를 누그러뜨릴수록 우리는 점점 더 불안과 멀어질 것이다.

## 이완반응,
## 삶을 부드럽게 다독이려는 노력

다들 한 번쯤은 "그냥 느긋하게 있어!"라는 말을 들어본 적이 있을 것이다. 그래서 그런 지시가 전혀 쓸모없으며 때로는 이미 느끼고 있는 불안이나 조절장애 상태를 오히려 증폭하기만 한다는 사실을 잘 알 것이다. 하지만 신체가 평온한 상태로 돌아가는 능력을 강화할 수 있는 과학적인 방법이 실제로 존재한다. 매일 시간을 할애해 다음과 같이 노력하면 전반적인 불안 수준을 낮추는 데 아주 유용할 것이다.

인간의 자율신경계는 모든 움직임이 일어나는 곳으로, 교감신경과 부교감신경, 이렇게 두 갈래로 나뉜다. 스트레스반응(교감)과 이완반응(부교감)으로 생각할 수도 있다. 우리는 지금까지 교감신경이 활성화된 상태를 다뤘다. 교감신경은 스트레스반응을 지휘하여 우리가 언제 싸우고 도망갈지 결정한다.

내 몸이 불안을 말한다

스트레스호르몬인 코르티솔, 아드레날린, 노르에피네프린을 통해 소통하는 교감신경계는 우리가 위험에 처한 상황을 알려주면서 그 순간의 생존을 최우선으로 행동하게 하는데, 많은 사람이 이를 불안으로 느낀다. 반면 이완반응은 스트레스반응과 반대다. 하버드대학교 산하 벤슨-헨리 심신의학연구소Benson-Henry Institute for Mind Body 명예 소장이자 의사인 허버트 벤슨Herbert Benson이 저서《이완반응》에서 썼듯이, 이완반응은 부교감신경계가 아세틸콜린, 세로토닌, GABA 같은 신경전달물질로 "삶을 부드럽게 다독일 때" 일어나며, 우리 몸이 쉬고 소화하고 회복하는 시간을 갖게 한다.

스트레스와 이완 과정은 상호 배타적이므로 신경계는 동시에 두 가지 상태일 수 없다. 즉 우리 몸을 이완반응으로 끌고 갈 수만 있다면 스트레스반응을 피할 수 있을 뿐만 아니라 스트레스 역치도 높일 수 있다는 뜻이다. 이는 마치 우리 신경계에 기준선이 있는데 우리가 그 기준선을 높여서 이완반응의 영역으로 더 많이 끌어올릴수록 그것이 영점 아래로 떨어져 스트레스반응의 영역까지 도달하기가 더 어려워지는 것과 같다. 그래서 이완반응을 유도하는 데 몇 분만 쓰면 언제든 불안 상태로 떨어질 가능성을 낮출 수 있다.

그렇다면 어떻게 해야 이완반응 상태에서 더 많은 시간을 보낼 수 있을까? 음, 먼저, 좀 오래된 방법이긴 하지만 그냥 문자 그대로 이완하는 방법이 있다(상상해보자!). 그러려면 충분히 자고, 몸에 필요한 영양소를 충분히 섭취하고, 장이 두루 편안하고, 해결되지 않은 트라우마가 없어야 하며, 또한 이 세계가 나와 가족에게 안전하고, 애통해할 일이 일어나지 않아야 하고, 충분히 가져야 하고, 그러면서도 그 사실을 본인이 알고 느껴야 하고, 팬데믹 기간에 한곳에만 격리되지 않아야 한다. 그렇다. 오늘날에는 이완하기가 쉽지 않다. 그러므로 우리에게는 몇 가지 비법이 필요하다.

우선, 몸과 마음의 연결이 쌍방향이라는 사실을 이해하는 것이 중요하다. 마음이 편안하면 신경계에도 천천히 그리고 깊이 호흡하라는 메시지가 전해진다. 턱이 이완되고 소화가 활성화되며 손과 발의 혈관이 확장된다. 그러면 몸도 편안함을 느낀다. 몸이 편안하면 뇌에도 그러한 신호가 전달되어 안락하고 감사하고 경이로운 생각을 떠올리게 된다. 미주신경을 따라 이루어지는 소통이 대부분 몸에서 뇌로 정보가 전달되는 구심성(즉 감각적 정보)이라는 사실을 기억할 것이다.[1,2] 이처럼 뇌는 속이기 쉬운 기관이므로 이완된 몸 상태를 만듦으로써 우리 뇌를 속여 이완반응으로 끌고 갈 수 있다.

신체적으로 이완된 상태를 만드는 방법은 많은데 몇 가지만 예로 들면 요가, 명상, 태극권, 침술, 두개천골 요법, 기 치료, 요가 니드라(정신은 깨어 있지만 몸은 잠든 것처럼 편안한 상태 - 옮긴이), 호흡요법(다음 페이지 참고), 점진적 근육 이완법 등이 있다. 입안 헹구기, 챈팅, 콧노래, 호흡법, 찬물 샤워, 심지어 냉수 입수 같은 방법으로 미주신경을 직접 자극할 수도 있다.

# 스트레스반응을 짧게 끝내고 싶다면

이완반응을 유도하는 데 특히 효과적인 방법은 숨 쉬는 방식을 바꾸는 것이다. 호흡을 느리게 하면 횡격막이 뇌에 다음과 같은 메시지를 보낸다. **세상에나! 내가 이런 말을 할 줄은 몰랐지만, 이번엔 우리 지금 편안한 것 같아!** 다시 말해 이완 상태인 사람처럼 호흡해라. 그러면 우리가 이완된 상태라는 메시지를 몸이 뇌에 전달할 것이다.

숨을 들이마시는 시간보다 내쉬는 시간을 늘리는 호흡법은 우리 몸에 이완반응을 유도한다. 천천히 길게 숨을 내쉬는 행동은 우리 몸이 정말로 이완됐을 때 하는 행동을 흉내 내는 것이기 때문이다.[3,4] 지금 즉시 시도해볼 수도 있다. 바닥에 등을 대고 눕고, 두 손을 배 위에 올리고, 1분간 다음과 같은 패턴으로 호흡해라. 4초간 숨을 들이마시고, 7초간 멈췄다가, 8초간 숨을 내쉰다. 차분하고 평온한 기분을 느껴라. 숫자를 세는 단위가 꼭 초여야 할 필요는 없다. 무리하지 않고 호흡할 수 있는 단위이기만 하면 된다. 몇 번 반복한 다음에 스스로 확인해보자. 기분이 어떤가? 불안 수준에 변화가 느껴지는가?

주의: 때로는 호흡에 주의를 기울이다 보면 자기도 모르게 이상한 방식으로 숨을 참게 되고, 그것 때문에 숨 쉬기가 불편해져서 오히려 불안을 유발할 수도 있다. 호흡이 부자연스러워지면 억지로 특정 패턴을 따르려고 **애쓰기**보다 그저 편안하고 자연스럽게 숨 쉬도록 **내버려 두는** 데 집중해라. 호흡을 재정비할 때는 언제나 정화 호흡cleansing breath, 즉 코로 들이마시고 한숨 쉬듯이 소리 내어 입으로 숨을 내쉬는 호흡법을 이

용할 수 있다.

또한 호흡은 가짜 불안을 관리하는 데에도 유용하다. 환자들이 얕고 빠르게 숨 쉬는 습관을 끊고 좀 더 편안한 호흡 패턴을 지니도록 도울 때도 나는 호흡 연습을 자주 활용한다. 일부 환자들은 구조적인 또는 생리학적인 이유로 적절하게 숨 쉬지 못했는데 이 경우에는 그들의 호흡 패턴 자체가 불안의 주요 원인일 수 있다. 불안이 신체의 스트레스반응으로 인한 결과일 때가 많다는 사실을 기억해라. 우리 몸이 가벼운 질식 상태에 있다고 생각하는 것보다 더 강력한 스트레스 신호가 어디 있겠는가?

만약 올바른 호흡이 어렵다면(아마 평소에 입으로 숨을 쉬거나 밤에 코를 심하게 골 것이다) 도수치료사를 만나 경구개를 넓히고 비강 기도를 여는 데 도움을 받거나, 정골의학의사를 만나 횡격막 기능을 치료하거나, 수면 중 무호흡을 진단받아보는 등 근본적인 원인을 다루는 것이 좋다. 어쩌면 간단하게 베개에 진드기 방지 커버를 씌우는 것으로 해결될 수도 있다. 이유야 어쨌든, 호흡이 불안에 중요한 요소임을 인지하고 **코**를 통해 천천히, 깊게 횡격막호흡을 하는 것은 불안에서 벗어나 이완 상태로 향하는 가장 효과적인 방법 중 하나임을 기억해라.

---

내 몸이 불안을 말한다

# 다미주신경 이론으로
# 신경계를 새롭게 이해하기

지금까지는 단순한 이해를 돕기 위해 신경계를 부교감신경(휴식, 소화, 회복)과 교감신경(투쟁 또는 도피), 이렇게 두 갈래로 나눈 듀얼 시스템처럼 설명해왔다. 그러나 실제로는 우리 몸의 모든 부분이 그렇듯이 그보다 훨씬 복잡하며, 최근 연구에서는 신경계에 대해 완전히 새로운 관점이 제기됐다. 1994년, 심리학자 스티븐 포지스Stephen Porges는 다미주신경 이론polyvagal theory이라는 새로운 신경계 모델을 제안했다. 이 패러다임에서도 교감신경계에 대한 이해는 크게 달라지지 않았다. 즉 다양한 가동 상태(투쟁과 도피)에 해당한다는 것이다. 기억하다시피 교감 반응은 과다 각성한 상태로, 아드레날린이 치솟고 그 결과 심장박동과 혈압이 증가하고 근육이 팽팽하게 긴장하며 호흡이 얕고 빨라진다. 이러한 상태에서 우리는 불안, 분노, 두려움을 느끼고 공격성까지 띨 수 있다.

그러나 포지스의 모델에서 부교감신경계는 미묘한 차이를 갖는다. 다미주신경 이론은 인간의 부교감신경이 복측ventral 미주신경과 배측dorsal 미주신경, 이렇게 두 가지로 나뉜다고 제안한다. 복측 미주신경 복합체는 휴식, 소화, 이완처럼 우리가 흔히 부교감 반응으로 생각하는 기능을 책임지는 반면 배측 미주신경 복합체는 해리解離 또는 경직 반응 같은 부동 상태를 포함한다.[5]

배측 미주신경 복합체는 스트레스에 다르게 반응하며 많은 측면에서 더 후순위로 나타나는 반응이다. 어떻게든 움직이는 대신 얼어버린다. 이는 피로하거나 멍한 기분을 느끼는 저각성 상태다. 아무 희망도 없어 또는 그래 봐야 무슨 소용이야? 이렇게 생각한다. 배측 미주신경 반응은 과거의 트라우마와 관련이 있을 때가 많다. 움직임이 없고 해리된 상태는 트라우마를 견디고 살아남는 데 적응했다.

　반면 복측 미주신경 반응에서는 우리 몸이 이완한다. 폐활량이 늘어서 깊이 호흡할 수 있으며 심장박동 변이도(심장박동 변이도란 각각의 심장박동 간의 간격이 얼마나 다른지 측정하는 것으로 건강 및 수명과 관련이 있다[6,7])가 좋아진다(심장이 불규칙하게 뛸수록, 즉 심장박동 변이도가 클수록 더 건강한 것이다. 그만큼 교감신경과 부교감신경의 감수성이 뛰어나고 체내 및 외부 환경 변화에 더 쉽게 적응할 수 있음을 뜻하기 때문이다 - 옮긴이). 긍정적인 관점을 가지고 신뢰감, 안전감, 그리고 무슨 일이 닥치든 다룰 수 있다는 자신감을 중심으로 생각한다. 이러한 상태에서는 사교 수완으로 어려움을 헤쳐 나갈 수 있고 상호 이해에 도달할 수 있다. 그러므로 불안에 시달리는 사람들은 (이완반응을 끌어내기 위해 이 책에서 제시한 방법들을 통해) 복측 미주신경이 활성화된 상태에서 더 많은 시간을 보내는 것은 물론, 미주신경을 자극하고 스트레스에 대한 자율 반응을 재프로그래밍함으로써 복측과 배측 미주신경 반응을 연결하여 무기력과 절망에서 벗어나는 것을 목표로 해야 한다.

내 몸이 불안을 말한다

# 보살핌과 어울림

2000년, UCLA의 심리학자들은 우리가 최근까지도, 스트레스에 직면했을 때 주로 여성들에게 지배적으로 나타나는 또 다른 반응을 완전히 간과해왔다는 사실을 발견했다. 바로 **보살핌과 어울림**Tend and Befriend이다.[8] "투쟁-도피 반응과 관련하여 거의 알려지지 않은 한 가지 사실은 그것의 변수를 탐구하는 연구가 주로 남성, 특히 수컷 래트를 대상으로 행해졌다는 것이다." UCLA 심리학 교수 셸리 E. 테일러Shelley E. Taylor가 한 말이다.[9] 다시 말해서, 의학과 관련된 연구가 대부분 그렇듯이, 스트레스반응에 대한 이해 역시 여성만의 고유한 생물학적 특성은 배제된 채 이루어졌다.

고맙게도 테일러와 그녀의 동료들은 기존의 기록을 바로잡기 위한 연구에 뛰어들었다. 그들의 발견에 따르면, 스트레스에 대한 남성의 반응은 (테스토스테론 같은 안드로겐에 의해 조직되고 활성화되는) 교감신경, 그리고 지난 70년간 스트레스 관련 연구를 장악해온 투쟁-도피 이론과 더 밀접한 관련이 있고, 그에 반해 **여성**의 반응은, 적어도 부분적으로라도, 옥시토신 분비와 그로 인해 나타나는 생물학적 행동인 돌봄, 소위 보살핌-어울림 본능으로 알려진 반응과 더 밀접한 관련이 있다. 연구원들이 지적한 대로 진화적으로 봤을 때 투쟁 또는 도피에 초점이 맞춰진 스트레스반응은 여성이 직면하는 어려움, 특히 자녀를 보호해야 하는 문제를 다루지 않기 때문에 이러한 주장은 타당하다고 볼 수 있다. "임신, 수유, 신생아 돌보기를 해야 하는 여성들은 외부 위협에 극도로 취약하다." 연구자들은 이렇게 설명했다. "이러한 시기에 위협이 닥쳤다고 해서 엄마가 포식자를 공격하거나 도망치면 자녀는 치명적으로 보호받지 못할 수 있다. 그보다는 자녀를 위협적인 환경에서 대피시키고, 달래서 조용히 시키고, 뒤따르는 위협에서 보호하고, 곧 들이닥칠 스트레스요인에 맞설 수 있는 보호장치를 마련하는 등의 행동이 자녀의 생존 가능성을 높일 것이다."[10] 따라서 이 이론에 따르면 위협을 직면했을 때 여성들은 싸우거나 도망치는 대신 자녀를 돌보고, 자신과 자녀들을 보호해줄 긴밀한 관계를 찾을 뿐만 아니라, 심지어 자신에게 위협을 가하는 대상과 어울리거나 그들의 환심을 사려고 행동하기도 한다. 이는 수십 년간 교과서에 실린 투쟁-도피 반응과는 전혀 다르다.

## 스트레스 사이클 종료하기

투쟁-도피 반응은 비교적 단순한 반면 다미주신경 이론은 경직 반응을 이해하는 데 도움이 된다. 만약 토끼 같은 먹잇감이 늑대 같은 포식자를 맞닥뜨리면 토끼의 뇌는 반사적으로 판단한다. 내가 도망칠 수 있을 만큼 달리기가 빠른가? 맞서 싸울 수 있을 만큼 힘이 센가? 아니면 둘 다 가망이 없는가? 둘 다 가망이 없다고 판단하면 토끼는 갑자기 가만히 멈춰서 포식자가 다가올 때까지 죽은 척한다. 이는 위협적인 상황에서 토끼의 몸이 굳고 해리되는 무의식적인 행동이다. 그러면 포식자는

내 몸이 불안을 말한다

축 늘어진 토끼를 살펴보다가 아픈 동물이라 생각하고 그냥 지나친다. 토끼의 신경계가 이제 주변이 안전해졌다는 결단을 내리는 순간, 토끼는 일어나서 몸을 한차례 부르르 떤다. 이처럼 몸을 떠는 것은 마구 쏟아졌던 아드레날린을 내보내고 다시 이완 상태를 회복하는 방법이다. 인간 또한 강력한 스트레스요인을 마주하고, 때로는 눈앞에 들이닥친 위협에 몸이 경직되고 해리되는 경험을 한다. 그러나 이때 토끼와 인간의 가장 중요한 차이점은 인간은 몸을 떨지 않는다는 것이다. 왜 그럴까? 아마도 제일 큰 이유는, 인간은 그런 행동을 하지 않도록 사회적으로 길들었기 때문일 것이다.

　최근 길을 걷다가 발을 헛디디는 바람에 거의 바닥에 엎어지기 직전에 가까스로 균형을 되찾았던 적이 있는가? 그럴 때 당신의 몸은 가벼운 스트레스반응을 경험한다. 혹시 그다음에 잠시 멈춰서 마음을 추스른 후에 몸을 떨었는가? 물론 아녔을 것이다. 주변 사람의 시선을 끌지 않도록 아무 일 없다는 듯이 계속 걸었을 확률이 높다. 하지만 혈관 속에는 아드레날린이 계속 흐르고 있으므로 아마도 몇 분쯤 후에 떨림을 느꼈을 것이다. 우리는 이처럼 사소한 순간은 물론 훨씬 심각한 위협에도, 가령 물리적 폭력을 견디거나 목격하고 사회구조적 인종차별 아래에서 억압받고 자연재해나 팬데믹처럼 우리의 생존을 위태롭게 하는 환경에서 살면서도 끝까지 참고 이겨내려는 경향이 있다. 사람들 대부분은 자신의 몸이 겪고 있는 스트레스를 해소하고 원래 상태로 돌아갈 기회를 거의 허락하지 않는다.

그러나 침착함을 유지하려는 생각에 스트레스반응을 종료하지 않으면 그 스트레스는 절대로 소멸하지 않고 누적된다. 그리고 우리가 자신의 기분을 억누르거나 거기에서 스스로를 분리하면 변연계가 계속 활성화된 상태를 유지한다. 그러면 스트레스요인이 더는 존재하지 않아도, 신경계는 여전히 과거의 스트레스와 트라우마로 인해 각성한 상태이기 때문에 우리는 안전함을 느끼지 못한다. 그리고 이것을 불안으로 경험한다. 현재 우리의 생각과 감정이 괴로움을 일으키는 듯 보이지만, 사실 진짜 문제는 변연계가 '켜져 있는' 상태가 계속된다는 것이다. 이때는 아무리 좋은 생각을 많이 해도 대개 그 스위치를 끄지 못한다. 유일한 방법은 신경계를 다시 이완된 상태로 재프로그래밍하는 것뿐이다. 이를 위한 첫 단계가 바로 스트레스 사이클을 종료하는 것이다.

우리가 스트레스를 성공적으로 해소하고 원래 기준선을 회복할 수 있는 주요 방법으로는 움직임, 자기표현, 연결, 이렇게 세 가지가 있다. 움직임에는 춤추기, 운동하기, 심지어 정중하게 악수하기도 포함될 수 있다. 자기표현에는 글쓰기, 노래 부르기, 악기 연주하기, 미술 활동(여기서 말하는 미술 활동이란 세 살배기 아이가 그림을 그리듯이 자유롭게 끼적이는 것을 뜻한다. 못 그린다는 말이나 비판을 던지는 대신 그저 내 안에 살아 있는 것들을 꺼내어 표현하면 된다) 등이 있다. 다른 사람들과 연결되는 느낌 또한 스트레스 사이클을 종료할 수 있다. 포옹하기나 토닥

이기, 배꼽을 잡고 웃거나 온 얼굴을 일그러뜨리며 펑펑 울기, 또는 꾸미지 않은 날것의 진정한 자아를 보여주고, 진심을 말하고, 그러면 상대방이 진심으로 들어주고, 내 모습을 있는 그대로 수용해주고, 그러고도 여전히 소속감을 느끼는 것을 뜻한다. 엘리자베스 퀴블러로스Elisabeth Kübler-Ross와 데이비드 케슬러David Kessler는 저서 《상실 수업》에서 다음과 같이 썼다. "누군가가 당신에게 자신의 이야기를 반복해서 이야기한다면 그들은 무언가를 알아내려고 노력 중인 것이다."[11] 뒤죽박죽 뒤섞인 감정을 소리 내어 처리하고, 누군가가 이것을 귀담아들어주고 받아주는 것을 느끼는 경험은 우리 신경계를 회복하는 데 매우 큰 힘이 될 수 있다.

스트레스 사이클을 끝내는 방법으로 내가 가장 좋아하는 것은 주술적인 몸 흔들기다. 나는 2012년 애리조나대학교에서 통합의학을 공부하면서 이것을 배웠다. 당시 나는 제임스 애셔James Asher의 〈앰마Amma (Extended Mix)〉라는 음악에 맞춰 몸을 흔들었는데, 10년이 지난 지금도 그 음악을 계속 사용하고 있다. 방법은 간단하다. 음악을 틀고, 눈을 감고, 무릎을 살짝 굽히고, 봉제 인형처럼 몸에 힘을 뺀다. 그다음 몇 분간 그저 마음 가는 대로 몸을 흔들고 움직인다.

스트레스반응에 갇혔을 때 몸 흔들기는, 마치 컴퓨터가 먹통이 됐을 때 '컨트롤-알트-딜리트ctrl-alt-delete'를 누르는 것처럼, 우리 몸이 스트레스반응에서 벗어나 이완 상태로 돌아가게 해준다. 주술적인 드럼 음악은 우리 뇌파가 세타파theta wave

라고 알려진 이완 패턴에 들어가도록 돕고[12] 몸 흔들기는 동물들이 스트레스 상황에서 벗어난 후에 몸을 떠는 것과 비슷하다. 어떤 방법을 쓰든 어쨌든 스트레스 사이클을 끝내면 우리 신경계는 이제 위협적인 순간이 지나갔고 안전하다는 메시지를 전달받는 듯하다. 또한 나는 몸을 움직이는 것이 근육 긴장을 풀어주고 꽉 막혀 있는 감정을 해소해준다는 사실을 발견했다. 때때로 이는 무의식 속에 묻혀 있던 감정이나 기억의 덩어리를 파헤치는 데 도움이 될 수 있다. 가끔은 오래된 기억이 의식의 표면 위로 떠오르기도 한다. 그럴 때는 그 기억에 집중하며 명상하면 좋다. 자유롭게 몸 흔들기는 내 몸이 이렇게 움직여야 한다는 방식대로가 아니라 내 몸이 원하는 대로 움직이게 돕는다는 장점도 있다. 내 몸이 원하는 대로 내버려 두고 그 욕구를 존중하는 과정에는 심오한 회복의 힘이 존재한다. 외부의 압력이 아닌, 내면의 욕구에 귀 기울이도록 나를 재프로그래밍하기 때문이다. 제멋대로 몸을 흔들라니, 매우 이상한 조언처럼 들린다는 점은 나도 인정한다. 그러나 이는 비용도 들지 않을뿐더러 겨우 2분만 할애하면 스트레스반응을 끝내고 지금 겪고 있는 불안의 짐을 가볍게 할 수 있다.

## 턱 긴장을 풀어주면 스트레스도 풀린다

전투태세에 들어간 개를 머릿속에 그려보자. 턱을 단단하게 죄고 이빨을 드러내며 으르렁거린다. 마찬가지로 인간도 스트레스반응 동안에는 턱 근육, 장요근, 등세모근이 교감신경에 의해 팽팽하게 긴장한다. 사람은 스트레스를 받으면 자기도 모르게 턱에 긴장이 들어가는데, 이는 원래 자신의 공격성, 힘, 전투태세를 알리는 방식이다. 그러나 이러한 반응이 개한테는 유용할지 몰라도 만성적으로 스트레스를 받는 직장인이 매일 아침 턱에 통증을 느끼며 잠에서 깨는 것은 그리 좋지 않다. 게다가 인간의 턱과 중추신경계는 쌍방향으로 연결되어 있어서 스트레스 때문에 우리가 이를 악물면 꽉 조인 턱은 우리가 싸우는 중이라는 메시지를 뇌에 전해 불안을 느끼게 한다.

(턱관절temporomandibular joint을 가리키는) TMJ는 만성적으로 이를 악물고 종종 통증을 동반하는 흔한 질환을 지칭하는 일상 언어로, 턱관절장애temporomandibular disorder, TMD로도 불리며 이갈이와도 관련이 있다. 사실 오늘날에는 사람들이 턱관절에 문제가 생기기 쉬운 요소들이 여러 가지 있다. (1) 해소되지 않는 스트레스 (2) 일부 SSRI 계열 약과 각성제를 포함한 특정 약물[13] 그리고 코카인이나 MDMA(주로 엑스터시로 알려진 3,4-메틸렌디옥시메스암페타민methylenedioxymethamphet-amine) 같은 불법 마약[14] (3) 부드러운 가공식품 위주의 식단(특히 어릴 때 자연식품을 먹는 것은 우리 몸에 식감 피드백을 제공하기 때문에 튼튼하고 올바르게 정렬된 아래턱뼈 발달에 도움이 된다. 뼈에 붙은 고기를 뜯어 먹는 대신 땅콩버터와 잼 바른 샌드위치를 먹으면서 자란 사람은 아래턱뼈가 제대로 형성되지 않았을 수 있다)[15] (4) 컴퓨터나 핸드폰을 보느라 목과 턱관절에 긴장이 들어가는 자세 등이 그렇다.

어렸을 때 먹은 땅콩버터와 잼 샌드위치를 어찌할 수는 없지만, 지금 현재의 스트레스 사이클을 끝내고 턱 긴장을 풀어주려는 노력은 할 수 있다. 흥미롭게도 턱과 엉덩이가 서로 연결되어 있다는 주장이 있다. 그러니 턱관절의 긴장을 풀려면 비둘기자세처럼 골반을 열어주는 요가 스트레칭을 하거나 런지처럼 장요근을 늘려주는 동작을 시도해보자. 꽉 다문 턱이 우리가 곧 싸우리라는 신호를 뇌에 보내듯이, 이완된 턱은 우리에게 별다른 위협이 없으며 완전히 안전하다는 신호를 전한다.

///////////////////////////////////////////////////////////////////////////////////////////////////

## 앉아 있기는 흡연과 다름없고, 운동은 항불안제와 다름없다

운동이 불안에 효과적이라고 권장하고, 가만히 앉아 있기만 하는 생활 방식이 위험하다고 경고하는 기사를 다들 한 번쯤은 봤을 것이다. 실제로 운동은 재판에 회부될 때마다 거의 항상 효과적인 항불안제라는 판결을 받아왔다.[16,17,18] 운동이 몸에 좋은 이유는 그것이 염증,[19] 노르에피네프린 조절(스트레스 감소 등),[20] 내인성 오피오이드endogenous opioid, 즉 체내에서 생성되는 진통 물질의 분비[21]에 미치는 영향 때문으로 보인다. 운동은 또한 스트레스 사이클을 끝내기에도 아주 효과적이다.

운동하는 습관을 들이기가 어려운가? 나도 심히 공감한다. (대체로 몸에 딱 붙는) 운동복을 제대로 갖춰 입고 하는 운동은 하루 중 상당히 많은 시간을 빼앗는다. 게다가 지금도 정신없이 바쁘고 힘든 하루를 보내고 있는데 거기에 운동까지 하기란 쉽지 않다. 매년 1월 1일에 새해 목표로 운동을 결심하는 사람들이 많다. 헬스클럽을 등록하고 퍼스널트레이닝도 끊는다. 그러나 1월 19일쯤 되면 뭔가 피치 못할 사정이 생긴다. 출장을 가야 하거나 감기에 걸리거나 아니면 그냥 의욕이 식는다. 그렇게 팔굽혀펴기조차 하지 않은 채 몇 달이 그냥 지나간다.

자, 이제 내가 운동에 대한 기준을 낮춰주겠다. 운동은 모 아니면 도의 문제가 아니다. 헬스클럽에 가서 몇 시간씩 땀을 뻘뻘 흘리지 않아도 괜찮다. 아주 약간만 움직여도 얼마든지 불안을 낮추고 전반적인 체력 수준을 높일 수 있다. 운동을 전혀 하지 않는 수준과 마라톤을 뛰는 수준 사이에 내가 기분 좋게 즐길 수 있고 일상에서 현실적으로 가능한 수준의 운동이 있을 것이다. 그것이 바로 내게 딱 맞는 운동이다.

나도 한때는 매주 90분짜리 요가 수업을 여러 개 들었다. 매번 요가 학원을 오가고 옷을 갈아입고 씻기까지 최소 두 시간이 걸렸다. 그러나 일도 바쁘고 가족도 돌봐야 하는 지금은 하루는 고사하고 일주일에 두 시간을 내기도 어렵다. 그래서 나는 '마이크로운동microsize('아주 작은micro'과 '운동exercise'를 합친 단어 - 옮긴이)'이라고 스스로 이름 붙인 운동을 한다. 마이크로운동은 비용이 전혀 들지 않고 거실이나 아파트 근처에서 몇 분간 빠르게, 편하게, 즐겁게 할 수 있는 운동을 가리킨다. 나는 보통 딸을 재운 후에 마이크로운동을 한다. 어떤 날은 휘트니 휴스턴Whitney Houston의 노래를 틀어놓고 거실에서 춤을 추고, 어떤 날은 매트를 펼쳐놓고 15분짜리 요가나 필라테스를 한다. 이 정도 운동으로 철인 3종 경기에서 우승할 리는 없겠지만 어쨌든 지금 내가 하는 운동은 현실적이고 지속가능하다. 그리고 건강과 불안 관리에 관한 한 내가 실제로 할 수 있는 무언가를 하는 편이 그럴싸하지만 비현실적인 목표보다 무조건 낫다. 자신의 삶에 적용할 수 있는 운동을 찾아서 꾸준히 하는 것이야말로 대자연이 주는 항불안제다.

## 불안이 공황발작으로까지 이어졌다면

이 책에서 제시하는 모든 방법은 심각한 공황에 빠지는 일 없이 스트레스요인을 견디는 능력을 높여줌으로써 전반적으로 불안을 덜 느끼는 조건을 만들어준다. 그러나 불안은 때때로 돌이킬 수 없는 강을 건너 공황발작으로 나타난다. 공황발작은 실질적인 위협이나 명확한 이유 없이 갑자기 강렬한 공포를 느끼는 발작으로, 심장박동이 빨라지고 호흡이 가빠지는 등의 신체적 증상을 동반한다. 나는 진료실 책상 건너편에 앉은 환자가 붉게 상기된 채 덜덜 떨면서 공황에 빠지는 장면을 여러 번 목격했다. 그러면 나는 환자들이 (1) 공포에 저항하기보다는 그것이 그냥 지나가도록 기다리고 (2) 현실의 감각에 집중하고 (3) 자신의 불안을 관찰하는 과학자가 될 수 있도록 돕는다.

불안은 버티면 버틸수록 더 큰 힘을 얻는다. 따라서 버티기보다는 불안에 몸을 맡긴 채 그것을 그냥 느끼는 편이 낫다. 배리 맥도나Barry McDonagh는 저서《감히 마주 보다Dare》에서 어떻게 하면 불안에 저항하는 대신 그것이 그냥 흘러가게 내버려 둘 수 있는지, 그리고 왜 그래야 하는지 설명했다. "불안은 신경이 각성한 상태다. (중략) 일단 당신이 진심으로 불안을 허용하고 받아들이는 지점에 도달하면 불안은 서서히 잦아들기 시작하고 결국 자연스럽게 해소될 것이다. 역설적이게도 이것이 불안 치료에 필수다."[22] 심지어 맥도나는 불안으로부터 도망치려 하기보다 오히려 불안을 "향해야" 한다고 조언한다. "공황 발작을 직면했을 때 불안을 더욱 요구하는 태도야말로, 당신이 할 수 있는 가장 강력하고 역설적인 대응이다. (중략) 이는 불안이 들어줄 수 없는 요구다. 공황에 대한 공포, 즉 공황에 불을 지피는 연료가 공급되지 않기 때문에 공황이 빠르게 가라앉는다."[23]

불편한 감각에 대한 우리의 생각 또는 불안한 생각 그 자체가 눈덩이 커지듯 불어나서 발작으로 이어지는 경우가 상당히 많다. 공황발작의 중심에 있는 감정이 언제나 극복 불가능한 장애물은 아니다. 비교적 다루기가 어렵지 않고 일시적이며 얼마든지 감당할 수 있는 것일 때도 많다(인지행동치료가 도움이 된다). 그런데도 그 감정이 치솟는 이유는 우리가 거기에 서사를, 그것도 불안에 기름을 붓는 서사를 붙여주기 때문이다. 공황에 빠진 환자를 마주했을 때 나는 불안을 차분하게 직면하고 받아들이는 모습을 보이기 위해 최선을 다한다. 덩달아 당황하고 두려워하기보다는 내가 그들의 불안을 다룰 수 있다는 태도를 보임으로써 그들도 자기가 할 수 있다는 생각을 가질 수 있게 돕는다. 공황이 그냥 흘러가도록 내버려 둘 수 있어야 거기에서 온전히 벗어날 수 있다.

만약 격렬한 고통의 순간을 담담하게 헤쳐 나갈 수 있도록 도와줄 믿을 만한 친구나 치료사가 없다면, 신체적인 감각을 통해 현실에 집중하는 방법을 활용하면 좀 더 쉽게 공황의 파도에 몸을 실을 수 있다. 요컨대 내가 아직 살아 숨 쉬고 있음을 스스로 상기하는 것이다. 공황은 폭주 기관차 또는 통제 불능으로 치솟는 불길과 같다. 찬물로 세수를 하거나 창문을 열어 신선한 공기를 맘껏 들이마시면 시야를 다시 물리적 신체와 현실의 순간으로 되돌리는 데 도움이 된다. 특정 요가 동작도 유용하다. 개인적으로 나는 아기자세를 가장 좋아한다. 먼저 무릎을 꿇고 앉아서 이마가 바닥에 닿게 상체만 엎드린다. 팔은 편안하게 양옆으로 늘어뜨린다. 만약 (여러 사람이 함께 쓰는 사무실이나 공항 보안 검색대처럼) 무릎을 바닥에 댈 수 없는 장소라면 가만히 앉아서 의자가 내 몸을 받쳐주는 느낌에 집중해라. 또 다른 좋은 방법은 지금 내가 볼 수 있는 것 다섯 가지, 들을 수 있는 것 네 가지, 만질 수 있는 것 세 가지, 냄새를 맡을 수 있는 것 두 가지, 맛볼 수 있는 것 한 가지를 찾는 것이다. 이는 내 관심을 다시 현실의 감각으로 끌고 와준다. 공황은 주로 '미래에 일어날지도 모를 실패'나 과거의 문제를 곱씹는

내 몸이 불안을 말한다

데에서 비롯된다. 즉 상상 속의 좌절이나 이미 바꿀 수 없는 아쉬움과 싸우는 것이다. 현재의 순간을 인식하는 것은 공황이라는 뱀파이어에게 마늘을 던지는 행위와 같다. 일단 내 몸으로 관심을 돌리고 나면, 지금 공황을 겪고 있지만 단지 스트레스반응의 일종일 뿐임을 스스로 상기해라. 꽤 불편한 감정이긴 하지만 당신은 안전하다.

마지막으로 나는 환자들에게 과학자처럼 냉철한 호기심으로 공황을 탐구하기를 권한다. 공황에 빠졌을 때 몸에서 느껴지는 감각을 쭉 기록해보자. 심장이 뛴다. 호흡이 빨라진다. 손이 떨린다. 그리고 이렇게 생각해라. 흥미롭지 않아? 이게 내 몸에서 스트레스반응이 일어나고 있다는 징후야. 이제는 나도 알아. 원래 다 그런 거야. 불안을 느낄 때 신체가 해야 할 일들을 내 몸이 얼마나 잘 수행하고 있는지 봐. 이처럼 뭔가가 잘못됐다는 신호가 아니라 내 몸이 올바르게 작동하고 있다는 지표로 공황을 바라보는 식으로 관점을 바꾸면 좋다. 이는 반응에서 감정적인 힘을 꺼내어 두려움보다는 흥미와 호기심, 심지어 감사함으로 공황을 재구성하는 데 도움이 된다.

## 공황발작이 일어났을 때 치트 키

만약 주기적으로 공황발작을 경험한다면 그때마다 도움을 받을 수 있는 몇 가지 믿을 만한 전략을 갖춰두는 편이 좋다. 공황발작에 대처할 수 있는 빠르고 효과적인 방법들을 다음과 같이 소개하니, 마음에 드는 몇 가지를 종이에 적어서 지갑에 넣고 다니거나 냉장고에 붙여두기를 추천한다.

- 혈관에 쌓인 아드레날린을 배출하기 위해 밖으로 나가서 몸을 움직인다.
- 주술적인 드럼 음악에 맞춰 몸을 흔든다. 이는 스트레스반응은 물론 공황발작에서 벗어나는 데에도 효과적이다.
- 지금 이 순간, 자신의 감각을 통해 들어오는 정보에 집중한다.
  - 눈에 들어오는 것 다섯 가지를 찾는다.
  - 4-7-8 호흡을 한다.
  - 내가 만지고 있는 것 네 가지를 찾는다(다리, 스웨터, 바닥, 의자 등등).
  - 4-7-8 호흡을 한다.
  - 내 귀에 들리는 것 세 가지를 찾는다.
  - 4-7-8 호흡을 한다.
  - 내가 냄새를 맡을 수 있는 것 두 가지를 찾는다.
  - 4-7-8 호흡을 한다.
  - 내가 맛볼 수 있는 것 한 가지를 찾는다.
- 박스 호흡을 한다. 4초간 숨을 들이마시고 4초간 멈췄다가 4초간 내쉬고 4초간 멈추기를 반복한다.
- 땅에 발을 디디고 두 손으로 벽을 민다.
- 100부터 시작해 숫자를 일곱 개씩 거꾸로 센다.

- 물, 모래, 점토 놀이 장난감처럼 촉감 있는 무언가를 손이나 발로 가른다.

---

# 비행기만 타면 불안한 사람을 위한 처방

미국인의 절반 이상이 비행기를 타는 것에 불안을 느낀다. 이는 수면 방해, 공항 탑승수속, 비행기를 놓칠지도 모른다는 걱정, 까다로운 보안 검색 절차, 식사 놓치기, 패스트푸드 먹기 등 여행 중에 발생할 수 있는 전형적인 스트레스요인으로 인한 가짜 불안이 원인일 수 있다. 하지만 나는 아유르베다 의학에서 말하는 도샤dosha라는 개념 또는 생물에너지학 유형에서 비행 불안에 접근해볼까 한다.

인도 아대륙에서 유래된 고대 의학인 아유르베다에는 **바타**vata, **피타**pitta, **카파**kapha, 이렇게 세 가지 주요 도샤가 있다. 그중에서 바타는 차가움, 건조함, 움직임, 변화의 성향을 띠며 생각, 걱정, 동요, 불안이 많다는 특징이 있다. 바타는 또한 공기의 성질을 가지며 움직임을 다스린다. 바타를 균형 있게 유지하는 가장 좋은 방법은 매일의 루틴을 꾸준히 지키는 것이다. 비행은 바타를 흐트러트리기에 완벽한 조건이다. 루틴이 깨지고, 춥고 건조한 비행기를 탄 채 공중을 휙 날아가는 일이다. 표준 시간대가 바뀌고 문자 그대로 **공기를 가르며 하늘을 나는 것**보다 바타의 균형을 더 잘 무너뜨릴 수 있는 상황은 없다. 내가 진료하는 불안장애 환자들과 마찬가지로, 바타 유형이 비행을 특히 두려워하며 기류가 흔들릴 때마다 팔걸이를 꽉 붙잡거나 항불안제를 삼키는 이

유도 아마 이 때문일 것이다.

그러므로 비행 불안을 막는 최고의 해독제는 바타의 균형을 잡는 것이다. 비행기를 타야 하는 날에는 스카프를 두르고 포근한 양말을 신어서 몸을 따뜻하게 하고, 기내용 가방에 허브차 티백을 챙겨서 비행기에서 따뜻한 차를 마실 수 있도록 준비하고, 평소대로 식사하되(아침을 거르지 말 것!) 건강한 지방이 포함된 따뜻한 음식을 먹고, 익히지 않은 차가운 음식은 피하고, 충분히 자고(새벽이나 야간 비행기를 피하려면 돈을 더 내야 할 수도 있다), 커피나 설탕 등 각성 효과가 있는 음식을 피하고, 원한다면 베르가모트, 샌들 우드, 장미처럼 바타를 진정시키는 향으로 아로마테라피를 한다. 이 모든 방법이 여행 동안 불안 수치를 낮게 유지하는 데 도움이 될 것이다. 그리고 무엇보다 가장 중요한 것은, 비행이 불안을 자극하는 요인이 될 수 있음을 인정하되 일단 목적지에 도착하면 자연스레 편안해지리라는 사실을 상기하면서 스스로 인내하는 것이다.

마지막으로 나는 비행의 비유적인 힘, 즉 거의 아무런 통제 없이 그저 하늘을 가르는 상황을 받아들이고 존중하기를 제안한다. 비행은 인생과 많이 닮았다. 통제는 언제나 신기루다. 우리는 한 번도 그것을 가진 적이 없다. 비행 불안을 진짜 불안의 형태로 바라보자. 통제에 대한 욕구를 버려야 한다고 스스로 계속 되뇌자. 그 거대한 쇳덩어리를 움직이는 것은 우리가 아니다. 결국에는 목적지에 도달하리라는 믿음으로, 인생이든 비행기든 어쨌든 그 앞에 무릎 꿇고 일단 신뢰해보면 어떨까? 때로는 내가 조종간을 쥐지 않아도 괜찮다.

내 몸이 불안을 말한다

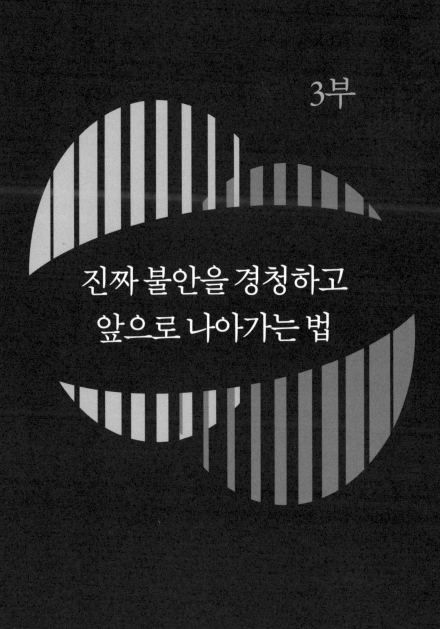

3부

진짜 불안을 경청하고
앞으로 나아가는 법

# 12장
# 나를 알다

내 영혼과 교류를 이어가는 법:
뭔가 잘못된 일이 일어났을 때, 그것이 옳은 것처럼 살아가지 마라.
'이것은 옳지 않아'라고 말하는 내면의 목소리는 내 선량한 영혼이
직접 전화를 건 것이다. 수화기를 들어라. 매번. 전화를 받아라.
그리고 어떻게 도와야 할지 알기 전까지는 전화를 끊지 마라.

―클레오 웨이드Cleo Wade

(미국계 예술가, 시인, 활동가―편집자)

때로는 당분을 끊고 충분히 자고 장 건강을 회복하는 등 자신의 모든 생리적 측면을 세심하게 바로잡고 최적화해도 여전히 불안하고, 삶을 긍정적으로 생각하거나 편안하게 느끼지 못할 때가 있다. 이것이 바로 진짜 불안이다. 진짜 불안은 우리에게 뭔가가 잘못됐어 하고 알려주는 감정의 나침반과 같다. 이러한 감각과 감정은 우리가 없애려고 노력해야 하는 것도 아니고, 노력한다고 없앨 수 있는 것도 아니며, 우리의 통찰력, 트라우마, 그리고 인간의 취약성과 목적에 대한 깊은 이해와 관련이 있다. 불안이 우리에게 제공할 귀중한 정보를 갖고 있

음을 이해하면 결정적인 변화가 일어난다. 불안은 우리가 쳐부쉬야 할 적이 아니라 우리를 도와줄 도구이자 동맹군이다.

진짜 불안이 제공하는 통찰력이 항상 그렇게 극적인 변화만은 아니다. 어느 날 내면의 나침반이 나를 바로 목적지까지 이끌어주는 경우도 있지만, 때로는 자녀를 대할 때 좀 더 인내심을 가져야 한다거나 필요하면 하루쯤 쉬는 게 좋다는 등과 같이 아주 단순한 메시지를 전하며 다음 단계로 안내해주는 역할까지만 하기도 한다. 하지만 아무리 가느다란 실 한 가닥도 인생이라는 태피스트리에 미치는 영향력은 무한하다. 진짜 불안은 당신을 슬쩍 찌르며 힘들기만 하고 보람 없는 직장은 떠나는 게 좋겠어 또는 내게 유익하지 않은 관계는 어느 정도 선을 그을 필요가 있어 또는 이 세상에서 나만이 할 수 있는 특별한 무언가를 할 때가 됐어 하고 말해주려고 존재한다.

우리는 소외되고 외로우며, 과로하고 걱정하며, 자연과 멀어져 소모된다. 공동체와 창의성과는 단절된 채 각자 자기만의 쳇바퀴를 돌리고 있다. 어떤 이들은 이 사회의 고통으로부터 완벽하게 보호받고 있지만, 또 어떤 이들은 그 안에서 질식하고 있다. 만약 세계가 지금 당신에게 안전하게 느껴지지 않는다면 그것은 아마도 실제로 그렇기 때문일 것이다. 폭력과 차별이 만연하다. 만약 당신이 이 사회의 취약계층 또는 소외계층이라면 불안한 게 당연하다. 사실 우리 사회가 변화하는 능력은 당신이 스스로의 불안에 귀를 기울이고 또 사회가 당신의 목소리에 귀를 기울이는 데 달려 있다. 심판이 아주 많이 필

내 몸이 불안을 말한다

요한 순간이다. 그리고 우리의 불안이 들려주는 강력한 진실을 이제는 마주해야 할 때다.

진실에 귀를 기울이려면 고요해야 한다. 하지만 사람들은 잠시도 가만히 있으려 하지 않는다. 핸드폰 없이 화장실에서 줄을 서거나 엘리베이터를 기다린 것이 마지막으로 언제인가? 사람들은 대개 달리 할 일이 없을 때 핸드폰을 확인하는 것이 생산적이라고 생각하지만, 사실 그때가 바로 온전히 나 자신과 내 생각에 집중할 수 있는 순간, 즉 진짜 불안이 속삭이는 소리를 들을 수 있는 시간이다. 진짜 불안이 전하려는 진실과 연결되려면 고요하고 잠잠해야 하며, 어떠한 감정의 파도라도 즐길 준비가 되어야 하고 즐길 의지가 있어야 하며 즐길 능력이 있어야 한다.

이처럼 우리가 가만히 있기를 어려워하는 데에는 몇 가지 근본적인 이유가 있다. 첫째, 어릴 때부터 어려움을 직면하면 주의를 딴 데로 돌려야 한다고 배우면서 자랐다. 아이가 떼를 쓰면 우리는 어떻게 해야 울음을 멈추지? 하고 생각한다. 그러곤 아이가 좋아할 만한 과자나 핸드폰을 쥐여준다. 문제해결이다! 글쎄, 사실 우리가 아이에게 전한 메시지는 다음과 같다. 지금 네가 느끼는 격한 감정을 나도 다스릴 수 없고 너도 다스릴 수 없단다. 그러니 살면서 그런 감정을 느낄 때마다 재빨리 네 주의를 돌리고, 도파민 주사를 맞고, 네 감정을 무디게 해줄 무언가를 찾으렴. 그러니 성인이 되어서도 자신의 감정을 고스란히 느끼고 격한 감정이 자연스레 흘러가도록 내버려 두지 못하고, 서둘러 핸드폰을 보거나 단것을 먹는 게 어찌 보면 당연하다.

사람들이 침묵 속에 가만히 있기를 어려워하는 또 다른 이유는 온도 조절과 즉각적인 만족이 가능한 시대에 살고 있기 때문이다. 오늘날 실내 온도는 언제나 21도에, 그보다 덥지도 춥지도 않게 맞춰져 있다. 그러나 실제 인생은 그리 완벽하게 통제할 수 있는 것이 아니며, 슬픔, 불면증, 산만함 따위는 없이 언제나 균일한 상태를 유지할 수 있는 것도 아니다. 그런데도 우리가 인지하는 삶의 모습은 그런 비현실적인 약속에 의해 재구성되고 있다. 오늘날 우리는 어떤 노래든 들을 수 있고, 어떤 영화든 볼 수 있고, 어떤 환상이든 품을 권리가 있다고 느낀다. 화상통화 앱을 켜면 지구 반대편도 선명하게 볼 수 있다. 한없이 스크롤을 하면서 틱톡TikTok을 구경하느라 내면을 깊이 들여다볼 시간이 없다. 그러나 불안이 전하는 진실을 들으려면 불편함이 필요하다. 우리의 진실은 때때로 눈보라와 같이 거세지만, 진실을 받아들이고 그 지혜를 실천하려면 그 거센 눈보라의 한복판에 얼마간 앉아 있을 수 있어야 한다. 그리고 불안을 통해 의미 있는 변화를 만드는 것은 가끔 강물이 협곡을 깎듯이 더디게 느껴질 수 있다.

가장 치명적인 문제는 아마도 우리가 현재에 집중하는 것을 막는 요소들이 주변에 너무나도 많다는 점이다. 심지어 핸드폰을 보거나 과자를 먹으면서 편안하게 쉬는 등 전혀 감정적 동요를 느끼지 않을 때조차도 계속해서 다른 것에 주의를

내 몸이 불안을 말한다

빼앗기며, 더 비싼 신발부터 더 멋진 몸, 더 좋은 집까지 모든 것을 좇는다. 그 밑에 깔린 콧노래는 언젠가는 죽음을 맞이해야 한다는 진실에서 도망치겠다는 묵시적 확언이다.

그러나 진짜 불안은 약으로 억누르거나 비현실적인 약속과 맞바꿔서 무시해야 할 골칫거리나 불길한 조짐이 아니다. 오히려 그에 귀 기울이기 위해 속도를 늦추고, 고요히 머물며, 좀 더 가까이 다가가야 한다. 그리고 진짜 불안이 전하는 진실을 들을 수 있는 유일한 사람은 나 자신뿐이다.

## 몸의 목소리에 귀를 기울여라

경청이란, 들은 대로 달라지리라는 의지를 갖춘 채
부드럽게 몸을 기울이는 것이다.
―마크 네포Mark Nepo

진짜 불안은 대개 속삭임으로 시작하지만, 우리가 그 소리를 들어주지 않으면 점점 외침으로 발전한다. 그리고 우리가 그 이야기를 들을 수 있을 만큼 충분히 오랫동안 기다려주지 않을 때, 불안을 대변해서 목소리를 키우는 쪽은 보통 몸이다. 이는 가짜 불안과 진짜 불안 모두에 해당한다. 예를 들어 혈당 불안정으로 인한 가짜 불안은 먼저 가벼운 이상혈당증으로 자신의 존재를 알리기 시작한다. 이따금 '배가 고파서 화가 나거나' 불안할 때가 생긴다. 당신의 몸이 속삭이기 시작하는 것이다. 증상이 심해질수록 불안도 점점 더 강해지고 잦아진다. 그러다 보면 어느 날 갑자기 새벽 5시에 혈당이 급격히 떨어지면서 공황을 경험할 수 있다. 당신이 도통 귀를 기울이지 않으니 몸이 소리를 지르는 것이다. 제발 도와줘, 지금 나는 충족되지 않은 욕구가 있다고! 다만 가짜 불안은 좀 더 쉽고 빠르게 해결할 수 있다는 점에서 진짜 불안과 차이가 있다. 이 경우에는 그저 혈당을 안정적으로 유지해주기만 하면 된다.

진짜 불안의 경우에는 해결방법이 대체로 더 복잡하긴 하지만 그 과정은 비슷하다. 만약 당신이 안 맞는 직장을 다니고 있거나 관계를 유지하면 몸은 먼저 이건 옳지 않은 것 같아 하고 조용히 속삭이기 시작한다. 그러면 당신은 뭔가 희미하게 불편하고 찝찝한 기분을 느낀다. 상대방이 말하는 방식이 옳지 않다는 생각이 들거나 회의 중에 문득 이상하다는 느낌을 받을 수도 있다. 처음에는 그런 생각을 쉽게 털어낼 수 있지만, 계속해서 그런 경고를 무시하면 마침내 당신의 몸이 좀 더 확실하게 주의를 끌기 위해 목소리를 높인다. 침대에서 일어나기조차 버겁거나, 직장에서 반복적으로 공황발작을 경험하거나, 연인과 사랑을 나누려고 할 때마다 몸이 굳는 수준에 이르렀다면, 지금 당신의 몸은 소리를 지르고 있는 것이다. 나는 이대로는 못 살아! 하고 자기 의사를 확실히 표현하기 위해 우리 몸은 이러한 증상을 활용한다. 이는 정신적 위기에 가깝다. 물론 슈거 크래시로 인한 가짜 불안도 정신적 위기로 느껴질 수 있지만 보통 가짜 불안이 발생하는 타이밍은 조금은 예측 가능하다. 주로 달콤한 커피를 마신 후에 불안이 치솟는다거나 잠이 부족할 때만 절망감을 느끼는 경향이 있다. 반면 진짜 불안에는 규칙성이 없다. 그 대신 일관된 주제가 있다. 불안의 언어에 귀 기울여보자. 비행기나 엘리베이터를 탈 때 공황이 찾아오는가? 혼자 있을 때 가장 불안한가? 아니면 군중 속에 있을 때? 배우자가 퇴근하고 집에 올 때? 이처럼 불안의 주제를 알고 나면 당신의 무의식 속에 묻혀 있는 문제에 대한 실마리를 얻을 수 있다. 만약 혼자 있을 때 주로 공황이 일어난다면 이는 아마도 당신의 삶에서 공동체를 되찾으라는 메시지일 것이다. 친구들과 함께 있을 때 외로움을 느낀다면 이제는 자신의 진짜 모습을 보여줄 때이거나 새로운 친구들을 찾아야 한다는 뜻이다. 엘리베이터에서 자주 공황을 경험하고 불안의 주제가 주로 밀폐된 공간과 관련이 있다면 삶의 또 어떤 부분에서 갇혀 있다고 느끼는지 곰곰이 생각해보자. 일에서? 연애에서? 다른 사람의 부탁을 전부 들어줘야 할 것 같고 나보다 타인의 요구를 더 우선해야 할 것 같은 심리적 압박을 느끼는가? 만약 그렇다면 자신의 욕구를 위해 좀 더 목소리를 높이고 스스로를 자유롭게 풀어주려고 노력해야 한다.

불안이 몸을 통해 보내는 메시지는 종종 당신을 문제의 핵심으로 바로 이끌어준다. 어쨌든 "당신의 가장 심오한 철학보다는 당신의 몸에 더 많은 지혜가 존재한다." 프리드리히 니체Friedrich Nietzsche는 이렇게 말했다. 만약 당신이 두려움 없이 질문하고 충분히 오랫동안 고요한 시간을 가지면 결국에는 당신의 몸이 말하려는 메시지를 알아차리고야 말 것이다. 그때 당신이 할 일은 스스로 들은 메시지를 신뢰하는 것이다. 사람들은 자신이 느끼는 기분의 어두운 구석에 발을 들이는 순간 다시는 거기서 빠져나오지 못할까 봐 두려워한다. 그러나 실상은 반대다. 불안을 억누르지 않고 받아들일수록 우리는 더욱 쉽게 그 안으로 흘러 들어갔다가 다시 흘러나올 수 있다.

몸은 말을 할 수 없기에 어떤 사람들은 몸의 메시지를 계속 무시하다 보면 거기서 벗어날 수 있으리라 믿는다. 나머지 모두를 기쁘게 할 수 있다면 자기 자신은 돌보지 않아도 괜찮다고 생각하기도 한다. 하지만 버티면 버틸수록 우리 몸은 더욱더 목소리를 높일 뿐이다. 몸은 모든 것을 목격하며 집요하게 소통한다. 그래서 결국 우리가 자신의 목소리를 듣지 않을 수 없을 때까지 소리를 지를 것이다. 따라서 불안을 직면하기가 어렵다고 느껴진다면, 평생 온갖 불편한 증상에 시달리기보다는 다소 힘들더라도 바로 지금 그 불편한 진실을 마주하는 편이 스스로를 보호하는 길임을 기억해라.

## 감정을 있는 그대로 허락해주자

한 번은 내가 장례식장 뒤쪽에서 마음껏 애통해하고 있는데 누군가가 이렇게 말을 건 적이 있다. "마음 단단히 먹어요, 울지 말고." 우리는 감정에 동요하지 않고 언제나 평정심과 냉정함을 유지하는 것을 덕목으로

내 몸이 불안을 말한다

삼는 문화에 살고 있다. 취약성과 예민함을 약자의 징표로 본다. 눈물이 나면 그냥 흐르게 내버려 두지 않고, 거의 반사적으로 울음을 참으면서 **사과한다.** 그러나 가끔은 한 걸음 물러서서 **이것이 우리에게 어떻게 작용하고 있는지** 따져봐야 한다. 그리고 최근 불안장애와 우울증 발생률이 급증하는 흐름으로 판단하건대, 나는 우리가 잘못하고 있다고 생각한다. 이제는 감정을 허락해야 할 때다. 더불어 그렇게 하는 것이 무엇을 의미하는지도 다시 생각해봐야 한다. 힘든 감정이 치솟을 때, 그것을 억누르거나 무시하기보다는 거기에 뛰어드는 편이 훨씬 더 용감하다(건강에도 더 이로움은 두말할 것도 없다).

정신분석가이자 분석심리학의 창시자인 칼 융Carl Jung은 우리가 거부하는 감정이 집요하게 계속된다는 통찰을 남겼다. 즉 어떠한 감정도 성공적으로 감추기란 불가능하다. **난 그것을 느끼고 싶지 않아, 내 의식 밖으로 밀어낼래** 하고 생각하면 그 느낌은 영영 사라지지 않는다. 오히려 두 배로 커져서 마음 한구석에 자리를 잡고, 만성적인 요통, 두통, 소화불량 같은 문제를 일으킨다. 그것이 마침내 임계점에 도달해서 우리를 몰아세울 때까지 말이다. 그러니 감정의 해일이 나를 향해 다가올 때는 그것이 나를 장악하게 두는 대신 내가 먼저 그 안에 뛰어들어라. 슬픔이든 분노든 애통이든 그 감정을 온전히, 전력으로 느껴라. 파도가 잦아들듯이 이러한 감정도 결국에는 정점에 이르렀다가 해소될 것이다. 파도를 피하기보다는 파도에 몸을 맡길 때, 한결 나아진 기분에 도달할 가능성이 훨씬 크다. 심리학자 마크 브래킷Marc Brackett 박사가 《감정의 발견》에서 쓴 것처럼 "만약 우리가 감정을 파악하고 표현하고 활용하는 법을 배울 수 있다면, 가장 다루기 어려운 감정조차도 좀 더 긍정적이고 만족스러운 삶을 만드는 데 도움이 될 것이다."[1] 장례식장에서 그 사람이 내게 해야 했던 말은 이것이었다. **마음 단단히 먹어요, 맘껏 울고.**

///////////////////////////////////////////////////////////////////////////////////////////////////////////////////////////////////////

## 미래의 죽음을 걱정할 시간에
## 현재에 집중해야 하는 이유

제이다Jada는 상담 때마다 펜과 노트를 가져와서 우리가 나눈 이야기와 조언을 빼곡하게 받아 적었다. 사실 이는, 특히 불안장애 환자에게는, 그리 드문 광경이 아니다. 그들은 삶을 자기가 원하는 형태로 통제하기 위해 부단히 애쓰며 사소한 것 하나도 놓치지 않으려 한다. 그래서 나는 제이다의 아버지가 꽤 심각한 심장질환을 진단받은 이후로 그녀가 아버지의 건강을 관리하고 있다는 이야기를 들었을 때도 전혀 놀라지 않았다. 제이다는 아버지가 세상을 떠날 가능성을 "최악의 시나리오"라고 에둘러 표현했고, 그럴 때마다 차마 말을 잇지 못하면서 그런 생각을 떠올리는 것 자체가 너무 견디기 힘들다고 말했다. 본능적으로 그녀는 그 강렬한 느낌을 회피하는 방식으로 대응하고 있었다. 아버지에게 자주 전화를 하면서도 더는 "어떻게 지내요?"라고 묻지 않았다. 제이다는 아버지가 앞으로 겪을 과정을 받아들이도록 내버려 두지 않았다. 그 대신 탄산음료를 마셨다고 화를 내고, 운동하라고 잔소리를 하고, "최고의 의사들"을 더 많이 찾아다니라고 닦달했다. 나는 그런 제이다에게 아버지는 지금 그의 인생에서 가장 취약한 순간에 책망받고 있다고 느낄 것이며, 그녀는 지금 아버지를 지켜보는 것이 아니라 해결해야 할 문제로 보고 있다고 지적했다. 한때는 자연스러웠던 두 사람 사이에 두려움과 거리감이라는 장막이 단단히 자리 잡고 있었다.

핵심은 다음과 같았다. 바로 그 "최악의 시나리오"가 기어코 일어났을 때 그것을 견디는 가장 좋은 방법은 그 경험에 완전히 순응하는 것이다. 우리는 (그리고 우리가 사랑하는 사람들은) 운명을 바꿀 수도, 죽음을 피할 수도 없다. 우리가 소중히 여기는 모든 것이 언젠가는 우리를 떠난다. 이것이야말로 진짜 불안이다. 우리의 두려움에서 불순물을 모조리 걸러내고 나면 마지막으로 남는 것이다. 삶을 온전히 영위하길 원한다면 인간으로서 응당 겪어야 할 기쁨, 분노, 절망, 애통, 이 모든 취약성과 감정과 함께 그 강렬한 경험을 끌어안아야 한다.

나는 제이다에게 이처럼 불안을 느끼기 쉬운 상황에서 약간의 평화를 얻을 유일한 방법은 현실을 있는 그대로 받아들이는 것뿐이라고 지적했다. 우리는 무의식적으로 언젠가는 다가올 고통을 외면하거나 스스로를 무감각하게 만들고 싶어 한다. 그러나 취약성을 피하기만 하다 보면 인생을 더욱 의미 있게 만들어주는 날것의 경험을 놓칠 수 있다. 그러므로 완전히 깨어 있는 편이 낫다. 나는 제이다에게 아버지의 건강을 챙기는 건 좋지만, 그런 다음엔 한 걸음 물러서서 철저히 수용하라고, 즉 현재의 삶을 온전히 인정하라고 조언했다. 제이다에게 이 말은 언젠간 아버지가 세상을 떠날 것이라는 현실을 받아들인다는 뜻이었다. 그러나 바로 지금, 바로 여기에서 제이다는 아버지를 만날 수 있고 온 마음을 다해 함께할 수 있다. 그리고 누군가를 그토록 사랑하기에 기쁨과 가슴 아픈 괴로움을 느낄 수 있다.

## 현재 순간을 인지하는 근육 단련하기

명상은 불안에서 벗어나는 길[2,3]인 동시에 불안에 귀 기울이기 위한 도구다. 불안의 가장 큰 특징은 '미래의 실패'를 걱정한다는 것이다. 반면 마음챙김mindfulness 명상의 주요 목적은 현재 순간을 알아차리는 것인데 여기에는 미래에 대한 생각을 제한하는 힘이 있다.[4] 최근 마음챙김 명상이 기분 조절을 강화하는 뇌 변화와 일치하는 것으로 보인다는 연구가 증가하고 있다. 다시 말해 현재에 머무는 능력을 강화하면 불안을 낮출 수 있다.[5]

내게 명상은 어떤 특별한 기술이 아니라 일상 중에 시간을 내서 가만히 앉아 있는 행위다. 해야 할 일을 전부 다 끝내고 난 후와 같이 완벽한 순간일 필요는 없다. 당연한 말이지만 그런 순간은 영원히 오지 않을 것이기 때문이다. 정말로 필요한 것은 그냥 몇 분 동안 침묵 속에 가만히 앉아 있는 것뿐이다.

호흡에 주의를 집중하려 노력해라. 들숨과 날숨을 느끼면서 지금 이 순간 내 몸 안에서 느껴지는 감각에 집중해라. 아마 시작하자마자 거의 10억 분의 1초도 지나지 않아서 딴생각이 들 것이다. 그것은 거의 예외 없이 미래나 과거에 대한 생각일 것이다. 마트에서 장 봐야 할 목록이나 10년 전에 들었는데도 아직도 나를 괴롭히는 말 등이 떠오른다. 그 생각을 인정하고 지나가게 내버려 두어라. 다시 10억 분의 1초 만에 또 다른 생각이 고개를 내밀 것이다. 그것도 지나가게 두어라. 이런저런 생각이 나타날 때마다 마치 내가 내 옆에 앉아서 내 마음속에 그런 생각들이 지나가는 모습을 관찰한다고 상상해보자. 마이클 A. 싱어Michael A. Singer는《상처받지 않는 영혼》에서 이렇게 말했다. "당신은 마음의 목소리가 아니다. 당신은 그것을 듣는 사람이다."⁶ 생각이 계속 떠오를수록, 열심히 숟가락질은 하지만 정작 입으로 들어가는 음식은 거의 없는 서툰 아이를 지켜보는 엄마처럼, 곤혹스럽지만 인내심 있는 태도를 유지해라. 생각이 떠오를 때마다 당신의 주의를 다시 현재로, 호흡으로 가져와라.

명상이 어려워서 싫다는 환자들이 많다. 그만큼 생각이 자꾸 이리저리로 돌아다닌다는 뜻이다. 자, 여기서 명상의 정의를 정정한다. 명상을 하는 동안 당신의 마음은 이리저리 돌아다닐 것이다. 그건 실패가 아니다. 사실 그게 바로 명상이다. 명상에는 잘하고 못하고가 없다. 그냥 시간을 들여서 현재 순간을 알아차리는 근육을 단련시키는 것이다. 마음이 이리저리 돌아다니는 각각의 순간은 그 위축된 근육을 강화할 기회이고, 우리는 팔굽혀펴기를 하는 셈이다. 머지않아 우리는 습관적인 반응에 빠지기 전에 정신을 차리고 어떻게 반응할지를 직접 결정하는 근육을 탄탄하게 단련한 채로 살아갈 수 있을 것이다.

명상에 대한 흔한 오해 중 하나는 더없이 행복한 상태에 도달하는 것이 주된 목표라는 생각이다. 명상을 시작하는 순간 인생이 즐거운 순간으로 가득해지리라 오해한다. 그러나 이는 핵심을 벗어난 생각이다. 우리가 사는 세계는 '모두 행복한 세상'과는 거리가 멀다. 오히려 고통과 불평등이 만연하다. 명상은 이러한 고통과 불평등으로 인한 분노, 애통, 슬픔을 우리가 받아들일 수 있도록 도와준다. 내가 생각하는 명상의 궁극적인 목표는 아무것도 섞이지 않은 순수한 진실에 도달하는 것이다. 명상할 때 나는 최대한 중립적인 마음을 가지려고 노력하면서 시작한다. 그러나 부정적인 생각이 떠오르면, 특히 그것이 나를 진짜 불안으로 이끌어줄 만한 생각이라면 그냥 그 생각에 머무른다. 이는 이 세상의 문제들을 통해, 온전히 깨어 있는 삶에서 내가 나아가야 할 행동의 궤적을 선택할 수 있게 돕는다.

명상은 정답이 없는 질문이자 진실을 향한 초대장이다. 그렇게 생각하고 접근하면 전혀 기대하지 않았던 때에 아주 짧게라도 오롯이 현재에 존재하는 순간을 맞이할 것이다. 머릿속에 떠오르는 이런저런 생각을 영화 보듯 지켜보는 것이 아니라 현재 순간의 경험 안에 내가 존재하는 때가 올 것이다. 그

영광스러운 달콤함 가운데에서 당신의 무의식은 진실의 정수와 함께 조금씩 앞으로 나아가도 괜찮다는 점을 발견할 것이다. 그 순간은 아주 미세하게 다가올 수도 있고, 1억 톤짜리 벽돌 덩어리처럼 당신을 내리칠 수도 있다. 어느 쪽이든 당신의 직감으로부터 직접 메시지를 받으면 그것을 의심하거나 지나치게 많이 생각하지 마라. 그냥 들어라. 메시지를 전달받은 후에는 마치 마지막 퍼즐 조각을 맞춘 듯이 마음이 가벼워질 수도 있고, 너무나 오랜 시간이 흐른 뒤 수면 위로 떠오른 고통을 마주하는 일처럼 힘겨울 수도 있다. 어느 쪽이든 그 메시지는 내 자아의 본질이다.

## 정적을 견디기 힘든 어른에게

어떤 사람들은 혼란스러운 환경에서 성장한다. 여기서 내가 말하는 '혼란스러운 환경'이란 정리가 되지 않아 어질러진 상태가 아니라, 아이들에게 한결같고 신뢰할 수 있는 보호자가 없거나 아이들의 가장 기본적인 욕구조차 채워주지 않는 가정을 가리킨다. 이러한 성장환경에서 자라 성인이 된 사람들은 혼란과 무질서가 기본이 되어서 불안을 느끼기 쉬울 뿐만 아니라 고요하고 차분한 상태를 불편하게 여길 수 있다. 그래서 이들은 계속해서 자신의 삶을 (그리고 정적이 찾아올 수 있는 모든 순간을) 자극으로 채우려 한다. 그게 더 익숙하고 편하기 때문이다. 그리고 그런 성장환경이 트라우마로 남은 경우, 불안은 회피의 한 형태가 될 수 있다. 다시 말해 혼란스러운 환경에서 자란 어른아이adult child 가 평온하고 고요한 상태에 놓일 때마다 트라우마가 다시 기어 나올 수 있다. 그래서 그들은 무의식적으로 모든 정적을 불안으로 가득 채운다. 자신의 어깨를 두드리는 트라우마의 기억을 가릴 수 있도록 정신없이 산만한 상태를 만드는 것이다. 이러한 상태에서는 **불안 그 자체가** 정 적을 피하려는 무의식적 욕구를 채워주는 역할을 한다. 이처럼 마음이 강력하게 정적을 거부할 때는 긴장을 풀기가 특히 더 어려울 수 있다. 그러나 해결방법은 끈질기게 노력해서 가만히 앉아 있는 능력을 조금씩 키워나가는 것뿐이다. 이것이 내게 특별히 더 어렵다는 사실을 인정하 고, 주의를 흐트러트리고 싶은 충동이 들 때마다 스스로를 안타까워하 며 인내해라. 트라우마의 기억이 떠오르는 장소에서는 (당신의 트라우 마에 대해 알고 있는 치료사에게 정기적인 치료를 받는 등) 필요한 도움 을 받아라. 편안하게, 부드럽게, 그러나 끈질기게 명상을 계속해라. 이 토록 어렵게 얻어낸 정적의 순간에 진짜 불안이 주는 가르침을 들을 수 있다는 사실을 스스로 상기하면서 끝까지 버텨라.

명상이 아름답고 인생을 변화시킬 힘을 갖는 이유는, 규칙 적으로 실천하면 삶 전반에 스며들기 시작하기 때문이다. 좀 더 의식적으로 길을 걷고, 의식적으로 낯선 이들과 교류하고, 의식적으로 불안과 춤출 수 있다. 맙소사, 난 도무지 어찌할 바를 모르겠어라고 했던 것이 좋아, 지금 어떤 상황이 일어나고 있는지 잘 알겠고, 이것 때문에 내가 불안을 느끼는 거야라고 변한다. 내 생각과 나를 동일시하는 대신 내 생각의 관찰자가 되는 데 익숙해진다. 그런 생각들은 거의 항상 미래의 나쁜 결과를 예측한다는 특징이 있지만, 그것이 진짜 불안이 제공하는 현명한 예언은 아니라는 사실을 깨닫기 시작한다. 불안한 생각이 끓어오를 때 마음챙김은 나를 그 생각에서 몇 발자국 떨어뜨려 놓는다. 자극과 반응 사이에 틈을 줌으로써 우리가 평소에 익숙했던 대로 감정적인 반응을 하기보다 어떻게 대응할지를 의도적으로 선택할 수 있게 해주는 것, 이것이 바로 현재 순간을 알아차리는 근육 단련하기의 근본적인 힘이다. 스스로에게 이처럼 의식적인 멈춤을 허락할 때, 나는 비로소 연민과 이해에 좀 더 가깝게 순응할 수 있었고 살면서 마주하는 어려움을 좀 더 평화롭게 헤쳐 나갈 수 있었다. 다만 너무 높은 기준을 세우지 않도록 주의해라. 나만 해도 명상 중에 실제로 온전히 멈춰서 나에게 집중하는 시간은 전체 시간의 10퍼센트 정도밖에 안 된다. (만약 배우자의 부모와 함께 살고 있는 등 정상을 참작할 만한 이유가 있다면 2퍼센트만 목표로 해도 충분하다.) 성공할 때마다 스스로의 발전을 알아주고 격려해주는 시간을 가지되 '실패'의 순간에 자신에게 어떻게 반응하는지도 똑같이 중요하다. 자책하기보다는(이는 대개 조부모가 부모에게, 부모가 우리에게 했던 훈육 형태가 세대에서 세대로 전달된 것이다) 시도했다는 사실 자체에 의의를 두어라. 일상에서 자신의 의식을 솔직하게 마주하는 것이 얼마나 어려운지 스스로 충분히 공감해주어라. 그리고 마침내 온전히 명상에 집중하는 순간을 경험하고 나면,

현재 순간에 고요하게 머무르는 것이 얼마나 멋지고 훌륭한 일인지를 이해하기 시작할 것이다. 에크하르트 톨러는 이렇게 말했다. "대부분 인생이 그렇듯, 전체로 보면 당신의 인생도 문제로 가득할 것이다. 그러나 지금 이 순간 어떤 문제가 있는지에만 집중해라. 내일도 아니고, 10분 후도 아니고, 바로 지금, 당신에게는 어떤 문제가 있는가?"[7]

## 매일매일 감사 연습

불안장애 환자들을 만나온 경험에 의하면, 그들의 기분을 전환하고 관점을 확장하는 데 감사 연습이 확실히 도움이 된다. 감사 연습은 모든 것이 갖춰지지 않은 조건에서도 감사할 수 있어야 한다는 점에서 반항적인 행동이다. 우리는 매일같이 우리가 부족하다는 메시지에 질책받는다. 그러나 감사는 더 깊은 진실을, 인생의 가장 어두운 시기에도 얼마든지 풍족함을 찾을 수 있다는 진실을 안다. 물론 이것이 인생에서 고통과 두려움을 일으키는 진짜 원인을 없애주지는 않는다. 그러나 인간의 뇌는 본능적으로 자신이 가진 부족함을 곱씹도록 설계됐다. 그래야 생존하는 데 더 유리하기 때문이다. 그 덕분에 인류가 무사히 생존해올 수 있었다는 점을 고려하면 인간의 이러한 성향조차 감사한 일이다. 그러나 그렇다고 해서 거기에 항상 많은 시간을 쏟아야 하는 것은 아니다. 감사 연습은 간단한 형식이 좋다. 매일 고마운 일 세 가지를 노트에 적거나 소리 내서 말한다. 그게 끝이다. 그 밖의 문제들이 어떻게 느껴지든(그리고 어떻게 진행되고 있든) 감사 연습을 하면 잠시라도 삶의 괜찮은 부분에 집중할 수 있다. 이러한 경험이 쌓이면서 당신의 뇌는 회복탄력성과 기분 조절에 관여하는 내측 전전두엽 피질의 변화를 포함하여 새로운 신경 회로를 구축한다.[8] 그러다 보면 어느 날 문득, 부족함에만 집중하던 시야가 어느샌가 넓어져서 더 크고 복잡한 진실을 볼 수 있도록 바뀌었음을 알아차릴 것이다.

## '진짜 네'와 '진짜 아니오'

'진짜 네'와 '진짜 아니오'는 지금은 고인이 된 심리학자 마셜 B. 로젠버그 Marshall B. Rosenberg가 쓴 책이자 학설이자 훈련법인 《비폭력 대화》에 나온 개념이다. 로젠버그는 사람들이 자기 안에 있는 충족되지 않은 욕구를 연민의 마음으로 파악하고 채움으로써 다른 사람들과의 관계를 개선할 수 있다고 가르쳤다. 이러한 방식으로 세상을 향해하면 스스로를 배신하는 것을 막을 수 있다. 우리가 자신의 욕구를 돌보지 않으면 때로는 진짜 불안이 어깨를 두드리기 때문이다. 이때 핵심은 누군가가 내게 무언가를 요구할 때, 내가 진짜 네 또는 진짜 아니오를 말할 수 있는지 분별하는 것이다. 쉬운 일처럼 들릴지 모르겠지만, 마음속 깊은 곳에서는 요구를 들어주고 싶지 않은데도 그 사실을 알아차리지 못해서 마음이 원하는 대로 행동하지 못할 때가 얼마나 많은지 알면 아마 깜짝 놀랄 것이다. 많은 경우, 이는 자신의 페르소나를 거스른다. 다른 사람들이 나를 좋아해주길 바라는 마음, 갈등을 피하고 싶은 마음, 세상의 잘못을 옳은 일처럼 받아들이고 싶은 마음이 너무 강렬해서 이러한 본능을 자기보호self-preservation보다 위에 둔다. 그러나 결국 우울과 불안은 "좋은 사람이 되는 것에 대한 대가"일 때가 많다고 로젠버그는 지적했다. 불안과 조화로운 관계를 맺고 그 안에 묻힌 진실을 들으려면 우리 몸의 진짜 네와 아니오를 듣는 데 능숙해져야 한다. 이것은 사실 수축과 이완 사이의 어딘가에 속한 감각으로 표현되는, 신체의 또 다른 언어다.

안무가이자 현대무용의 어머니인 마사 그레이엄Martha Graham은 인체의 모든 움직임이 수축 또는 이완 가운데 하나라고 말했다. 즉 그것이 신체의 언어인 셈이다. 우리는 근육에서, 횡격막에서, 호흡에서 수축 또는 이완을 느낄 수 있다. 누군가가 내게 무언가를 요구했는데 그것이 올바른 선택이 아님을 신체적으로 알 때, 진짜 아니오가 일어난다. 이는 근육이 긴장되거나, 이를 악다물거나, 호흡이 가쁘거나, 배 속이 부글거리는 듯한 느낌으로 나타난다. 춥게 느껴질 수도 있고, 악, 으, 엑, 싫어하는 느낌이 든다.

반면 진짜 네는 몸에서 따뜻함, 해방감, 확장, 개방감, 편안함을 끌어낸다. 마음을 짓누르던 압박감이 가벼워지거나, 긴장이 해소되거나, 설레는 떨림이 느껴질 수 있다. 마치 우리 몸이 좋은 생각이야 또는 그거 좋은데, 좋아 하고 말하는 듯하다. 내

　　　　　　　　　　　　　　　　내 몸이 불안을 말한다

경우는 다음 목적지를 막 깨달은 순간처럼 뭔가 중요한 일이 일어나고 있음을 알려주는, 특별한 찌르르한 감각이 있다. 몸으로 나타나는 진짜 네는 단순히 즐거움에 끌리는 것을 넘어서며, 어렵지만 중요한 의무와 딱 맞아떨어지는 느낌을 줄 때도 있다. 몸으로 느껴지는 이러한 진실은 일상적일 수도, 심오할 수도 있지만, 무엇보다 중요한 점은 우리 말과 행동이 몸 깊숙한 곳에서 느껴지는 기분과 일치해야 한다는 것이다.

그러나 사람들은 대부분 우리 몸의 지시를 듣지 못하거나 무시해서 가짜 네의 덫에 빠진다. 그 결과 우리는 내키지 않는 호의를 베풀거나, 연봉 협상에서 지나치게 낮은 연봉을 받아들이거나, 원치 않는 신체접촉을 허용하고 만다. 이런 상호작용을 했던 기억과 그때 몸에서 느껴졌던 감각을 지금 떠올릴 수 있는가? 본능이 이봐, 마음에도 없는 말을 하기 전에 느긋하게 생각해 하고 말리는 걸 알면서도 그러한 경고를 무시한 채 밀어붙인 적이 있지 않은가? 당신의 아니오를 찾으려면, 일상에서 의사 결정을 할 때 무작정 행동으로 옮기지 말고 먼저 잠시 멈춰서 마음의 소리를 확인하고 듣기부터 해야 한다. 물론 가끔은, 예를 들어 꼭 해야 할 의무를 다하거나 아니오처럼 느껴지는 회사 프로젝트를 맡을 때처럼 본능보다 이성적인 타협에 동의할 필요도 있다. 그러나 모든 가짜 네가 스스로에 대한 일종의 가벼운 배신이라는 사실을 늘 염두에 두자. 그리고 궁극적으로 이런 일이 반복되면 우리 몸은 자신의 본질적 진실을 혼란스러워하고 침묵하도록 길든다.

또한 가짜 네를 말할 때는 그 끝이 절대 좋을 수 없다는 점도 기억해야 한다. 이를테면 상대방은 당신의 대답을 믿고 의지했는데 막상 당신은 막바지에 나가떨어진다. 또는 어떻게든 약속을 지키긴 했지만 한꺼번에 너무 많은 일을 처리하느라 완성도가 떨어진다. 또는 상대방을 원망하거나 미워하는 마음이 생긴다. 만약 당신이라면, 누군가가 당신의 요청에 네라고 대답해놓고 나중에 가서 당신을 원망하기를 바라겠는가? 의외로 상대방의 부탁을 반사적으로 승낙하는 것보다 처음부터 사실대로 말하는 것이 훨씬 배려 있는 행동으로 끝날 때가 꽤 많다. 이처럼 동료, 가족, 친구에게 솔직히 대답하지 않는 것은 상대에 대한 불친절이며, 갈등을 피하기 위해 알았다고 대답하는 것은 스스로에 대한 불친절이다.

나는 많은 환자를 만나 그들이 '진짜 네'와 '진짜 아니오'를 구분하고 말할 수 있도록 도왔다. 이는 캔자스 출신의 33세 환자 옐레나Yelena에게도 큰 효과를 발휘했다. 옐레나는 주변 사람들을 유난히 잘 챙겼다. 어릴 때부터 세 남동생을 돌보면서 자랐고 지금은 사회복지사로 일한다. 친구들도 많았는데 대부분 그녀가 친구들에게 의지하기보다는 친구들이 그녀에게 훨씬 더 많이 의지하는 관계였다. 다른 사람들의 스트레스가 옐레나의 어깨를 무겁게 짓누르고 있었기에 그녀가 자기 몸의 이야기를 들을 능력을 거의 갖추지 못했다는 사실이 전혀 놀랍지 않았다. 처음 나를 찾아왔을 때, 옐레나는 몇 년째 주의력 및 불안 문제와 힘겹게 싸우고 있었고 공황발작 치료를 위해 자낙스를 먹고 있었다. 몇 년에 걸쳐 우리는 염증을 줄이고 영양가 있는 음식을 섭취하는 등 그녀의 가짜 불안을 잡으려고 노력했다. 마침내 그녀가 신체적 원인으로 인한 가짜 불안에서 벗어나자 우리는 다음 단계로 넘어갔다. 그녀는 자신의 진심으로 향하는 길을 찾기 위해 스스로와 연결될 준비가 되어 있었고 의지도 있었다. 그리고 진짜 네 또는 진짜 아니오에 특히 잘 반응했다. 옐레나는 진짜 네가 주는 신체적 감각(흥분과 온화함의 형태로 나타나는)에 매우 잘 적응했고, 그것은 그녀의 삶을 인도하고 변화시키는 내면의 나침반이 되었다. 그녀는 직업을 바꾸고, 친구 관계를 재구성하고, 대륙을 횡단하고, 연애하고(결국 헤어졌지만), 또한 자낙스를 끊기 위해 해독 클리닉을 등록했다. 사실 해독 클리닉은 내 조언에 어긋나는 행동이었다. 나는 옐레나가 해독 프로그램에 들어가기보다는 조금씩 서서히 자낙스 용량을 줄여나가야 한다고 생각했다. 하지만 여태껏 옐레나의 진짜 네가 한 결정이 전부 적절하고 현명했음을 알았기에 그녀의 판단을 믿고 따랐다. 그녀의 본능이 그녀를 여기까지, 그것도 이렇게나 성공적으로 끌고 온 셈이니 내가 그녀보다 더 잘 안다고 주장하는 게 옳지 않다고 느꼈다. 예상대로 해독 프로그램은 옐레나에게 딱 맞는 선택이었고 그녀는 무사히 자낙스를 끊었다.

　그러나 사람들이 전부 옐레나처럼 직감을 키우는 능력을 갖추고 있지는 않다. 물론 진짜 네 또는 진짜 아니오가 사회적 기대와 맞아떨어질 때가 많으면 그렇게 하기가 더 쉬울 것이다. 이 과정에서 가장 어려운 부분은 세상이 내게 몸을 긴장시키는 일을 하라고 요구할 때다. 반면 내 몸이 네라고 대답하는 일은 때때로, 주변에서 그건 터무니없고 비현실적이며 일어나지 않을 거라고 말리는 것과 정확히 일치한다. 사회와 가족이 기대하는 것들은 내가 나의 진짜 네와 아니오를 저버리게 하고, 더 심하게는 사회적 본능이 곧 내 본능이라고 설득함으로써 나를 잘못된 방향으로 이끈다.

역사를 통틀어 특히 여성들은 개인적 진심이나 에너지 한계를 무시한 채, 자기 자신보다는 다른 사람들을 더 기쁘게 해주고 주변의 요구에 맞추기 위해 언제나 네를 말하도록 길들어 왔다. "우리 대부분은 성인이 될 때쯤, 특히 사회적 억압의 역사를 가진 문화에서 자란 사람들은, 자신의 목소리에 귀를 기울이고 스스로를 신뢰하는 능력을 전부 잃어버린다." 홀리 휘터커Holly Whitaker는 저서 《여자처럼 그만두기 Quit Like a Woman》에서 날카롭게 지적했다. "자신의 가장 깊은 내면에 자리 잡은 지성이 틀렸다는 말을 반복적으로 들으며 자란 사람들은 결국 외부에서 정답을 찾으려 한다."[9]

두려움과 직감을 구별하기 어려워하는 사람들이 많다. 실제로 이 두 가지는 매우 복잡하게 얽혀 있을 때가 많아서 엉킨 실타래 푸는 법을 배우려면 정말 큰 노력과 많은 훈련이 필요할 수 있다. 글레넌 도일은 두려움과 직감의 차이를 진동 주파수에 비유했는데 나도 동의한다. 두려움은 (떨리는 목소리처럼) 고주파 파장으로 나타나지만, 직감은 그보다 더 길고 느린 파

내 몸이 불안을 말한다

장이다.[10] 나 역시도 이 둘을 구별하는 법을 배우는 데 오랜 시간이 걸렸다. 최근까지도 나는 사람들에게 인정받고 남성 주도적 사회에서 살아남고 힘을 가지려면, 나 자신의 합리적이고 객관적인 면을 중시해야 한다고 생각했다. 직감이 강한 사람인데도 비이성적이라는 꼬리표가 붙는 게 두려워서 이 모든 것을 억눌러왔다.

그러던 어느 날 대안적인 치유 양식을 공부하기 시작했다. 그 후로 내 직감은 활력 넘치는 힘이 되어주었고 나는 홀리스틱 치료법이 얼마나 강력한지 직접 목격했다. 세상이 내게 주입한 껍데기를 벗기 시작하자 원래의 나 안에 자리 잡고 있던 다양한 잠재력을 그동안 얼마나 부인해왔는지 깨달았다. 진짜 불안, 진짜 아니오, 진짜 네, 그리고 직감, 이렇게 네 가지가 내 내면의 나침반을 이루고 있었는데 그것을 너무도 오랫동안 깊숙이 묻어둔 것이었다. 이제 나는 이것들의 도움을 받아 일하고 살아간다. 그렇다고 해서 합리성과 객관성에 등을 돌린 것은 아니다. 의사 결정을 할 때 가진 분석적인 면과 신비스러운 면을 모두 활용하려고 최선을 다한다. 자료를 꼼꼼히 검토하고 현실적인 장단점을 철저히 따지는 한편 몸과 직감이 보내는 메시지에도 귀를 기울인다. 결국 내 인생의 안녕과 목적은 진짜 아니오와 진짜 네를, 직감과 두려움을, 사회적 기대와 내면의 앎을 꾸준히 분별하는 능력에 달려 있다.

# '진짜 아니오'를 말하는 법

불안이 높은 환자 중에는 자기 자신보다 다른 사람들을 만족시키는 게 우선인 사람들이 많다. 그 어떤 요구도 순응하기를 기대하는 세계에서 평생 배우고 자랐으니 충분히 이해가 된다. 때로는 우리의 어린 시절 환경이 그렇게 해야 부모의 인정을 받고 가정을 화목하게 유지할 수 있다고 가르치기도 했다. 그렇게 우리는 모든 사람을 기쁘게 하려고 애를 쓰게 됐고 그 결과 자기 자신의 욕구로부터 분리되고 불안해졌다. 이러한 사람들은 자신의 진심을 정중하게 표현하고 앞으로 나아가는 법을 배움으로써 회복할 수 있다. 솔직하고 단호하게, 그러나 기분 나쁘지 않게 진짜 **아니오**를 말할 수 있는 몇 가지 방법을 소개한다.

"초대해줘서 고마워. 그런데 나는 요즘 내 가족과 일을 먼저 챙기고 싶어서 당분간 사교 모임은 최소화하려 해."

"그 프로젝트를 함께할 사람으로 나를 떠올려줬다니 정말 영광이야. 그런데 미안하지만 지금은 내가 시간 여유가 없어."

또는 훌30의 공동 창립자이자 CEO인 멀리사 어번의 조언도 참고할 만하다.

"당신이 부탁한 일은 저로선 들어주기 어렵습니다. 혹시 제가 도울 수 있는 다른 방법은 없을까요?"[11]

내 몸이 불안을 말한다

# 지나친 이성 중심 사고가 불안을 일으킬 수 있다

홀리 휘터커의 《여자처럼 그만두기》에서 가장 충격적인 주장 가운데 하나는, 1930년대에 상위 중산층 백인 남성들이 만든 모임 익명의 알코올중독자들Alcoholics Anonymous, AA에서 제공하는 지침, 일명 열두 단계Twelve Steps 프로그램이 기본적으로 여성 중독자의 욕구는 다루지 않는다는 사실을 지적한 부분이다. "당신은 신이 아님을 상기할 것, 자기 주제를 알 것, 규칙을 의심하지 말 것, 겸손할 것, 나약함을 인정할 것, 내 문제를 기록할 것, 다른 사람에게 한 잘못을 인정할 수 있을 만큼 취약할 것, 말하지 말고 들을 것. 이것들은 전부 여성과 관련된 (그리고 여성에게 부과된) 행동양식이다." 휘터커는 말했다. "열두 단계는 여성이 되는 방법을 다루는 설명의 정수인데, 알코올중독자 남성들에게는 그것이 약으로 작용했다. 그들에게는 이러한 행동이 놀랍도록 새로운 삶의 방식이었고 자유처럼 느껴졌다. 그러나 여성을 비롯해 사회적으로 억압받아온 집단에게는 힘과 목소리와 권한과 욕망을 버리라는 가르침이 여태껏 들어왔던 헛소리와 다를 게 전혀 없다. 그것이 애초에 우리를 병들게 했다."[12] 아멘.

내면의 앎과 다시 연결되는 것과 관련해 인지행동치료cognitive behavioral therapy, CBT 역시 이와 똑같은 관점에서 재검토할 가치가 있다고 본다. 1950년대 앨버트 엘리스Albert Allis, 1960년대 에런 T. 벡Aaron T. Beck 같은 심리학자들이 개척한 CBT는 오늘날 미국에서 가장 인기 있는 치료법 중 하나이며 주로 불안 장애를 다루는 데 쓰인다. CBT를 통해 환자들은 생각과 감정이 정보를 왜곡하여 받아들이는 원인이 될 수 있고, 과거의 경험들이 세상을 해석하는 방법에 영향을 미칠 수 있음을, 즉 인지 왜곡을 일으킬 수 있음을 이해한다. CBT가 효과를 발휘하면 환자들은 파괴적인 사고 패턴을 인지하고 바꿀 수 있다. 오랫동안 공항 보안 검색대에 줄을 설 때마다 공황발작을 경험해온 환자 마커스Marcus는 CBT 워크북을 활용하며 이를 완전히 멈출 수 있었다. 실제로 나 역시도 진료할 때 몇 가지 CBT 기술을 활용한다. 생각은 영향력이 있으며 때로는 우리의 지각知覺을 흐리게 한다. 그러나 나는 또한 우리의 생각과 감정이 정보의 강력한 원천이 될 수 있다고 믿는다. 그래서 자기가 느끼는 감정에 의문을 품을 것을 전제로 하는 CBT가 때로는, 특히 여성에게는, 오히려 불안을 악화할 수 있다고 생각한다.

포괄적으로 말해서 CBT는 감정적 추론을 신뢰할 수 없는 것으로 본다. 사람들이 자기를 따돌리거나 싫어하는 것 같다고 말하는 환자에게 CBT는 그런 생각이나 기분을 믿으면 안 된다고 말한다. 그런 어두운 예감은 정신적 여과, 장점 경시, 독심술, 파국화와 같은 인지 왜곡의 사례일 뿐이라는 것이다. 너무 감정에 휘둘리지 말고, 이성적으로 생각해. CBT는 이렇게 말한다. 요컨대 인지치료는 일반적으로 남성에게 더 자연스럽게 나타나는 성향(이성)을 높이 평가하고 여성에게 제2의 천성처럼 나타나는 성향(감정)은 평가 절하한다. 안다, 안다, 당연히 예외도 있다. 우리가 젠더 특성이라고 이해하는 것 중에는 사실이 아니거나 사회적으로 만들어진 선입견인 것들이 매우 많다. 모든 남성이 객관적으로 생각하지는 않으며, 모든 여성이 감정적이지도 않다. 그리고 CBT가 남성과 여성 모두에게 놀라우리만큼 대단히 유용하고 통찰력이 있을 수도 있다. 그러나 한 걸음 물러나서 보면, 감정에 좌우되지 않는 사고가 감정과 직감보다 더 가치 있다는 개념이 CBT의 중심에 있는 것도 사실이라고 생각한다. 그리고 이는 잠재적으로 해로울 수 있다.

인간은 아주 복잡하고 섬세한 사회적 동물이다. 우리는 미묘한 표정 변화나 몸짓, 그리고 상대방이 웃거나 농담을 받아주지 않는 순간 등 너무나도 많은 자료를 모은다. 그렇다, 우리는 편향을 가지며 잘못된 인상을 받을 수 있다. 그러나 또한 다른 사람들이 어떻게 느끼는지 판단할 수 있는 훌륭한 시스템도 갖추고 있다. 특히 여성의 촉은 신기할 정도다.[13] 그리고 이러한 예감을 무시하는 것은 어렵게 얻은 현실감각을 없애버리는 행위나 다름없다. 나는 환자들의 직감을, 그게 맞든 틀렸든 (우리는 절대 알 수 없겠지만) 제대로 탐구해볼 만한 대상으로 고려한다. 우리의 기분은 증거를 제공한다. 전체적인 이야기까지는 아니더라도 전체 그림에서 유용한 퍼즐 한 조각이라도 말이다. 기분이 사실fact은 아니지만 그렇다고 해서 히스테릭한 거짓도 아니다. 기분도 진실의 한 형태다.

이야기가 옆길로 샜지만(관련 있는 이야기임을 약속한다) 끝까지 들어주길 바란다. 최근 몇 년간 아이들이 보는 만화영화에 등장하는 어린 여자주인공들의 묘사가 올바른 방향으로 나아가기 시작했다. 더는 곤경에 빠진 (또는 인어공주 에리얼처럼, 자신의 목소리를 되찾으려면 문자 그대로 왕자의 키스가 필요한) 아가씨가 아니며, 오늘날의 어린 여자주인공은 소년들만큼이나 당찬 전사가 많다. 뮬란이나 〈드래곤 길들이기〉의 아스트리드를 떠올려보자. 물론 진정한 의미의 여성 인권에 도달하려면 아직도 갈 길이 멀다. 이러한 영화에 담긴 메시지는 다음과 같다. 여자는 남성 특유의 특성과 취미를 가져야 남자만큼 강해질 수 있다. 모아나와 라야처럼 예외적으로 감정적인 조율, 신뢰, 협력 등 여성 특유의 기술로 곤경에서 벗어나는 여자주인공도 있긴 하지만, 이렇게 영향력 있는 등장인물이 여성의 진정한 힘을 대표하는 경우는 거의 없다. 어린 소녀들이 화려한 칼싸움과 전사 같은 용기로 사람들을 감탄시키는 것에 반대할 마음은 전혀 없다. 다만 인형 놀이로 복잡미묘한 인간관계의 역학을 배우거나 자신을 온전히 표현한다고 느낄 수 있는 옷을 입는 등 소녀의 마음이 원하는 것을 해도 얼마든지 괜찮아야 한다.

오늘날 부모는 딸들이 인형 놀이나 공주 옷 입기 대신 스포츠나 STEM (과학science, 기술technology, 공학engineering, 수학mathematics) 분야에 흥미를 갖도록 유도함으로써 거대한 문화적 변화에 대응하는데, 스포츠와 STEM 분야는 남자아이에게도 여자아이에게도 똑같이 훌륭한 흥밋거리지만 그 외의 관심 분야는 어딘지 열등하다는 암묵적 메시지를 딸들에게 전한다. 그리고 이는 주로 남성이 유전적으로 끌리는 분야가 본래 더 가치 있다는 사회적 합의를 더욱 강조하는 결과를 낳는다.

배우이자 영화제작자인 브릿 말링Brit Marling은 〈뉴욕 타임스〉에 이 사안에 관한 설득력 있는 논평을 실었다. "영화 〈강력한 여성 지도자Strong Female Lead〉에서 연기를 하면 할수록 등장인물들의 강함(신체적 기량, 앞만 보고 나아가는 야망, 집중하는 이성)이 얼마나 편협하고 제한적인지 깨닫는다. (중략) 우리는 여성스러운 면모(공감 능력, 취약성, 경청)를 보고 강하다고 느끼지 못한다. 우리의 이야기가 상상하고 구현한 세계를 볼 때, 이것들이 과장된 남성성을 위해 희생되어 온 자질들이라는 생각이 든다."14

문화적으로 우리가 남성성과 여성성을 온전히 동등하게 가치 있는 것으로 받아들이기까지는 아직 넘어야 할 산이 아주 많이 남았지만, 어쨌든 CBT에 대한 내 의견은 이렇다. CBT는 페미니스트의 관점에서 진작 다시 쓰였어야 했다. 객관적인 논리와 감정적인 직감은 똑같이 소중하며 둘 다 우리 자신과 세계를 더 잘 이해하기 위한 기술에 속한다. 때로는 우리의 기분에 이의를 제기할 수도 있지만 또 때로는, 심지어 정보가 불완전한 때에도, 우리의 예감과 직감을 존중할 수도 있다. 그리고 이들 모두 진정한 지성의 형태인 동시에 불안에서 벗어나는 길을 제공한다.

어떤 방법을 통해서든 내면의 지혜에 다가가기 위해 가장 중요한 첫 번째 단계는 그것에 귀를 기울이는 것이다. 그리고 나의 가장 깊숙한 내면이 목소리를 내면 그 메시지를 신뢰해라.
그것은 나만의 필수적이고 특별한 안내이자 조언이며, 그것을
주고받을 수 있는 사람은 오직 나뿐이기 때문이다.

# 13장
# 당신이 노래를 멈춘 이유

번아웃이 존재하는 이유는 우리가 휴식을
권리가 아닌 보상처럼 만들어왔기 때문이다.
— 줄리엣 C. 오보도 Juliet C. Obodo (브레인 코치 — 편집자)

탄광의 카나리아 이야기를 들어본 적이 있을 것이다. 그러
나 혹시 못 들어본 사람을 위해 짧게 간추리자면, 20세기 내내
광부들은 인체에 치명적일 수 있는 무색무취 기체인 일산화탄
소를 감지하기 위해 탄광에 카나리아를 데리고 들어갔다. 카
나리아는 인간보다 공기 중의 독성에 훨씬 취약해서[1] 광부들
은 새가 노래 부르기를 멈추는 장면을 보고 밖으로 대피해야
할 때를 알았다. 그 후로 탄광의 카나리아는 위험을 예민하게
감지하여 경고하는 무언가(또는 누군가)를 가리키는 상투적인
비유가 되었다.

만약 불안이 높다면 당신이 바로 그 탄광의 카나리아일 가능성이 크다. 현대사회에 퍼진 유독한 영향력을 남들보다 예민하게 알아차려서 노래하기를 멈춘 것이다. 이러한 유형의 사람들을 가리켜 공감 능력이 좋은 사람, 직감이 뛰어난 사람, 매우 예민한 사람highly sensitive person, HSP, 예술가, 치유자 등으로 부른다. 이는 당신의 안테나가 보통 사람들보다 길고 예민해서 잡음을 더 잘 잡아낸다는 뜻이다. 요즘 세상이 꽤 소란스럽다는 점을 생각하면 예민함이 짐일 수 있지만 한편으로는 선물일 수도 있다. 예민한 사람으로 살아가면서 겪는 부정적인 측면(유난히 감정적이거나, 사람이 많이 모이는 상황, 사교 모임, 글루텐을 잘 다루지 못하는 것 등)에만 집중해왔다면 이제부터는 예민함에 긍정적인 측면도 있음을 기억해라. 예민한 사람들은 대체로 타인의 욕구를 잘 알아차리며 하나 이상의 신호를 동시에 듣는 능력이 뛰어나서 상대방의 말만 듣는 게 아니라 표정이나 몸짓에서 드러나는 숨겨진 기분까지 살핀다. 또한 이 세상의 더 커다란 요구에도 귀를 기울인다. 예민함은 소명이다. 귀하게 여겨져야 하며 조심스레 다뤄져야 한다.

## 예민한 사람의 일일 체크리스트

사람들은 매일 이를 닦고 물을 마신다. 그러나 예민한 사람들은 섬세하게 타고난 신경계를 돌보기 위해 몇 가지 노력이 더 필요할 수 있다. 당

내 몸이 불안을 말한다

신의 일상에 더하면 좋을 만한 지침들을 소개한다.

- 일찍 자고, 가능하면 알람 없이 일어나라.
- 필요하다면 조용히 혼자 있는 시간을 가져라.
- 어디서든 가능하면 삶을 단순하게 만들어라. 일정을 많이 만들지 말고, 쉬고 싶으면 거절해라.
- 자연에서 땅과 교감해라. 하루에 적어도 10분은 맨발로 땅을 디디며 보내라.[2]
- 에너지를 정화하는 시간을 가져라. 다른 사람들에게서 너무 많은 에너지를 받아들였다면 주술적인 드럼 음악에 맞춰서 몸 흔들기 등으로 몇 분간 에너지를 비우는 시간을 가져라.

---

인간은 설계 단계에서부터 다양하게 만들어졌다. 3장에서 살펴봤던 영장류 연구가 뒷받침하듯이 예민한 구성원은 공동체의 생존에 필수적이다. 그들은 최전선에서 위험을 감지하고 나머지 무리에게 경고를 보낸다. 과거에는 주로 다가오는 폭풍우나 위험한 동물로부터 무리를 지켰으나, 오늘날에는 세상이 위태로울 정도로 균형이 무너졌음을 알리는 역할을 한다. "우리처럼 극도로 예민한 사람들은 오늘날 사람들의 마음을 해치는 소비지상주의에 제일 먼저 깃발을 꽂는 선발대다." 세라 윌슨은《내 인생, 방치하지 않습니다》에서 이렇게 말했다.[3] 좀 더 개인적인 차원에서 보면, 누군가의 이야기를 아무도

들어주지 않을 때 또는 누군가가 속상한 일을 겪었을 때 그들이 느끼는 소리 없는 불안감을 만져주는 이도 주로 예민한 사람들이다. 이들은 공간의 에너지를 바꿔서 그곳에 있는 모든 사람이 상냥하고 공평한 기운을 느낄 수 있도록 만든다. 그러나 이 사회의 다양한 기능이 굴러가려면 직감이 강한 사람뿐만 아니라 (외과의사나 비행기 조종사처럼) 좀 더 객관적이고 끈기 있는 사람도 필요하다. 스트레스에 쉽게 동요하지 않는 사람이든 눈물 없이 뉴스를 보지 못하는 사람이든, 어쨌든 우리는 모두 이 사회에 필요한 사람들이다. 하지만 특히 지금 같은 세상에서는 누구나, 적어도 잠깐이라도, 노래를 잃어버릴 수 있다. 만약 현대 서양 문화에 리트머스종이를 담가본다면 오늘날 삶의 톤이 불안임이 드러날 것이다. 불안은 이 시대의 동사이고, 분위기이며, 질감이고, pH다.

## 두려움의 평범성

그것은 광고라면 마땅히 해야 할 일을 했다.
물건을 사야 해소할 수 있는 불안을 유발한 것이었다.
—데이비드 포스터 월리스David Foster Wallace, 《끝없는 농담Infinite Jest》

오늘날 우리가 걱정이 가득한 삶을 사는 데에는 사회구조적 인종차별, 기후변화, 성폭행과 성희롱의 트라우마 등과 같이 중대한 사회적 원인 외에도 직장, 결혼, 가족, 연인이나 가족의 부재, 건강, 경제 사정 등과 같이 좀 더 은근하고 사적인 이유도 매우 많다. 여기에 더해서 우리가 꾸준히 노출되고 있는 또 다른 두려움은, 놀랍게도 광고처럼 그저 무해하게만 보이는 것에 의한 결과다.

성性은 이제 잊어라. 거대 기업들은 두려움과 불안이 팔린다는 사실을 알아차렸다. 자족과 자기수용이 무분별한 소비주의에 도움이 되지 않자, 그 대신 우리의 불안감을 신중하게 엄선하여 다시 우리에게 반영함으로써 불확실성을 주입하고 소비를 유도한다. 소셜 미디어에 노출되는 광고에서 지금 우리는 가진 것이 충분하지 않고 위험에 처해 있으며 무언가를 급히 바로잡아야 한다는 메시지를 반복적으로 마주한다. 그 결과 우리는 두려움에 잠긴 채 살아간다. 이러한 불안은 대개 심오하고 불길한 이유로 인한 것이 아니라 영악한 마케터들이 돈을 벌려고 유도한 것일 때가 많다. 이처럼 오늘날 유행병처럼 번지고 있는 불안은 마케팅 전략처럼 지극히 평범한 것에 의해 증폭되었다. 만약 탄광의 카나리아가 노래하기를 멈췄다면, 당신이 뭔가를 구매하도록 설득당할 때마다 이 사실을 떠올려라. 이러한 인식은 마치 자기장처럼 작용하여 당신에게 필요하지도 않은 물건을 사라고 불안을 자극하는 메시지에 쉽게 휩쓸리지 않도록 막아줄 것이다.

# 우리는 언제나 근무 중

번아웃은 주로 당신의 하루 또는 인생을 채우는 것들이
당신이 꿈꾸는 삶과 의미에서 너무 멀게 느껴질 때 나타난다.
번아웃이 그냥 일중독 상태를 넘어서는 문제인 이유가 여기에 있다.
그것은 자아로부터 그리고 욕망으로부터의 괴리감에서 온다.
— 앤 헬렌 피터슨Anne Helen Petersen, 《요즘 애들》

오랫동안 우리는 일에 중독된 듯 보이는 사람을 가리켜 '일중독자workaholic'라는 단어를 썼다. 그러나 나는 일중독이, 사람들이 일을 도피처로 쓰는 상태, 이를테면 결혼 생활이나 육아가 힘들어서 직면하고 싶지 않을 때 일에 집중함으로써 내가 무언가를 향해, 가령 부와 지위를 향해 나아가고 있다고 믿는 상태라고 생각한다.

그러나 오늘날 우리의 강박적인 업무 습관은 그 뿌리가 다른 듯하다. 영원히 끝나지 않는 일의 굴레에 갇히는 것은 일중독이라기보다는 일 중심주의workism다. 데릭 톰프슨Derek Thompson은 〈애틀랜틱〉에 투고한 기사 '일 중심주의가 미국인을 불행하게 한다'에서 일 중심주의란 "일이 경제적 생산성뿐만 아니라 그 사람의 정체성과 삶의 목적에서도 가장 중심이라는 믿음"이라고 설명했다.[4] 내가 진료실에서 여러 환자를 만나며 느낀 점인데, 자신의 감정에서 도망치려고 일에 몰두했던 과거와 달리 요즘 젊은 환자들은 그 같은 절박함 때문에 일에 매달리는 것이 아니다. 그보다는 자신의 삶에 의미를 부여하기 위해

내 몸이 불안을 말한다

일에 투자한다. 실제로 밀레니얼 세대는 일하는 동기가 삶의 의미와 목표 찾기인 경우가 더 많다는 연구 결과도 있다.[5,6,7] 한편 IT 분야의 스타트업과 거대 기업들은 무화과 잎사귀 뒤에 숨어서 "더 나은 세상을 만들고 있다는" 인상만 심어주면 젊은 청년들이 낮은 연봉과 높은 업무 강도를 받아들이게 설득할 수 있다는 사실을 알아차렸다. 만약 우리가 팀원으로서 행동하지 않으면 사명에 전념하지 않는 셈이기 때문이다. "현 경제체계가 미국 역사상 부채가 가장 많은 세대에게 돈보다 목적을 더 중시해야 한다고 설득하는 데에는 뭔가 음흉하고 디스토피아적인 구석이 있다." 데릭 톰프슨은 이렇게 말했다. "실제로 만약 당신이 영국 드라마 〈블랙 미러〉에 나오는 것처럼 임금은 높지 않은데 초과근무를 장려하는 노동환경을 만들려고 한다면 어떻게 하겠는가? 아마도 교육받은 젊은 청년들에게 임금은 후순위이며 어떤 직업도 그냥 직업이 아니라고, 일에서 얻는 진정한 보상은 형언할 수 없이 빛나는 목적뿐이라고 설득할 것이다. 이 사악한 게임에 걸린 상품은 손에 닿을 듯 닿지 않아서 거의 아무도 거머쥐지 못하지만, 그런데도 사람들은 홀린 듯이 이 게임에 영원히 참가한다."[8]

오늘날 사람들 대부분은 한 달간 쉬면서 사랑하는 사람들과 시간을 보내기를 그 무엇보다 간절히 원할 것이다. 그러나 현실은 어떤가? 한 달은커녕 일주일, 심지어 하루도 제대로 쉬지 못한다. 왜냐면… 우리는. 항상. 일하기. 때문이다. 밥을 먹을 때도 슬랙을 보면서 급하게 점심을 해치운다. 밤이 되어 '쉬면서' TV를 볼 때도 핸드폰으로 업무 이메일에 답을 하고, 소파에 앉아 있을 때도 늘 스프레드시트와 함께한다. 휴가를 떠날 때도 노트북을 챙겨 가고, 화장실에서도 이메일을 확인한다. 그리고 침대에 누워서는 잠들려고 애를 쓰면서도 한편으로는 여러 가지 업무 문제들을 고심한다.

믿기 어렵겠지만, 한때는 근무시간 종료를 알리는 암묵적인 신호와 상호 합의가 있던 시절이 있었다. 먼저 사람들이 조금씩 짐을 싸기 시작하고, 자리에서 일어나 하나둘씩 사무실을 떠나고, 마침내 천장의 불이 꺼진다…. 이러한 일련의 과정은 이제 집에 갈 시간이라는 메시지를 실패 없이 전달한다. 그러나 지금 우리의 일은 고정된 끝이 없고, 언제나 진행 중이다. 식탁 위의 노트북이 곧 사무실이며 아침부터 밤까지 계속 일한다. 미국에서는 이미 번아웃이 유행병처럼 퍼져왔으나[9] 코로나19 팬데믹이 닥치면서 일과 집의 경계는 더욱 흐려졌고 거기에 불확실성, 애도, 집단적 트라우마까지 더해졌다. 부모들은 적어도 가족을 돌보는 일이 끝나고 잠자리에 들면 근무시간이 끝날 것 같지만, 내가 환자들에게 듣는 이야기에 따르면(그리고 나 또한 그렇듯) 많은 부모가 아이들이 잠든 후 다시 회사 일을 하기 위해 노트북을 켠다.

이처럼 우리 문화가 일 중심주의로 전환하면서 생산성이 높아졌지만, 그와 함께 불안도 높아졌다. 브레네 브라운의 지적처럼 사람들은 과로를 "지위의 상징"으로, "생산성을 가치의 기준"으로 여긴다.[10] 기술 발전으로 언제 어디서든 일할 수 있게 되면서 우리는 성취감을 빼앗겼고, 그 대신 끝없이 이어지는 할 일 목록의 끝을 보기 위해 쉼 없이 달린다. 비교적 풍요로운 사람들조차 충분함을 느끼지 못한다. 여러 면에서 불안은 부풀려진 생존 본능(먹거리를 찾고 잠잘 곳을 마련하고 포식자와 재해를 경계하는 등)과 같다. 현대의 업무 환경에서 우리는 생존과 대비를 위해 끝없이 일할 수 있다. 그리고 우리가 언제나 더 많이 일할 수 있다는 느낌은 불안을 위한 캣닢(고양이가 굉장히 좋아하는 풀로, 스트레스 해소와 기분 개선 효과가 있다 – 편집자)이나 다름없다.

오늘날 우리는 심지어 휴식조차도 생산적이어야 한다는 압박에 시달린다. 업무 집중력을 높이기 위해 명상하고, 다음 날 아침 회의를 위해 일찍 잠자리에 든다. 중국의 도교에서는 서로 상반되지만 상호 연결된 두 가지 힘, 즉 음과 양이 이 세계를 이룬다고 본다. 음은 어둠이고 양은 빛이다. 음은 여성이고 양은 남성이다. 음은 휴식이고 양은 활동이다. 이처럼 이 세계의 모든 것이 자연스럽고 역동적인 평형 상태를 이루고 있다. 그러나 오늘날 우리는 지나치게 일과 생산성에만 치우쳐서 음이 양을 뒷받침할 때만 가치 있는 것으로 여기게 됐다. 이제는 여가 활동도 더 나은 결과를 위한 도구로만 생각한다.

그리고 여기에는 웰니스, 즉 '생산적인 휴식' 산업의 부상도 한몫한다.[11] 우리가 매 순간, 심지어 쉴 때조차 뭔가를 성취해야 한다는 부담에 시달린다는 점을 고려하자, 적외선 사우나에서 명상하고 패들보드 위에서 물구나무를 선 채로 감사 연습을 하는 등 자기 관리에 대한 과한 의욕이 널리 퍼지고 있는 최근 문화적 분위기의 이유도 더욱 선명해지기 시작한다. 오늘날 음은 사실 알고 보면 또 다른 양이며, 여가 활동 자체가 고된 일이 되었다. 그러나 음과 양은 우리 안에서 균형을 이루도록 만들어졌다. 우리가 부지런함을 덕목으로 삼는 것만큼이나 여가 활동도 그 자체로 가치를 지녀야 한다.

역설적이게도 우리가 여가 활동을 무시하면 할수록 직장 생활도 덜 열정적으로 변한다. 진정한 휴식을 취한 적이 없기에 일을 하면서도 주의가 흐트러지고 늘어진다. 마땅히 쉬어야 할 때도 계속 이메일을 확인하거나 강도 높은 자기 관리로 여가를 채운다면 진짜 중요한 일을 해야 할 때 필요한 회복은 도대체 언제 얻을 수 있겠는가? 쉬어야 할 때 반밖에 쉬지 않으니 일해야 할 때도 반밖에 일하지 못하고, 낮에 일을 잘했다는 보람을 느끼지 못하니 쉬는 시간에도 생산적이어야 한다는 압박감을 느끼는 악순환이 반복된다.

기억해라. 당신의 상사, 회사, 그리고 평생에 걸쳐 무의식적으로 이루어진 훈련들은 휴식을 장려하지 않는다. 의식적으로, 주도적으로 여가를 위한 시간을 지정하고 그것을 기필코 지키는 책임은 온전히 나에게 있다. 먼저 자기 자신을 위한 톤을 설정하는 것으로 하루를 시작해라. 아침에 일어나서 제일 먼저 핸드폰을 확인하는 것으로 하루를 시작하지 말라는 뜻이다. 핸드폰과 거기에 가득 쌓인 알림들이 당신의 기분을 결정하게 하지 마라. 침대에서 일어나 그날의 목적과 분위기를 결

내 몸이 불안을 말한다

정할 수 있을 때까지 충분히 자기 자신과 함께해라. 그다음에는 단 2분이라도, 잠옷 차림으로 베란다에만 서 있어도 좋으니, 밖으로 나가서 진짜 햇빛을 한 움큼 느껴라. 이는 일주기 리듬을 깨우고 호르몬 교향곡을 틀어줌으로써, 이제 아침이 되었으니 정신을 차리고 주의를 환기하고 움직이기 시작할 때임을 우리 몸에 알리는 데 도움이 된다. 또한 생체 타이머를 작동시켜서 밤이 되면 잠이 오게 하는 효과도 있다. 이처럼 밖에서 몇 분간 시간을 보내는 행위는 업무와 일상을 분리하고 하루에 약간의 여유를 만들어준다.

업무 시작 시간이 되면 현실적인 목표와 함께 식사 시간, 뇌를 쉬게 할 시간을 포함해 그날 일정을 정한다. 각각의 회의가 꼭 필요한지 검토하고, 몰입 상태(열정적으로 집중해 뭔가에 푹 빠진 상태)에 들어가고 중요한 목표를 달성할 수 있도록 커다란 덩어리 시간을 사수하는 데 주의를 기울여라. 리더십과 비즈니스 전략 전문가 그레그 맥커운Greg McKeown이 저서 《에센셜리즘》에서 제시했듯, 문제는 "100만 가지 방향으로 1밀리미터 전진하기를" 원하는지 아니면 한 방향으로 1킬로미터 전진하기를 원하는지에 있다.[12] 아마도 가장 중요한 대목은 하루를 시작할 때 일을 끝내는 시간을 미리 정해두는 것이다. 지정된 시간이 되었는데도 아직 할 일이 남았다면 알람을 한 번 더 늦추는 것까진 괜찮다. 마지막 일을 마무리 짓고 마지막 납품을 마치면 그다음에는 멈춰라. 끝으로, 뇌에 일의 종료와 휴식의 시작을 알리는 신호를 보내는 의식을 갖는 것도 중요하다. 가볍게 산책하거나, 거실에서 춤추거나, 노을을 바라보며 차를 마셔라. 이러한 의식이 근사할 필요는 없지만, 반드시 의도적이어야 한다(멍하니 소셜 미디어를 보는 것은 안 된다).

우리 문화는 바쁨에 중독되어 있다. 할 일 목록은 끝이 없고 시간은 늘 부족하다. 결핍에 쫓기는 마음이 적절하게 휴식하고 일하는 능력 모두를 조금씩 갉아먹고 있다. 그러나 이러한 방식으로 몇 년을 살고 나면 우리는 고갈될 수밖에 없다. 인생에서 아무것도 하지 않는 시간을 되찾아라. 처음에는 5분, 그다음에는 10분, 그다음에는 아마도 오후 시간 전체를 진정한 휴식에 내주어라. 이는 당신의 뇌에 나는 충분하다, 나는 정말로 충분하다는 신호를 전할 것이다.

## '최고의 나'가 돼야 한다는 압박

우리가 더 많이 노력해야 한다고 생각하는 곳에
대개는 더 많은 자기애가 필요하다.
—태라 모Tara Mohr(세계적인 인생 상담 코치—편집자)

역설적이게도 우리에게 '최고로 멋진 나'가 되라는(그리고 그것을 구매하라는) 웰니스 산업의 압박도 우리를 불안하게 만든다. '자기 관리'는 우리에게 기분 좋은 뿌듯함을 약속하지만 그 뒤에는 가시가 숨어 있다. 자기 관리는 할 일 목록에 더해지는 또 다른 할 일이며, 통장을 마르게 하고 생활을 어수선하게 하는 또 다른 구매 목록이자, 있는 모습 그대로의 내가 충분하지 않다는 또 다른 메시지다. 너무 많은 것을 하고 사라는 요구에 우리는 실패하고 압도될 수밖에 없으며 거기에는 죄책감과 불안이 뒤따른다. 그리고 무엇보다도, 우리는 본래 그 자체로 **완전**한 사람인데도 '웰니스'라는 단어는 우리가 망가졌고 그래서 수리가 필요하다는 암시를 내포한다. 진정한 자기 관리는 자기애, 공동체, 자연, 휴식이다. 그 밖의 그럴싸한 것들을 전부 해야 한다는 부담감은 오히려 우리의 안녕을 해칠 수 있다. 만약 자기 관리를 위해 시작한 일이 걱정만 더한다면 그만두는 편이 낫다.

///////////////////////////////////////////////////////////////////////////////////

# 내 인생인데
# 다른 사람의 목표를 위해 살고 있다면

한Hanh은 공산당 정권이 나라를 장악하면서 미국으로 망명한 이민자의 딸이다. 그녀의 부모는 거의 빈털터리로 미국에 건너왔고 딸에게는 더 나은 삶을 물려주고 싶다는 마음으로 생계를 위해 부단히 노력했다. 36세 한은 높은 연봉을 받으면서 은행에서 일했고 부모는 그녀의 성공에 기뻐했다.

그러나 한은 비참하고 불안했다. 직장이 마음에 들지 않았고 부모의 기대라는 무게에 짓눌린 듯 느꼈다. 그녀는 내게 은행을 그만두고 유아교육 분야에서 경력을 쌓고 싶다는 이야기를 종종 했다. 그러나 부모가 말도 안 되는 짓이라며 반대하리라는 사실도 알았다. 그들에게는 그것이 경제적으로 바보 같은 선택이며 한을 위해 힘들게 애써온 그간의 노력을 배신하는 행동으로 보일 터였다.

처음 미국으로 건너왔을 때 한의 부모는 결핍이 당연한 시스템에서 삶을 꾸려야 했다. 그런 상황에서는 거의 모든 시간과 에너지를 돈 벌기에 집중하는 것이 타당한 우선순위였다. 자신들은 물론 딸의 미래까지도 안정적으로 만들길 원했고 성공했다. 그 덕분에 한은 좋은 교육을 받았고 부족함 없이 생활했으며 저축도 할 수 있을 만한 기반을 물려받았다. 그 결과 부모가 겪었던 결핍의 시스템을 겪지 않아도 됐다. 내가 종종 한에게 상기시켜줬듯이 그녀는 비교적 풍족했다. 따라서 그녀의 우선순위는 부모와 다를 수 있고 달라야 했다. 만약 한이 자신의 행복과 안녕을 희생하면서까지 안정적인 미래를 위해 최대한 많은 돈을 버는 데에만 집중한다면 그게 다 무슨 소용이겠는가? 나는 많은 환자에게서 이처럼 자신이 세우지도 않은 목표를 위해 고군분투하는 모습을 누누이 봐왔다.

한은 아직도 은행에서 일한다. 그러나 이제 그녀는 자신의 진짜 불안이 외치는 소리에 귀를 기울인다. 그리고 자기가 다른 사람의 목표를 위해 맹목적으로 일해왔다는 사실을 인지하기 시작했다. 현재 그녀는 떠나기 위한 계획을 신중하게 짜고 있다. 한편으로는 가족을 실망시키거나 키워준 은혜도 모르는 딸이 될까 봐 두려워한다. 나와 한은 어떻게 하면 그녀의 부모가 거쳐온 세월에 존경을 표하면서도 부모가 중시하는 가

내 몸이 불안을 말한다

치에서 대담하게 벗어날 수 있을지 집중적으로 이야기하고 있다. 목표는 자신의 삶을 스스로 설계하는 것이다. 일, 연봉, 열정, 명예, 책임감, 안정감, 휴식에 관해 자신이 내린 선택을 심도 있게, 의식적으로 숙고해야 한다고 나는 늘 한에게 상기시킨다. 세계가 내게 요구하는 것을 생각 없이 따르는 대신, 저울에 올려져 있는 모든 것을 고려하고 스스로를 위한 선택을 해라.

## 완벽주의를 버리자

완벽주의는 내면화된 억압이다.
―글로리아 스타이넘Gloria Steinem

완벽주의는 대처전략coping strategy(스트레스 상황에 대응하기 위한 일련의 행동 및 인지 전략 ― 옮긴이)이며 회의 테이블에서 자기 자리를 주장하기 위해 시도하는 방법이다. 그러나 완벽주의는 우리를 무력하게 만들 뿐이며 비록 불완전한 존재라도 우리는 태어날 때부터 이미 테이블에 앉을 자격이 있다. 왜냐하면 인간은 원래 불완전하기 때문이다.

먼저 당신이 왜 완벽주의를 중시하는지 생각해보자. 외부의 힘이 또는 어릴 적 경험이 언제나 무엇이든 더 잘해야 하고 더 나은 사람이어야 한다고 강요해왔기 때문인가? 성취가 있어야 관심을 받을 수 있는 환경에서 자랐는가? 만약 부모에게 좋은 인상을 남겨야 사랑받을 수 있다고 느끼면서 자랐다면 당신은 성인이 되어서도 스스로에게 엄격한 기준을 요구할 것이다. 한 걸음 물러서서 스스로에게 물어라. 뭔가를 이루거나 다른 사람들을 기쁘게 해야만 사랑받을 자격이 있다고 생각하는가?

둘째, 세상사는 언제나 얻는 게 있으면 잃는 게 있기 마련이다. 이 사실을 깨닫는 것이 중요하다. 많은 사람이 일, 건강, 사회 활동, 그리고 아이·배우자·친구·노쇠한 부모 돌봄을 비롯한 모든 것을 언제나 완벽하게 해내려고 애쓴다. 그러나 하나에 에너지를 많이 쏟아부으면 다른 하나에는 그만큼 에너지가 덜 갈 수밖에 없다는 사실을 인정하자. 이것을 완벽하게 제대로 해내기는 불가능하니 저것은 목표에서 지우도록 한다.

불안이 높은 완벽주의자들은 대개 스스로를 브레첼Bre-zel(가운데에 매듭이 있는 하트 모양으로 구운 독일 빵 – 편집자)처럼 구부려서 다 태워버리지 않으면 그건 최선을 다한 게 아니라고 믿는다. 자, 최선을 다하는 것의 정의를 새롭게 알려주겠다. 할 수 있는 선에서 최선을 다해라. 적당히 쉬고 평온하고 균형을 잃지 않는 상태에서 성취할 수 있고 자부심을 느낄 수 있는 적정한 노력이 무엇인가? 그것이 당신이 할 수 있는 선에서의 최선이며, 이것을 목표로 삼으면 완벽주의적 기준이 주는 부담감에서 벗어나 상당히 덜 불안한 삶을 살아갈 수 있을 것이다.

# 일요일의 공포

데릭 톰프슨에 의하면 불안이 높은 사람들에게 일요일의 공포("주말이 끝나가고 월요일이 다가올 때 많은 사람들이 느끼는 불안의 홍수")는 "일하고 싶은 마음"과 "놀고 싶은 마음" 사이에서 "심리적 줄다리기"가 벌어질 때 나타난다.[13] 일요일의 공포가 때로는 가짜 불안의 산물(주말 동안 늦게 자기, 토요일 밤에 마신 와인 한 병, 일요일 아침에 마신 평소보다 진한 커피 등)일 수도 있음을 인지하는 것이 중요하다. 주말 내내 건강하지 않은 식사를 하고 술을 마시고 늦게 자고 늦게 일어나고 핸드폰 스크롤만 하면서 하루를 보냈다면, 출근할 생각을 떠올리기만 해도 우리 몸은 거대한 생리적 스트레스반응과 씨름한다. 그러나 때로는 일요일의 공포가 진짜 불안에 기인했을 수도 있다. 먼저 신체적 건강의 균형을 되찾고 가짜 불안을 줄이고 나면 내면의 나침반이 무엇을 가리키고 있는지 구별하기가 더 수월해질 것이다. 당신의 목표나 가치관에 맞지 않는 일을 하고 있기 때문일 수도 있고, 일이 손에 닿지 않고 스스로 아무것도 기여하지 못하는 것처럼 느껴져서일 수도 있다. 나는 다양한 가짜 불안을 꼼꼼하게 살핌으로써 스트레스반응 아래 숨겨진 통찰을 발견한 환자들을 많이 봐왔다. 이를 통해 내가 깨달은 사실은 우리가 일요일의 공포 아래 가려진 진실에 신중하게 귀 기울일 필요가 있다는 점이다.

# 결과보다 과정

우리는 결과를 중시하는 사회에 살고 있다. 따라서 우리의 관심도 등수, 연봉, 소셜 미디어의 좋아요와 팔로워 수 등을 포함해 세상이 나를 어떻게 받아들이는지에 집중된다. 그러나 만약 우리가 초점을 결과에서 과정으로 옮기면 어떨까? 사실 우리가 유일하게 책임질 수 있고 유일하게 통제할 수 있는 부분은 결과가 아닌 과정이다. 세상의 평가에 대해서는 내가 할 수 있는 일이 거의 없다. 다른 사람들의 내적 선입견, 기회와 운, 온갖 종류의 오해 등이 크게 작용하기 때문이다. 세상이 나를 어떻게 보는지에만 집중하면 다른 사람들의 기대를 충족하는 방향으로만 변한다는 점은 두말할 것도 없다. 이는 필연적으로 타인의 만족이라는 두더지 잡기 게임이 된다. 한 사람을 기쁘게 하면 다른 사람이 실망한다. 그 사람을 만족시키려 하면 또 다른 사람이 실망한다. 이 게임을 이기려고 하다 보면 자신의 욕구를 배신할 수밖에 없고 뭔가 옳지 않다는 불안감에 끝없이 시달린다. 그러므로 모든 사람을 만족시켜야 한다는 스트레스에서 벗어나 본연의 모습을 드러내고, **할 수 있는 선에서** 최선을 다하고, 결과에 얽매이지 마라.

---

만약 당신이 우리 인류의 예민한 구성원 중 하나라면, 사회라는 탄광 속의 카나리아라면, 현대 생활에서 서서히 일어나고 있는 여러 변화가 당신을 조금씩 옥죄고 영혼을 잠식하고 부정적인 생각들을 불어넣어왔을 가능성이 크다. 진짜 불안의

목소리를 문화적 소음보다 더 크게 키우고, 그리하여 그것을 따라 신선한 공기를 찾아 나아가는 것이 중요하다. 궁극적으로 당신이 우리 모두를 위해 더 나은 길을 만들어줄 것이다.

# 14장
# 관계와 평온

75년의 세월과 2000만 달러가 쓰인 그랜트 연구의 결과는 (중략)
다섯 마디로 간략하게 표현할 수 있다. "행복은 사랑에서 온다. 이게 전부다."
―조지 베일런트George Vaillant

나는 수면부족과 염증이 불안에 영향을 미치는 방식에 대해서라면 밤새도록 이야기할 수 있다. 이러한 요인들이 우리가 느끼는 방식에 중요한 차이를 만든다고 진심으로 믿는다. 하지만 해가 갈수록, 정신 건강에 관한 한, 인생에서 인간관계보다 더 중요한 요소는 별로 없다는 사실을 배운다. 새벽 2시까지 잠을 자지 않은 채 빵과 파스타를 먹고 와인을 마시더라도, 사랑하는 사람들과 식탁에 둘러앉아 웃고 떠드는 쪽이 모임을 거절한 채 몸에 좋은 음식만 먹고 밤 10시에 잠자리에 드는 쪽보다 더 건강에 좋은 선택일지 모른다. 결국 우리의 안녕

내 몸이 불안을 말한다

은 다른 무엇보다 다른 사람들과의 관계에 좌우된다.

그러나 굳이 내가 이 이야기를 당신에게 해야 할 필요는 없다. 모든 종교적인 글, 환각체험, 그럴싸한 시에서 점점 커지는 불안에 대한 해답은 사랑이라고 말하기 때문이다. 답은 쉽다. 실제 삶에서 그것을 어떻게 찾을지, 즉 어떤 사람이 되고 어떻게 서로를 대하고 어떻게 세상에 봉사하고 어떤 방식으로 삶에 나만의 흔적을 남길 것인지가 문제일 따름이다.

인간은 사회적 동물이다. 종으로서 인류는, 적어도 인지력 감퇴,[1] 수명 단축,[2] 불안[3,4]이 나타나지 않은 이상, 사회적 연결에서 벗어나는 선택을 할 수 없다는 것이 진화적 사실이며, 이는 내성적인 사람부터 사교적이고 외향적인 사람까지 다양한 인간 군상을 존재하게 했다. 앞서 말했듯이 수천 년간 인간의 생존은 공동체에 속할 수 있느냐에 달려 있었기에, 공동체는 유전적 명령과 같았다. 공동체가 없으면 다시 새로운 공동체에 속할 때까지 불안을 느끼는 것이 유전적으로 당연하다. 이러한 방식으로 연결된 포유류는 인간만이 아니다. 떼를 지어 어슬렁거리는 개와 늑대에서도 무리의 본능을 볼 수 있다. 심지어 래트조차도 사회적으로 연결된 상태를 선호한다는 사실이 확인됐다. 2018년, 미국의 국립약물남용연구소National Institute Drug Abuse에서 마르코 벤니로Marco Venniro가 지도한 연구에 따르면, "중독된" 래트에게 '다른 래트와의 사회적 교류'와 '헤로인과 메타암페타민' 중에 선택할 기회를 주자 래트들은 일관되게 마약 대신 공동체를 골랐다.[5] 반대의 경우도 입증됐다. 격리된 래트는 마약을 더 많이 복용하기 시작했다.[6] 물론 이 연구를 진행한 연구원들이 지적한 것처럼, 인간은 설치류보다 훨씬 복잡한 사회적 욕구를 갖지만 그래도 이러한 발견은 중독치료 프로그램의 구조뿐만 아니라 더 폭넓게는 동료와 사회적 관계에 대한 본능적 욕구에 대해서도 소중한 통찰을 제공한다. 하지만 공동체는 말하기는 쉬워도 만들기는 어렵다.

## 내 사람들을 찾아서

주변 사람들과 자꾸 어긋난다고 느끼거나 인생에 좋은 사람들이 별로 없다고 느낄 때(우정을 나눌 만큼 너그러이 경청해주는 사람들이 부족할 때) 우리는 점점 더 외롭고 불안해진다. 그럴 때마다 나는 환자들에게 이 세상에는 엄청나게 많은 공동체가 있으니 다른 가능성에 눈을 돌리라고 격려하지만, 그러려면 직장 동료나 대학 친구들 외의 관계를 찾아 나서야 할 것이다. 한 가지 좋은 방법은 명상 공동체나 열두 단계 프로그램같이 더 나은 사람이 되려고 노력하는 사람들이 모이는 곳에서 새로운 친구를 찾는 것이다.

그러나 새로운 관계 구축의 이면에는 진짜 불안을 통해 기존 관계에서 당신의 한계를 파악하는 과정이 존재한다. 나는 진짜 불안이 어깨를 두드리며 이 관계는 네 시간과 에너지를 쓰기에 더는 좋지 않아 하고 말하는 것을 무시하면서 오랜 우정에 의

내 몸이 불안을 말한다

리를 지키는 환자들을 많이 봐왔다.

반대로 과잉교정 성향을 지닌 환자들도 있다. 충분히 유지할 만한 가치가 있는 관계인데도 갈등이 발생하는 순간 그들은 금세 그것이 독이 되는 관계라고 단정 짓고 공격적으로 선을 긋는다. 사실은 잘못된 길에 들어선 관계를 회복하기 위한 한계 설정에 애써야 할 때인데도 말이다. 건강한 한계 설정은 다른 사람을 거부하거나 대인 관계에서 스스로를 차단하기 위한 메커니즘으로 쓰여서는 안 되고, 서로의 욕구를 존중하는 관계를 지지하는 방법으로 쓰여야 한다. 네가 나쁘게 행동했으니까 그에 대한 벌로 난 네가 가까이 오는 걸 거부할 거야와 같이 처벌적 성격의 한계 설정이 아니라, 나는 진심으로 우리 관계가 제대로 굴러가길 원하지만 지금 우리가 서로를 대하는 방식에는 관계를 해치는 뭔가가 있어 하는 관점으로 접근할 수 있어야 한다. 일단 관계를 지키기 위한 노력으로 한계선을 세우고 그다음에 성공적인 관계를 위한 한계를 설정해라. 이 두 번째 버전에서 우리는 관계가 잘 굴러가기를 응원하고 있다. 이런 의미에서 우리가 설정한 한계는 관계를 더욱 가깝게 할 수도 또는 멀어지게 할 수도 있다. 삶에서 무엇을 얻기 위해 싸울지 결정하는 일은 우리에게 달렸다.

# 상대방에게 기대하는 사람들을 위한 조언

우리는 누구나 상대방이 응당 **해야 할** 일을 하길 원한다. 이 사람은 내게 사과**해야 해.** 내가 선물을 줬으니 내게 고맙다는 카드를 **써줘야 해.** 그 남자는 저 후보자를 지지하지 **말아야 해.**

놀라운 소식을 전한다. 역사를 통틀어 인간은 그들이 **해야 할** 일을 하지 않으면서 살아왔다. 미래를 대충 예측해보자면 앞으로도 그러지 않을 것이다. 사람들이 자기가 **해야 할** 일을 하길 기대하는 것은 사실 일종의 현실 부정이다. 그러한 기대는 엄청난 괴로움을 안겨줄 뿐만 아니라 사람들과의 관계를 즐기지 못하게 막는다. 더 나은 전략을 소개하자면, 있는 그대로를 받아들이고 거기서부터 시작하되, 다른 사람들은 내 마음을 읽을 수 없으며 사람은 누구나 스스로 좋은 사람이라고 생각한다는 사실을 인정해라. "나는 있는 그대로를 사랑하는 사람이다." 작가이자 더워크The Work(자기 탐구 프로그램의 하나-옮긴이)의 창립자 바이런 케이티Byron Katie는 이렇게 말했다. "이는 내가 영적인 사람이라서가 아니라, 현실을 반박하면 아프기 때문이다."[7] 현실과의 오랜 논쟁을 끝내는 순간 당신은 다른 사람들을 있는 그대로 받아들일 수 있을 만큼 자유로워지고 다시 그들을 사랑할 수 있을 것이다.

# 완벽함보다 관계가 우선이다

인간관계의 질이 삶의 질을 결정한다.
—에스터 퍼렐Esther Perel
(인간관계 연구로 유명한 미국인 심리치료사—편집자)

다른 사람들과의 관계를 원한다면 그에 동반하는 혼란도 허용해야 한다. 사람들은 당신의 의견에 반박하고 잘못된 사실을 말하고 부주의하고 둔감할 수 있다. 서랍 문을 열어놓은 채 다니고 당신의 물건을 함부로 옮길 수도 있다. 그럼에도 불구하고 가장 중요한 사실은, 사랑하는 사람들과 유의미한 관계 맺기가 생물학적으로도 꼭 필요하지만 충만한 삶을 위해서도 반드시 채워져야 하는 기본 전제 조건이라는 점이다.

38세 누어Noor는 두 아이의 엄마다. 재택근무로 디지털 마케팅 일을 했고 남편은 출장이 잦은 편이었다. 아이들이 개인 공간을 침범하지 못하도록 막으면서 최대한 일을 하려 애썼지만 그녀는 "절망적으로 외롭다"라고 표현했다. 누어는 같은 성인들과의 교류에 굶주렸고 화상회의로 만나는 동료들이 아닌 진짜 관계를 갈망했다. 그녀는 이렇게 말했다. "아이들을 낳기 전처럼 여자 친구들과 어울리고 싶어요."

그러나 내가 누어에게 외출하거나 사람들을 집으로 초대하라고 권하자 그녀는 돌봄 도우미를 구하기 힘들고 비용도 비싼 데다 집도 너무 엉망이라고 거절했다. "요리할 시간도 없고 전 언제나 방금 트럭에라도 치인 듯한 몰골인데, 어떻게 사람들을 초대할 수가 있겠어요." 나는 누어에게 그녀의 삶에서 공동체를 되찾으려면 기준을 낮춰야 한다고 조언했다. 사람들을 초대할 때마다 집을 반짝반짝 치우고 상다리가 부러지게 음식을 준비해야 한다고 생각하면 친구들을 만날 기회는 1년에 두 번밖에 없을 것이다. 하지만 신경계가 안전하고 편안하게 느끼려면 공동체에 속해 있음을 정기적으로 느낄 필요가 있다. 시간과 마음만 있다면 누군가에게 식사를 대접하기 위해 사랑과 시간과 노력을 쏟는 것은 아름다운 일이다. 그런데도 누어는 스스로가 부여한 기준 때문에 자신의 욕구를 채우는 길을 막고 있었다. 그래서 나는 그녀에게 기준을 낮추고 친구들에게 집이 엉망이고 배달 음식이긴 하지만 어쨌든 놀러 와! 하고 말해보라고 제안했다. 이후 누어는 한 달에 몇 번씩 친구들을 초대하기 시작했다. 무릎이 늘어난 바지를 입고 장난감이 산처럼 쌓인 거실에 앉아 타코를 먹으며 눈물 나도록 웃었다. 사회적 교류에 대한 기본욕구가 정기적으로 채워지자 누어의 불안은 급격히 좋아졌다.

## 어렸을 때 부정적인 경험을 했다면

아동기의 부정적 경험은 성인이 되어서도 타인과 관계를 맺는 방식에 지속적으로 영향을 미친다. 만약 부모가 감정적으로 미성숙한 모습 또는 나쁜 의사소통 습관을 보였거나 어

내 몸이 불안을 말한다

릴 때 트라우마를 경험한 적 있는 사람은 관계에 어려움을 느낄 가능성이 더 크다. 나는 건강하지 않은 인간관계의 역학을 목격하면서 자란 환자들에게서 이러한 패턴이 나타나는 것을 확인했다. 그들은 해로운 인간관계를 끊어내지 못하거나, 건강한 한계가 설정되어 있는 관계에는 흥미를 느끼지 못했다. 때로는 괴로운 패턴이 똑같이 반복되는 데 너무 절망한 나머지 다른 사람들과 어울리려는 시도 자체를 멈추기도 한다. 만약 당신이 여기에 해당하는 듯하다면 어린 시절의 나를 다시 알아가고 싶어질지도 모른다. 치료 관점에서 말하면, 성인이 된 후의 원활한 사회적 교류를 위해 더 나은 조건을 만들려면 과거로 다시 돌아가 어린 시절의 나를 보듬어주는 과정이 필요하다.

우리가 부모를 다시 선택할 수는 없지만 스스로에게 '다시 부모가 되어주는 것'은 가능하다. 학대 또는 방치당한 기억이 장기적으로 영향을 미칠 때는 어린 내가 헤쳐온 삶을 너그러운 시선으로 바라보는 것이 중요하다. 어린 나는 도대체 무슨 일이 벌어지고 있는지도 이해하지 못한 채 어린아이의 마음에서 할 수 있는 모든 것을 다 했고 치열하게 생존했다. 사랑을 '얻기' 위해 나보다는 다른 사람들을 우선하고 상처받는 게 무서워서 마음의 문을 닫아버리는 행동들이 그때는 너무나도 당연했고 또 그래야만 했을 테지만, 이제는 바람직하지 않을 수 있다. 다행히도 어린 내가 그때 들어야 했던 말을 어른이 된 내가 지금이라도 들려줄 수 있다. 너는 사랑받아 마땅하고 아무런 잘못도 하지 않았다는 이야기를.

46세 중년 남성인 헥터Hector는 형에게 신체적으로 학대받으며 자랐다. 형제간의 일반적인 몸싸움을 넘어서 헥터는 종종 정말로 죽을 것 같다고 느꼈다. 형이 자신을 신체적으로 공격한다고 부모에게 여러 번 이야기했지만, 부모는 "네가 형한테 뭔가 잘못했겠지" 같은 말로 대응했다. 그들은 형의 행동을 바로잡는 데 전혀 관여하지 않았다. 결국 헥터의 형은 (유년기에 나타나는 심각한 행동적, 감정적 문제인) 행동장애 진단을 받았지만 이미 헥터는 폭력과 비난이 상당히 내면화된 후였다. 다행히 헥터는 나와의 상담과 훌륭한 배우자의 오랜 지원으로 소년 헥터에게 무사히 다가갈 수 있었다. 헥터는 소년을 짓누르던 죄책감과 비난의 무게를 덜어주었고, 그의 두려움은 당연한 것임을 깨달았으며, 자신이 행복한 삶을 누려도 될 만큼 좋은 사람임을 받아들였다.

그러나 아직도 어린 시절의 청사진은 헥터를 불안하게 했다. 이는 특히 건강과 관련된 불안으로 자주 나타났다. 몸이 안좋다고 느낄 때마다 헥터는 여러 의사를 만나러 다니면서 안심하고 싶어 했다. 헥터가 내게 이런 이야기를 전했을 때 나는 저 멀리서 소년 헥터가 애처롭게 간청하는 메아리를 들을 수 있었다. 나는 보호가 필요해요. 도와주세요! 어린 시절 헥터가 처했던 진짜 위험을 간과한 부모는 오히려 희생자인 헥터를 탓하면서 그의 요청을 무시했기에, 헥터는 어른을 신뢰할 수 없는 존재로 배웠다. 성인이 된 헥터에게 의사들은 바로 그 신뢰할 수 없는 어른에 속했고 그래서 그는 의사의 말을 쉽게 받아들이지 못했다.

다행히 헥터는 트라우마로 생긴 패턴을 재프로그래밍하는 데 도움이 되는 치료 양식을 찾았다. 11장에서 스트레스 사이클을 설명하며 예로 들었던 토끼와 늑대 이야기를 기억하는가? 이 사이클은 트라우마 치료에도 중요한 의미가 있다. 트라우마가 일어나면 인체는 투쟁-도피 또는 경직 반응을 거친다.[8] 만약 스트레스 사이클이 종료되지 않으면 아드레날린이 계속 몸에 흘러서, 배출되어야 할 에너지가 해소되지 못하고 만성적인 과다 각성 상태로 남는다. 이는 우리 몸에 트라우마가 남아 있는 한 계속될 수 있다. 대사되지 않은 트라우마가 투쟁-도피 반응의 점화장치에 끼여서 빠지지 않는 열쇠처럼 작용해 계속 엔진을 공회전시키는 꼴이다. 그러면 당신의 무의식은 과도하게 불안해하며 위협의 징조를 찾아 영원히 주변을 살핀다. 모든 생각과 느낌이 트라우마라는 공포에 질린 렌즈를 통해 비친다. 상호작용과 감각이 실제보다 훨씬 위협적으로 감지된다. 헥터가 지나치게 건강을 염려하고 의사의 소견을 믿지 못하는 것과 비슷하다. 이는 진짜 불안 버전의 스트레스 사이클과 같고 그래서 더더욱 뿌리가 깊고 끝내기가 어렵다.

트라우마는 우리 몸 안에, 결합조직에, 신경계를 이루는 신경과 섬유에 새겨져 있기에 상담치료만으로는 한계가 있다. 사실 트라우마를 말로 표현하고 또 표현하는 행위는 전문 치료사가 함께하더라도 다시 트라우마를 일으킬 가능성이 있다.

따라서 오랜 트라우마를 버리고 끊임없이 반복되던 스트레스 사이클을 종료하는 데에는 트라우마만을 표적으로 하는 치료법이 가장 효과적이다. 치료사가 트라우마의 기억을 꺼내 이야기하는 동안 환자는 가만히 눈을 감고 리드미컬하게 눈동자를 움직이는 안구운동 민감소실 및 재처리Eye Movement Desensitization Reprocessing, EMDR(여기에 작용하는 메커니즘은 아직 완전히 밝혀지지 않았지만 지난 수십 년간 진행된 임상시험 결과들은 이것이 대단히 효과적임을 증명해왔다),[9,10] 대뇌변연계를 재프로그래밍하는 것을 목표로 하는 역동적인 신경 재훈련 시스템Dynamic Neural Retraining System, DNRS, 트라우마를 해소하기 위해 마음-신체 연습을 사용하는 신체감각 기반Somatic Experiencing, SE 치료법 등이 여기에 해당한다. 이러한 치료법은 스트레스 사이클에 갇힌 에너지를 이동시키고 변연계와 몸의 차원에서 트라우마에 접근하기 위해 신체적 욕구를 고려하기 때문에, 트라우마를 치료하는 데 있어 기존 상담 치료보다 훨씬 효과적이다. 또한 트라우마를 표적으로 하는 치료법은 우리 뇌에 그건 그때고, 지금은 지금이야, 넌 안전해 하는 메시지를 입력하는 데에도 특히 도움이 될 수 있다.

## 불안형 애착이 관계에 미치는 영향

유년 시절이 성인이 된 후의 인간관계에 영향을 미치는 또 다른 방법은 애착 유형 형성을 통해서다. 발달심리학자 메리 애인스워스Mary Ainsworth의 연구에 기초한 애착 이론은 영유아기의 양육자 반응이 애착 패턴(안정형, 회피형, 불안형, 혼란형)을 결정하며 이것이 성인이 된 후의 인간관계에도 영향을 미친다는 내용이다. 아이의 요구를 섬세하게 알아차리고 반응하는 양육자와 함께 자란 아이들은 주 양육자와의 관계를 안전하고 신뢰할 수 있는 환경에서 경험하는 안정형 애착을 형성할 수 있다. 그러나 내가 진료실에서 만나는 환자들은 대개 영유아기에 양육자가 그들의 감정과 욕구에 적절히 반응하는 데 실패한 환경에서 자랐다. 양육자가 정신질환이 있거나 마약이나 알코올에 중독됐을 수도 있고, 보호자 자체가 어릴 적 트라우마를 고스란히 간직하고 있는 사례도 있었다. 또는 부모가 갑자기 찾아온 위기에 정신이 팔려서 아이의 감정적 욕구를 돌볼 여유가 없었을 수도 있다. 어쨌든 이 모든 상황은 불안형 애착 유형을 형성할 수 있는데, 이는 성인이 된 후에도 타인을 신뢰하지 못하고 버려질까 봐 두려워하는 형태로 나타난다.

나는 또한 성인기의 불안형 애착이 자기 충족적 예언이 되는 사례도 봤다. 다시 말해 불안형 애착을 가진 사람들이 자꾸만 실재하지도 않는 모욕과 공격을 감지한 탓에 결국 주변 사람들이 진짜로 그들을 떠나는 경우가 있다는 뜻이다. 자하라Zahara는 정신질환이 있는 엄마 밑에서 자랐다. 그녀의 엄마는 우울증이 심해서 자하라가 보내는 신호에 제대로 반응하지 못했다. 또한 자하라가 세 살 때 엄마가 한 달간 병원에 입원한

적이 있었는데, 그때 자하라는 아이다운 상상력을 발휘해 자기 때문에 엄마가 떠났다고 믿었다. 이제 성인이 된 자하라는 본인이 너무 감정적이어서 사람들이 자신을 감당하지 못하리라고 생각했다. 그래서 버림받고 싶지 않은 마음에 사람들을 미안하게 만들거나 죄책감을 심어주는 방법으로 그들이 자기와 함께 시간을 보내도록 강요했다. 몇몇 사람은 마지못해 그녀와 함께했지만 한편으로는 억울함을 느꼈고 마침내 그녀를 떠났다. 가장 두려워하던 상황을 그녀 스스로 만들어낸 셈이었다. 그럴수록 그녀의 불안은 조금씩 더 견고해졌다.

만약 이게 당신 이야기처럼 들린다면 당신의 어린 시절 관계가 성인이 된 이후의 관계에 접근하는 방식에 영향을 미치고 있다는 사실을 인정해야 한다. 어쩌면 무의식적으로 익숙함에 끌려서 신뢰할 수 없는 연인만 만나왔을지도 모르겠다. 그러면서 안정형 애착을 가진 상대는 '화학반응이 일어나지 않는' 것 같다며 그냥 지나쳐왔을 것이다. 앞으로는 자신이 안정형 애착 유형이며 신뢰할 수 있는 사람임을 보여주는 상대를 만나면, 그를 믿을 수 있는지를 두고 조심스럽게 몇 가지 실험을 해보자. 이는 궁극적으로 당신이 관계와 인생을 좀 더 안전하고 편안하게 느낄 수 있도록 도와줄 것이다. 그리고 당신이 버림받지 않기 위해 자기도 모르게 하는 행동이나 말을 파악했다면 이번에는 상대방을 통제하려는 욕구를 버리고 그들에게 좀 더 자유를 주도록 시도해보자. 그렇게 하면 사람들이 떠날까 봐 두렵겠지만 사실은 그것이 오히려 사람들을 곁에

내 몸이 불안을 말한다

머무르게 할 때가 많다. 이처럼 새로운 방식으로 인간관계 맺는 법을 배우는 동안에는, 내가 비록 이러한 상처들을 안고 있긴 하지만 그런 상처를 받는 게 당연한 사람은 아니며 태어날 때부터 존재 그 자체로 사랑받아 마땅한 사람이고 앞으로도 그러리라는 사실을 스스로에게 계속 상기시켜라.

## 근원에서 멀어지면 멀어질수록 불안은 증폭된다

코로나19 팬데믹 때문에 문화적 어휘 사전 맨 앞장에 '사회적 거리두기'라는 단어가 등록되긴 했지만, 사실 스마트폰, 인터넷, 휴대용 카세트플레이어가 등장하면서 우리는 이미 수십 년 전부터 서서히 고립되고 있었다. 그리고 우리가 일상에서 고립의 시간을 점점 더 많이 허용한 이유는, 기술 발달이 우리를 디지털 공동체로 더 깊숙이 끌어들이고 살아 있는 현실 공동체와 멀어지게 만들었기 때문이기도 하지만, 영적 자아(나는 이것을 근원source이라고 부른다)로부터 더 폭넓게 단절됐기 때문이기도 하다. 여기서 내가 사용하는 근원이란 단어는 자연, 창조적 표현 등과 같이 우리의 경이감을 자극하는 것을 뜻한다. 근원에서 멀어지면 멀어질수록 우리는 불안의 증폭이라는 심리적 대가를 치른다. 다시 서로에게 돌아갈 길을 내고 싶다면, 그리고 나보다 거대한 무언가, 모든 것을 아우르는 무언가에 속한 기분을 느끼고 싶다면, 신비와 경이의 감각을 일깨우는 방법을 찾는 것이 중요하다.


## 그림 그리기, 춤추기, 초콜릿 먹기…
## 무조건 잘 놀아라!


창조란 성인기에는 종종 잊힌 자아의 일부를 찾는 활동이다. 우리가 직장을 얻고 집을 사고 가정을 꾸릴 때쯤이면, 창의성은 우선순위 목록에서 저 아래로 밀려나고 이제 더는 즐길 수 없다고 생각하는 사치가 되어버린다. 그러나 창의적 활동은, 마셜 로젠버그의 말을 빌리자면, "삶을 풍성하게" 만들고 싶어 하는 인간의 기본욕구를 충족시킨다.[11] 그리고 우리 안에 살아 숨 쉬는 창의적 충동을 받아들이지 않고 표현하지 않으면 이 또한 진짜 불안을 유발할 수 있다.

창의성은 그림 그리기나 춤추기뿐만 아니라 자아를 자기만의 개인적이고 예측할 수 없는 방식으로 표현하는 모든 활동을 가리킨다. 이는 그 자체로 추구되어야 할 활동이며 자유, 진정성, 활기의 본질적 감각을 제공한다. 우리 문화와 학교는 창의성과 놀이를 점점 더 경시하고 시험과 대학 진학 준비에 초점을 맞추는 쪽으로 변하고 있지만, 연구 결과는 창의성과 놀이를 추구하는 것이 인생 전체의 안녕에 매우 중요하다는 사실을 일관되게 보여준다. 아이들에게 자유로운 놀이는 복잡한 과정을 거쳐서 이루어지는 뇌 발달에도 꼭 필요하다.[12] 심지어 놀이 활동을 많이 못 하고 자란 아이들은 우울증이나 불안장애를 겪을 확률이 더 높다고 주장하는 연구자들도 있다.[13,14] 방어적 태도를 풀고 영원 같은 시간 감각과 자유분방한 기분을 느끼려면 우리에게는 평생 창의성과 놀이가 필요하다.

마찬가지로 초콜릿이든 오페라든 오르가슴이든 어쨌든 뭔가를 통해 쾌락과의 관계를 고양시키는 것도 중요하다. 가령 성적 쾌락과의 연결은 삶에 생명을 불어넣는 에너지를 활용하는 하나의 방법이다. 생리학적으로 성적 쾌락은 불안의 해독제로 작용한다. 오르가슴은 인체의 유대 호르몬인 옥시토신[15]뿐만 아니라 기분을 좋게 해주는 호르몬인 도파민[16] 등을 분비한다. 이러한 호르몬은 기분을 띄우고 불안을 완화하는 효과가 있다. 그리고 무엇보다도 서로 간의 유대감을 촉진할 수 있다.

## 산과 바다는 불안을 위한 치유제

야생은 필수품이다.

─존 뮤어 John Muir

인류의 진화 환경은 좁은 방이나 공장, SUV나 지하철, 지하 스튜디오나 헬스클럽이 아니었다. 인간은 자연에서, 자연의 풍경과 소리와 냄새와 함께 진화했다. 자연적인 환경에 대한 욕구는 본능이며 따라서 자연과의 단절은 우리에게 '고향'에서 떨어진 듯한 좋지 않은 기분을 느끼게 한다.

일본에서는 '산림욕'이 스트레스는 물론 정신적, 신체적 건강의 다양한 문제에 해독제가 되어준다고 생각한다. 자연에 몸을 담그고 있으면 코르티솔이 감소하고 기분과 불안이 개선된다는 사실을 뒷받침하는 증거가 점점 더 많아지고 있다.[17,18] 뇌과학자들은 자연 속을 걸으면 생각을 단순화하고 전전두엽 피질의 활동에 영향을 미칠 수 있음을 밝혀냈는데[19] 특히 전전두엽 피질은 불안장애에 깊이 개입하는 것으로 알려져 있다.[20] 심지어 한 소규모 연구에서는 '접지earthing', 예를 들어 맨발로 흙이나 잔디 위를 걷는 활동 등을 하면 인체와 땅 사이에 이로운 전자교환이 일어나서 치유의 힘이 있을 수 있다고 제안했다.[21] 하이킹도 좋고 등산이나 서핑도 좋고 아니면 그냥 나무 사이에 가만히 앉아서 조용히 평온함을 만끽하는 것도 좋다. 이러한 활동은 뇌에 모두 괜찮다는 신호를 전한다. 다 괜찮아, 너는 고향에 있어.

5장에서 살펴봤듯이 자연에서 시간을 보내는 것은 당신의 일주기 리듬을 재설정하기에도 효과적인 방법이다. 만약 불안해서 잠이 오지 않는다면(또는 불면증이 불안에 일조한다면) 사흘간 캠핑을 떠났던 트래비스처럼 낮과 밤의 맥락적 신호로 돌아가는 것이야말로 수면 리듬을 회복하기에 가장 좋은 방법 가운데 하나다.

내 몸이 불안을 말한다

# 냉수 샤워가 활기를 가져오는 이유

나는 현대에도 인류의 '진화 환경'과 최대한 비슷하게 생활하는 방식을 좋아한다. 내 몸이 받아들이는 음식을 먹고, 해가 진 후에는 청색광을 피하고, 시원한 방에서 자려고 노력한다. 그러나 한 가지 포기 못 하는 것이 있는데, 바로 따뜻한 물로 샤워하기다. 이는 너무나도 현대적이고 자연스럽지 않은 사치지만 그것만은 도저히 포기하고 싶지 않았다. 그러나 얼음장같이 차가운 물에 뛰어드는 것이 인류의 진화적 조건에서 중요한 부분이었을 것임은 틀림없다. 연구에 따르면 찬물 입수는 염증을 줄이고[22] 부교감신경계 활동을 자극하는데,[23] 이는 스트레스 사이클을 끝내거나 자율신경계의 기준선을 더 차분하게 환기하는 데 도움이 될 수 있다. 또한 나는 찬물에 몸을 담근 채 명상하면 3분 만에 3년 치 요가를 한 듯한 효과를 볼 수 있다는 사실을 발견했다. 처음에는 신체가 차가운 물에 긴장, 거부감, 스트레스로 반응할 것이다. 하지만 천천히 호흡하면서 나를 압도하는 감각에 차분히 몸을 맡길 수 있다면, 이는 몸과 마음이 공황에 빠지려고 할 때 평정을 유지하는 방법을 체화하는 연습이 될 수 있다.

그러니 진전 없이 계속 한자리에만 머물고 있다면 진화적 뿌리로 다시 돌아가서 결단을 내려라. 매일 냉수 샤워 또는 (생각만 해도 소름 돋지만!) 얼음물 목욕을 하는 습관을 들이자, 활기가 생기고 긴장이 풀리고 불안이 낮아졌다는 사람들이 많다. 찬물 목욕에 명상적인 호흡법을 더한 빔 호프 호흡법Wim Hof Method을[24] 참고하면 찬물 입수 시의 고통을 완화할 수 있을 뿐만 아니라 어쩌면 인생이 바뀌는 변화를 경험할지도 모른다.

////////////////////////////////////////////////////////////////////////////

## 질문과 함께 살아라

어떤 사람들에게는 영적 자아, 즉 근원의 개념이 신에 대한 생각을 포함한다. 어쩌면 당신도 어느 순간 신의 존재를 깊이 경험한 적이 있고, 그래서 지금은 그런 믿음을 부인할 수 없을 수도 있다. 반대로 철저하게 과학적 탐구에만 확신을 느끼기에 신은 불가능한 존재라고 생각할 수도 있다. 또는 그 중간에 서서 어느 한쪽으로 확신을 가지려고 노력 중인 사람들도 많다. "흔히 종교와 과학은 서로 반대되는 것처럼 받아들여지지만 흥미롭게도 [내가 아는 훌륭한 과학자 중에는] 신앙심 깊은 사람들이 많다." 버락 오바마Barack Obama 전 미국 대통령은 어느 인터뷰에서 이렇게 말했다. "그러나 그들은 종교와 과학이 모순된다고 생각하지 않는다."[25]

1980년대와 1990년대 내가 뉴욕 시내의 교외에서 자랄 때는 신에 대한 믿음은 (얼른 주파수를 바꾸기 전에) 컨트리음악 방송에서나 듣는 이야기였고 그것을 암묵적으로 우습게 여기는 분위기가 형성되어 있었다. 내 주변 사람들의 종교는 본질적으로 과학만능주의였다. 우리가 믿고 숭배하는 것은 과학적 탐구였으며, 회의주의가 덕목이었다.

나 또한 비판적 사고를 대찬성하지만 한편으로는 과학계의 지적 엘리트의식이 신앙의 진정한 힘을 간과한 것은 아닐지 궁금하다. 숭배의 이름으로 이루어지는 영적 의식과 예배는 사람들에게 공동체를 제공하고 자신의 존재를 이해하는 하나의 방법으로 기능한다. 종교는 많은 사람에게 정기적으로 영적 탐구를 할 수 있는 구조를 제공한다. 그러나 조직화한 종교의 통제 그리고 때로는 잘못된 믿음에 맞서려는 노력의 과정에서 우리는 매주 공동체가 모여서 삶에 대한 질문을 던지고 탐구하는 의식을 잃어버렸다. 물론 종교가 우리 삶에 공동체와 연민과 목적을 더하는 유일한 방법은 아니지만, 인간이 연대와 의미를 찾는 풍경에서 종교가 중요한 역할을 하는 건 사실이다.

물론 나는 지금도 과학을 사랑한다. 과학의 중심에는 진리 추구와 세상이 움직이는 원리에 대한 이해가 있다. 그러나 과학만능주의의 일부 덕목이 어쩌면 우리를 불안하게 만든다. 과학만능주의 세계관에서는 우리가 소중하게 붙잡는 모든 것이 무작위와 우연이 베푸는 자비에 아슬아슬하게 매달려 있는 것처럼 느껴지기 때문이다. 또한 과학만능주의는 회의주의를 요구한다. 우주의 신비가 선사하는 놀라움과 경이를 즐기다가도 얼른 정신을 차리고 과학적 설명을 들먹여야 한다.

여기에서는 진리와 과학을 추구하면서도 그에 동반하는 불안을 완화할 수 있는 방법을 소개한다. 이것 역시 '둘 다/그리고'의 문제다. 한 발은 과학에 뿌리를 둔 채 땅을 디디고 다른 발은 신비 속을 떠다니게 해라. 아마도 우주는 과학적으로 설명할 수 있으면서도 동시에 약간은 마법 같은 면이 있다. 어쩌면 우리의 이해를 넘어서는 방식으로 세계를 이해하는 두 가지 관점 모두가 동시에 진실일 수도 있다.

결국 우리가 죽어서 진실의 방에 이르기 전까지는 누가 옳고 그른지 알 수 없다. 어쩌면 그런 '방'은 존재하지 않으며 당신의 정답만 있을지도 모른다. 어느 쪽이든 그것이 일어나기 전까지는 진실을 알 방법이 없다. 그러니 그동안에 나는, 오바마의 친구들처럼, 과학의 엄격함을 믿으면서도 신성한 신비라는 발상도 받아들이기로 했다.

고립되고 외롭고 길을 잃은 것 같고 붕 떠 있는 것처럼 느껴진다면, 스스로에게 질문을 던져보자. 눈에 보이는 세계보다 훨씬 더 멀거나 거대한 무언가에 연결되어 있다고 느낄 때가 있는가? 별을 볼 때가 될 수도 있고, 기도에 깊이 몰입했을 때, 합창단에서 노래할 때, 아니면 물리 수업을 들을 때가 될 수도 있다. 그게 무엇이든 당신에게 불꽃을 일으키는 일이라면, 해라. 혼자서든 다른 사람들과 함께든 이러한 신비를 탐험하는 것이 이로운 일임을 알고 겸허해져라. 오스트리아 시인 라이너 마리아 릴케Rainer Maria Rilke의 표현처럼 우리는 "문제들을 살아볼live the questions" 수 있고 이는 불안을 해소하는 강력한 해독제가 될 수 있다. 혹시 사회적 분위기 등에 휩쓸려 수십 년 전에 종교를 버렸으나 한때 신앙이 있던 곳의 구멍이 아직도 메

내 몸이 불안을 말한다

워지지 않은 것처럼 느껴진다면, 당신이 느끼기에 좋고 진실된 방식으로 영성에 대한 연결과 공동의 탐구를 되찾는 것도 고려해보자.

# 15장
# 붙잡기, 흘려보내기

알라를 믿되 낙타는 단단히 매라.

—고대 아랍 격언을 학자 알티르미디Al-Tirmidhi가 해석한 것으로,
선지자 무함마드가 낙타를 매지 않고 두는 신실한 베두인족에게 한 조언

진짜 불안은 우리의 아군이자 듬직한 길잡이이자 북극성이
다. 그러나 진짜 불안의 메시지를 행동으로 옮겼다고 해서 그
다음부터 가만히 쉬면서 우주가 끌고 가는 대로 내버려 두어
서는 안 된다. 우리의 가장 깊은 곳에 있는 본능이 가리키는 방
향을 따라가고 있을 때조차도 여전히 다음 신호에 귀를 기울
여야 한다. 진짜 불안은 마치 전기가 흐르는 철조망처럼 내가
의도된 경로에서 벗어날 때마다 다시 정신 차리고 원래의 길
로 돌아가게 해준다. 그리고 내가 올바른 길로 되돌아오는 순
간 불안은 목적의식이 된다.

사실 우리가 정말로 바라야 할 것들은 전부 그 길 위에 있다. 올바른 길 위에 있다는 것은 있는 모습 그대로 살아가고, 나를 빛나게 하는 일을 하고, 나에게 딱 맞는 일에 전념한다는 뜻이다. 진짜 불안과 친구가 되어 그것을 길잡이로 삼으면 진짜 불안은 나와 세상에 도움이 될 수 있다. 어떤 사람들에게는 이것이 웅장하고, 또 어떤 사람들에게는 덜 인상적일 수 있지만, 그 무엇도 보잘것없진 않다. 우리가 진정한 자아를 지키고 나만의 것을 내놓는 이상 진짜 불안의 영향력은 무한하다. 우리는 명료하게 나아가며 주변의 것들까지 북돋는다. 듬직한 안내자가 있고, 목적이 가득하고, 깨어 있고, 충만하다고 느낀다.

## 파도에 편안하게 몸을 맡기고 흘려보내기

최근 42세 남성 환자 빈센트Vincent가 통제하려는 마음을 버리고 나니 불안을 극복할 수 있었다는 이야기를 공유해주었다. "이 모두가 버려지는 것에 대한 두려움에서 안전을 찾기 위한 거였어요." 빈센트는 자신의 높은 지위는 물론이고 부동산, 값비싼 의류 등 막대한 재산을 언급했다. "그러나 정답은, 이 세상에 소문자 s로 시작하는 'safety(안전)'는 존재하지 않는다는 것이었습니다. 'safety'는 환상일 뿐이에요. 반면 대문자 S로 시작하는 'Safety'는 어디에나 존재해요. 그리고 그것은 쉽게 깨지지도 않죠. 그러나 'safety'를 'Safety'로 바꾸기란 몹시 어려워요." 빈센트는 자신의 'safety(보호받고 있다는, 그러나 환상에 불과한 감각)'를 얻는 데 엄청나게 많은 에너지를 투자한 끝에, 이제는 그렇게 열심히 일하지 않아도 되고 그저 더 큰 'Safety'를 믿으면서 쉬기만 하면 된다는 사실에 혼란을 느꼈다.

통제에 대한 개념을 버리거나 지금 내게 작용하는 더 거대한 힘(그 힘이 무엇으로 느껴지든)에 순응하기란 쉽지 않다. 그것은 직관을 거스르는 일이고, 처음에는 마치 끈 없이 자유낙하를 하는 듯한 기분이 들 수 있다. 세라 윌슨은《내 인생, 방치하지 않습니다》에서 티베트불교 여승이자 작가인 페마 초드론Pema Chödrön이 한 말을 다음과 같이 옮겼다. 불안은 "미지에 저항하는 것이다."[1]

원하는 것을 얻지 못할 때 우리는 자신과 타인을 탓하면서 불안해하는 경향이 있다. 일들이 특정한 방향으로 진행되어야 한다고 믿으면서 현실과 싸우기 때문에 늘 지치고 불안하다. 사실 불안은 우리에게 무엇을 통제해야 하는지가 아니라 언제 놓아주어야 하는지를 경고한다. 지금은 숨을 크게 들이쉬고 지금의 길이 나를 어디로 데려갈 것인지를 참을성 있게, 용기 있게 지켜봐야 할 때임을 알려준다.

오래된 도교 우화 중에 사람들이 살면서 겪는 사건의 좋고 나쁨을 얼마나 빨리 판단하는지를 보여주는 이야기가 있다. 한 농부에게 늙고 병든 말이 한 마리 있었다. 이는 나쁜 일인 듯하다. 하지만 아직 속단하긴 이르다. 어느 날 농부는 말이 죽기 전 마지막 나날들을 목초지에서 자유롭게 보내게 해주기로

내 몸이 불안을 말한다

했다. 농부의 이웃들은 전부 말도 안 되는 이야기라고, 당연히 말을 잃어버릴 거라고 입을 모았지만 농부는 개의치 않아 하며 이렇게 말했다. "보면 알겠지." 몇 주 후 말은 훨씬 활기를 되찾은 채로 또 다른 야생마 한 마리와 함께 돌아왔다. 이웃들은 갑자기 말이 두 마리가 되는 행운을 잡은 농부를 축하해주려 했지만 농부는 고개를 저었다. "보면 알겠지." 그는 또 이렇게 말했다. 그러던 어느 날 농부의 외동아들이 새 말을 타려다가 떨어져서 다리가 부러졌다. 이제는 농부도 자기가 운이 나쁘다는 사실을 인정해야 하지 않을까? 농부는 의사를 찾아가 아들의 다리를 치료받았다. 그리고 아들이 아직 회복 중이던 때 황제가 전쟁을 선포했다. 마을의 건강한 남자들은 전부 징용됐고 결국 전쟁에서 모두 전사했다. 농부의 아들만 다리가 부러져서 유일하게 징용을 면했다.

이 이야기의 교훈은 "모든 일에는 이유가 있다"처럼 포괄적이거나 뻔하지 않다. 오늘날 세계에는 끔찍한 일들이 일어나고 있다. 무분별한 폭력, 비극적 사고, 혐오스러운 불평등, 산불, 팬데믹. 그리고 세상의 비극은 대부분 불공평하게도 이미 힘이 없는 취약계층과 소수집단에 가장 크게 영향을 미친다. 그러나 이 이야기는 우리에게 문제를 바로잡기 위한 싸움에 결연히 참여하면서도 한편으로는 예측할 수 없는 전개와 변화에도 마땅히 마음을 열어둔 채 그 안에서 평온의 씨앗을 찾아야 한다고 말한다. 때로는 그것이 고통 속에 앉아 용감하게, 그리고 참을성 있게 그 씨앗이 무엇으로 변하는지 지켜보는 일일지라도 말이다. 우리는 지금 일어나고 있는 일의 궁극적인 결과와 의미를 알지 못한다. 따라서 다가오는 파도에 편안하게(적어도 의심 없이) 몸을 맡길수록 불안도 낮아질 것이다. 현실에 저항하고 싶을 때마다 나는 내가 통제할 수 없는 것들에 순응하라고 스스로 되뇐다. 물론 이는 파도가 크고 높을수록 훨씬 더 어렵다.

## 깊은 애도의 순간 해봐야 하는 것들

2015년 7월, 내가 임신 6개월일 때 엄마가 갑자기 세상을 떠났다. 엄마는 몇 년 전부터 참을성 있게 손주를 기다렸다. 그래서 나는 더욱더 엄마가 이 경험을 즐길 수 있기를, 내 딸을 안아보기를 바랐다. 그리고 내가 엄마로서의 삶을 시작하는 순간에도 온화하고 든든한 엄마의 존재가 내 곁에 있어주길 바랐다. 사실은 아직도 그렇다.

엄마의 죽음은 내 정신적 세계관에 치명타를 날렸다. 무언가를, 무엇이든 믿어야 할 바로 그 순간에 나는 참담한 의심을 경험했다. 나는 엄마가 영혼의 형태로 계속 존재한다고, 그래서 어떻게든 내 딸을 만나리라는 사실을 너무나도 간절히 알고 싶었다. 이 우주에는 뭔가 더 거대한 질서가 존재하며 엄마의 죽음이 그저 잔인한 우연이 아니라는 점을 확인받고 싶은 마음에 랍비, 목사, 무속인(솔직히 말하면 나보다 어른이기만 하면 누구라도 상관없었다)을 찾아다녔다.

엄마가 너무 젊은 나이에 돌아가셨기에 나는 외롭고 슬펐다. 아이를 어떻게 키워야 할지 막막할 때마다 엄마의 도움이 간절했고, 상실감에 빠진 아빠를 어떻게 위로해야 할지 확신이 없는 채로 그를 챙겼다. 애통에 빠져 있던 어느 날 내게 두가지 선택지가 있음을 깨달았다. 하나는 죽음이 무의미하다고 믿는 것이었고, 다른 하나는 죽음에 뭔가 더 큰 의미가 있으며 어쩌면 죽음이 어떤 의미인지를 내가 결정할 수 있다고 믿는 것이었다. 의심의 위협에도 불구하고 나는 엄마의 죽음이, 모든 것이 서로 얽혀 있는 거미줄의 일부라고 믿기로 선택했다. 이런 믿음은 어떤 신성한 질서에 대한 이해로 연결됐다. 지금도 나는 이런 관점으로 죽음을 받아들인다. 내 생각이 틀렸을 수도 있다는 것은 안다. 하지만 그 덕분에 나는 가장 힘든 순간에 바닥이 보이지 않는 불안과 절망에 남겨지기보다 그 안에서 의미와 평온을 찾을 수 있었다. 지금도 나는 엄마가 살아 있을 때만큼이나 엄마와 가깝게 느낀다. 그리고 궁극적으로 이미 일어난 사실에 순응하면서(엄마의 죽음을 근본적으로 받아들이면서) 그 중심에 자리 잡은 고요함 그리고 내 안에 있는 사랑과 힘과 고요함을 찾고, 계속해서 찾아 나설 수 있었다.

그러므로 만약 당신이 예상치 못한 전화를 받고 삶이 갑자기 최악의 상황으로 곤두박질친다면, 초현실적인 감각과 불안과 고통의 파도를 헤쳐 나가는 한편으로 직통선을 만들려고 시도해보자. 가능하다면(설령 그것이 당신을 향한 희미한 손짓

일 뿐이라도) 당신의 이해를 넘어선 질서의 가능성을 탐험해라. 인생의 우여곡절이 사실 무의미할 수도 있지만, 만약 당신이 거기에서, 특히 힘든 일에서 의미를 찾을 수 있다면 그것은 좀 더 평온하고 유연하게 삶을 헤쳐 나가는 데 도움이 될 것이다. 우리가 이해할 수 없는 방식이긴 하지만, 인간이 계속해서 존재할 수 있다는 가능성, 그리고 우주의 신비가 그저 공허한 꿈이 아닐 수도 있다는 가능성에 마음을 열어둘 수 있다면 이별은 덜 영구적인 것으로, 상실은 덜 절대적인 것으로 느껴진다.

무엇보다도 깊은 애도나 어려움의 순간에는 현재에 집중해라. 완전히 깨어 있어라. 마음이 아프면 아프게 내버려 둬라. 아주아주 아프겠지만 아플 만큼 아프게 내버려 둬라. "애도가 찾아올 때는 마치 쓰나미가 닥치는 것 같다." 작가 엘리자베스 길버트Elizabeth Gilbert는 한때 이렇게 말했다. "가까스로 '신이시여, 이게 **지금 여기에서** 일어나고 있군요'라고 말한 후에 무너지듯 바닥에 무릎을 꿇고 그것이 나를 뒤흔들게 내버려 두었다."[2] 그러나 훗날 오프라 윈프리Oprah Winfrey에게는 암으로 배우자를 잃는 고통에 대해 이렇게 말했다. "나는 받아들일 거예요. 전부 받아들일 거예요. 어떤 것도 놓치고 싶지 않기에 전부 다 받아들일 거예요. 인생을 살기 위해 이렇게 먼 길을 오고 싶지도 않았지만, 경험을 놓치고 싶지도 않아요. 그러니 그게 무엇이든 그냥 인생의 여정 전부를 경험하고 싶어요."[3] 감정적인 고통을 밀어내면 그것은 사라지지 않고 계속 우리 몸 안의 어딘가에 묻힌 채로, 신체적 고통, 질환, 멍함, 분노로 탈바꿈한

내 몸이 불안을 말한다

다. 즉 완전히 매조지지 않은 애도 사이클이 그렇게 드러나는 셈이다. 그보다는 감정이 일어날 때는 그 힘을 온전히 느끼는 편이 낫다. 당신은 그것을 잘 다룰 수 있고, 느끼길 원한다. 이 것이야말로 당신이 잃은 존재를 제대로 기리는 방식이다.

내 딸은 이제 여섯 살이 되었고 엄마는 여전히, 어떤 의미에 서는, 우리와 함께한다. 나는 엄마가 특정한 노래들로 내게 말을 건다고 믿고 엄마는 꿈에서 나를 만나러 온다. 내가 엄마의 존재와 같아지는 듯한 얼떨떨한 감각에 압도되는 순간들도 있다. 불교 승려 사야도 우 판디타Sayadaw U. Pandita가 말한 "무엇에든 준비가 된 심장"⁴과 함께 나는 그녀를 들을 수 있고 느낄 수 있다. 왜냐하면 내가 그러기로 선택했기 때문이다.

## 진짜 불안이 인도해준 당신의 진정한 길

만약 죽을 만큼 무섭게 사느라 당신의 영혼이 불타고 있다면.
그리고 스스로가 가치 있고, 준비되어 있고,
능력 있는 사람이라고 느껴지지 않는다면.
그리고 그 갈망이 당신을 홀로 내버려 두지 않을 것이라면.
축하한다. 당신은 사명을 받았다.
─**자이야 존**Jaiya John, 《**자유: 용감한 변화를 위한 치유의 언어**
Freedom: Medicine Words for Your Brave Revolution》

밸런티나Valentina는 나의 오랜 환자다. 42세인 그녀는 아주 힘든 인생을 살아왔다. 아버지는 밸런티나가 아직 아기일 때 세상을 떠났고, 그녀의 어린 시절은 이상적인 것과는 거리가 멀었다. 어머니는 밸런티나의 마음은커녕 자신의 애통을 다룰 만한 감정적 여유도 없었다. 혼자서 세 아이를 키우고 투잡two jobs을 하면서 서서히 알코올에 중독됐다. 밸런티나는 건강한 연애를 하는 데 어려움을 겪었고 금전 문제에 시달렸다. 그러던 어느 날 진료실에서 서로 마주 보고 앉아 있다가 밸런티나가 자신의 가톨릭 신앙에 관한 이야기를 하면서 아버지가 천국에서 자신을 내려다보고 있다는 생각을 받아들이지 못하겠다고 말했다. "도대체 어떻게 그럴 수 있겠어요? 아버지가 돌아가실 때 전 겨우 두 살이었어요. 아버지는 저를 알지도 못할걸요." 당시 내 딸이 두 살이었기에 나는 그 말에 특히 충격을 받았고 밸런티나가 완전히 잘못 생각해왔다는 사실을 깨달았다. 밸런티나는 아버지를 잘 알지 못했다(적어도 아버지에 관한 기억을 의식적으로 열어볼 수는 없었다. 아버지가 세상을 떠날 때 그녀는 너무 어렸기 때문이다). 슬픈 사실이다. 그러나 그녀의 아버지가 밸런티나를 잘 알았으리라는 사실은 거의 확실했다. 나와 남편에게 내 딸은 인생의 전부이며 딸이 아직 갓난아기일 때도 우리는 딸의 성향과 성격과 마음을 또렷하게 알 수 있었다. 나는 밸런티나에게 이 이야기를 해주었다. 그러한 관점의 변화를 통해 그녀는 아버지가 하늘 위 어딘가에서 정말로 그녀를 응원하고 있으며, 자신이 누구인지 모를 만큼 어릴 때도 아

내 몸이 불안을 말한다

버지는 그녀를 잘 알았다는 사실을 상상할 수 있게 됐다. 이처럼 밸런티나는 저 너머 어딘가에서 보내주는 사랑의 안내를 따라(그녀가 우주와 연결되어 있는 스스로를 상상하는 방법) 자기만의 길을 찾았다.

일단 몸에서 보내는 내면의 속삭임을 듣는 능력을 키우고 나면 내가 지금 올바른 방향으로 가고 있는지 아니면 길을 벗어났는지를 알려주는 내면의 나침반을 갖게 된다. 우리가 알아야 할 것은 그게 전부다. 우리는 어떤 미래가 펼쳐질지 절대 알 수 없고, 거기에 매달리지 않는 편이 현명하다. 그러나 내가 어떠한 길 위에 서 있어야 하는지를 확신할 수 있다면 고삐를 늦출 수 있다. 그리고 내가 나를 믿을 수 있는데도 여전히 결과를 통제해야 할 필요성을 느낄까? 그렇지 않을 것이다. 내가 올바른 길 위에 서 있고 올바른 방향을 향해 있음을 아는 것만으로 충분하다.

우리의 습관, 일, 인간관계가 가장 높은 자아와 일치하도록 하려면 매일 의식적인 노력과 자각이 필요하다. 나는 길path이라는 단어가 의미와 여정, 방향과 나아감의 느낌을 모두 다 담고 있으며, 둘이 합쳐져서 삶을 이룰 때 그것이 각각의 합보다 더 커진다고 생각한다. 길은 또한 모든 것을 이해할 필요가 없다는 개념을 강조한다. 어딘가에 도착해야 한다는 압박도 없다. 단지 내가 올바른 방향으로 가고 있다는 느낌만 필요할 따름이다.

만약 당신이 예민한 사람(예술가, 감수성이 풍부한 사람, 생각이 많은 사람, 직감이 뛰어난 사람) 중 하나라면 당신이 가는 길에는 약간의 불안이 있을 것이다. 세상이 불완전한 이상 어떤 진실은 아플 수밖에 없다. 그리고 당신은 다른 사람들보다 훨씬 생생하게 그것을 감지한다. 당신의 길은 더 어려운 길이지만 그것은 또한 귀한 사명이기도 하다. 그러나 당신에게 주어진 어려움을 직면하는 용기와 솔직함이 그 길에 빛을 비춰줄 수 있다. 그 작업은 먼저 당신의 신체적 균형을 무너뜨리는 요인들을 제거하는 것부터 시작해서 진짜 불안이 나를 올바른 방향으로 이끌어주리라는 믿음에 도달할 때까지 계속된다. 당신이 휘청일 때마다 진짜 불안이 당신을 쿡 찔러서 올바른 길로 돌아가게 도와줄 것이다. 당신의 길이 별로 중요하지 않게 느껴질 수도 있겠지만 절대 그렇지 않다. 그것은 당신의 가장 높은 표현이며, 당신의 가장 깊은 곳에 있는 불안이 그 길을 따라가라고 안내해준 것이다.

# 감사의 글

비말이 내게 보여준 인내와 응원과 헤아릴 수 없는 도움에 감사한다. 무엇보다도 비말의 따뜻함과 마음과 유머와 사랑에 가장 감사한다. 당신은 내게 무한한 존재다.

내가 빨리 일해야 할 이유이자 일상의 기적이 되어준 J에게 고맙다. 브레네 브라운의 말을 빌리면 "내가 네게 그 어떤 것도 완벽하게 가르치거나 사랑하거나 보여주진 못하겠지만, 네가 늘 나를 볼 수 있게 할 것이고, 내가 너를 볼 수 있다는 사실을 언제나 소중한 선물처럼 귀하게 여길 것이다. 그리고 마음속 깊이 진심을 담아 너를 바라볼 것이다."

엄마, 고마워요. 엄마가 내게 내준 모든 것에 감사합니다. 보고 싶어요. 이 책을 자랑스러워하면 좋겠네요.

환자들에게 감사를 전한다. 여러분은 나의 가장 훌륭한 스승이며, 이 길을 여러분과 함께 걸을 수 있는 건 정말 소중한 행운이다. 그리고 여러분의 경험을 공유할 수 있도록 허락해준 데에도 고마운 마음을 전한다. 그 덕분에 이 책을 읽는 독자들도 자기만의 길을 찾아 나설 수 있을 것이며 그 과정이 덜 외로울 것이다.

이 책의 모든 페이지에는 넬 케이시의 관심과 실력이 들어갔다. 두 명의 넬(넬은 저자의 애칭이기도 하다 – 편집자)이 두 명의 제인의 딸인 것은, 우리 둘 다 정확히 우리가 있어야 할 곳에 있음을 알 수 있을 만큼 필연적 우연처럼 느껴진다.

이 책의 가능성을 봐주고 통찰과 지식을 나눠 주고 바쁘고 힘든 시기인데도 이 프로젝트를 세심하게 챙겨준 줄리 윌에게 감사한다.

존 마스와 설레스트 파인에게 감사한다. 작업하는 내내 전문가의 배려와 도움을 받고 있는 것 같아 든든했다. 그리고 재미있게 작업할 수 있었다.

이 과정의 모든 단계에 크나큰 도움을 준 에마 쿠퍼에게 감사한다. 당신이 내게 해준 모든 일이 고마울 따름이다.

미아 비탈, 세라 파식을 비롯한 파크 앤드 파인 리터러리 팀 전체에 감사한다. 그들은 작업 내내 나를 정말 잘 챙겨주었다.

앤 거슨에게 고맙다. 세상이 심연처럼 느껴질 때 네가 다가와서 엄마 냄새가 느껴지는 온기와 지식과 전통으로 나를 채워주었다. 멋진 내 동생, 정말 고마워.

우리가 모두 휘청거릴 때조차도, 부모의 따스함을 느끼게 해준 아버지에게 감사합니다. 언제나 응원해주고 내 안정감의 근원이자 일관된 육아의 모범이 되어줘서 정말 감사합니다. 사랑합니다.

마치 엄마처럼 나를 도와주고 J에게 세상에서 가장 달콤한 포옹을 해주는 나야나 보라에게 감사를 전한다. 당신은 순수한 사랑입니다.

내 주변을 웃음과 기쁨과 카드 게임과 탁구와 사랑으로 채워준 아쇼크 보라, 매니시 보라, 안쿠르 보라, 니샤 보라에게 감사한다. 우리가 가족이라는 사실이 참으로 고맙다.

늦은 시각까지 편집에 비판적인 조언을 아끼지 않고 내 동생에게 아주 멋진 배우자가 되어주고 훌륭한 부모의 모범이 되어주고 진정한 형제가 되어준 애덤 거슨에게 감사한다.

창의적인 아이디어와 인생 샤머니즘과 24년간의 깊은 우정을 나눠 준 옴리 나붓에게 고마움을 전한다.

우리에게 선택된 가족이 되어준 스펜서 매시와 멀리사 신 매시에게 감사한다.

크리스 모레노와 캐런 애플키스트에게 감사한다. 너희의 우정은 내 삶을 웃음과 즐거움으로 채웠으며, '브이워크v Work(일하는 모습을 찍은 브이로그 – 옮긴이)' 덕분에 나는 계속 일할 수 있었다(어쩌면 실제로는 집중을 방해했을 수도 있지만 그럴 만한 가치가 충분했다). 더 많은 미래의 모험을 위해 건배.

제니퍼 드랩킨의 우정과 유머와 재기와 마법에 감사한다.

캣 로에르케와 칼 에릭 피셔에게 감사한다. 둘 다 아주 뛰어나고 모르는 것이 없는 동료다. 이보다 더 뛰어난 조언은 어디서도 구하지 못했을 것이다. 둘에게 정말 많이 배웠고 우리의 우정에서 많은 위로를 얻었다.

조용하게 빛나는 통찰력을 보여주고 이 일이 버겁게 느껴질 때마다 믿음을 북돋워준 세라 매스모어에게 감사한다. 당신을 스승으로 둔 제자들은 참으로 행운아다.

재밌고 기발한 아이디어 회의를 하게 해준 제러미 오트먼, 스티븐 소스노스키, 타마르 스타인버거에게 감사한다. "나는 규탄한다!"

우리 아이들에게 재능을 공유해주고 정말 진심으로 J를 보살펴준 티니샤 투쌩에게 감사한다. 당신과 함께한 1년이 전체 궤도를 바꿔놓았다.

세상에서 가장 멋진 무리를 만들어준 제니와 켄 영에게 감사한다. 당신들 덕분에 J가 잘 자랄 수 있었고 정말 힘든 한 해를 보내면서도 글을 쓸 여유를 낼 수 있었다. 앞으로 계속 함께할 수 있기를 바란다.

우정, 지혜, 음악, 끝없는 영감을 준 폴 쿤과 에리카 매트릭에게 감사한다. 당신은 반짝거리는 존재이며 당신의 손이 닿는 것은 전부 빛이 난다. 삶의 다음 단계도 함께하자.

영혼 찾기 동료가 되어준 빙 체아와 내블린 왕에게 감사한다. 우리가 연결될 때마다 당신은 우리에게 기쁨, 자기반성, 신성한 놀이를 가르쳐주었다.

10년간 가장 따뜻한 우정을 보여주고, 가장 무책임한 그러나 새벽 2시에 놀 수 있는 대상이 되어준 시애나 시플릿과 브래디 오브슨에게 감사한다. 둘 다 아주 많이 사랑해.

세상에서 가장 멋진 이모가 되어주고 성장의 표지이자 영감이 되어준 매리엘리스 번에게 감사한다.

로빈 마리 욘킨에게 감사한다. 당신의 헌신 없이는 이 책이 탄생하지 못했을 것이며 당신의 조용하고 꾸준한 존재감 덕분에 내가 일할 수 있었다.

스테파니 힉스에게 감사한다. 당신 덕분에 이 이야기를 전개할 기본적인 구조를 이해할 수 있었고 당신이 아름답게 바꿔준 문구들이 이 책 곳곳에 살아 있다.

멀리사 어번에게 감사한다. 당신은 빛이며, 영감이며, 이 세상을 위한 선물이며, 좋은 친구다.

우정과 영감과 이러한 전개를 믿게 해준 홀리 휘터커에게 감사한다.

웰니스 분야에서 가장 마음이 단단하고 아름다운 윌 콜에게 감사한다.

세심하고 유능하게 일해준 윌 디루이에게 감사한다. 이처럼 훌륭한 도움을 받을 수 있어서 정말 고마웠다.

정말 중요한 부분에 생명을 불어넣게 도와준 제러미 피셔에게 감사한다.

한의학에 관한 심도 있는 지식을 너그럽게 공유해준 프리야 아후자에게 감사한다.

기능의학 분야에서 첫 번째 멘토가 되어준 크리스 크레서에게 감사한다.

기존 의학을 넘어서 자유롭게 열정을 추구할 수 있게 해준 론 리더에게 감사한다.

내 아이디어를 책으로 전파하라고 격려해준 프랭크 리프먼에게 감사한다.

내 목소리를 찾고 건강과 치유를 위한 새로운 아이디어를 개척할 수 있는 많은 공간을 제공해준 톰 리에게 감사한다.

친절과 아량을 베풀어주고 내 아이디어를 더 넓은 무대로 전파하는 첫 관문이 되어준 제이슨 와초브와 콜린 와초브에게 감사한다.

잘 맞는 우정이라는 선물을 준 앤드루 초머와 로야 달링에게 감사한다. 이건 겨우 시작에 불과하다. 우리 함께 목표를 설정하고 그것을 현실로 일궈가자.

바버라 라파인에게 감사한다. 당신이 생물이라는 학문을 명확하고 세심하고 열정적으로 가르쳐준 덕분에 내가 의학의 길을 걸을 수 있었다.

끊임없이 웃게 해주고 나를 늘 솔직하게 만들어주는 305 크루에게 감사한다.

## 1장

1.  Ruscio, A. M., Hallion, L. S., Lim, C., Aguilar-Gaxiola, S., Al-Hamzawi, A., Alonso, J., Andrade, L. H., Borges, G., Bromet, E. J., Bunting, B., Caldas de Almeida, J. M., Demyttenaere, K., Florescu, S., de Girolamo, G., Gureje, O., Haro, J. M., He, Y., Hinkov, H., Hu, C., de Jonge, P., Scott, K. M., et al. (2017). "Cross-Sectional Comparison of the Epidemiology of DSM-5 Generalized Anxiety Disorder across the Globe." *JAMA Psychiatry* 74 (5): 465 – 475. https://doi.org/10.1001/jamapsychiatry.2017.0056.

2.  Bandelow, B., & Michaelis, S. (2015). "Epidemiology of Anxiety Disorders in the 21st Century." *Dialogues in Clinical Neuroscience* 17 (3): 327 – 335. https://doi.org/10.31887/dcns.2015.17.3/bbandelow.

3.  Goodwin, R. D., Weinberger, A. H., Kim, J. H., Wu, M., & Galea, S. (2020). "Trends in Anxiety among Adults in the United States, 2008 – 2018: Rapid Increases among Young Adults." *Journal of Psychiatric Research* 130: 441 – 446. https://doi.org/10.1016/j.jpsychires.2020.08.014.

4.  Pancha, N., Kamal, R., Cox, C., & Garfield, R. (2021). "The Implications of COVID-19 for Mental Health and Substance Use." KFF, February 10. www.kff.org/coronavirus-covid-19/issue-brief/the-implications-of-covid-19-for-mental-health-and-substance-use/.

5.  Crocq, M.-A. (2015). "A History of Anxiety: From Hippocrates to DSM." *Dialogues in Clinical Neuroscience* 17 (3): 319 – 325. https://doi.org/10.31887/DCNS.2015.17.3/macrocq.

6.  Crocq, "A History of Anxiety."

7.  Crocq, "A History of Anxiety."

8.  Ross, J. (2002). *The Mood Cure: The 4-Step Program to Rebalance Your Emotional Chemistry and Rediscover Your Natural Sense of Well-Being* (New York: Viking), 4.

1. Jacka, F. N., O'Neil, A., Opie, R., Itsiopoulos, C., Cotton, S., Mohebbi, M., Castle, D., Dash, S., Mihalopoulos, C., Chatterton, M. L., Brazionis, L., Dean, O. M., Hodge, A. M., & Berk, M. (2017). "A Randomised Controlled Trial of Dietary Improvement for Adults with Major Depression (the 'SMILES' Trial)." *BMC Medicine* 15 (1): 23. https://doi.org/10.1186/s12916-017-0791-y.

2. Ramaholimihaso, T., Bouazzaoui, F., & Kaladjian, A. (2020). "Curcumin in Depression: Potential Mechanisms of Action and Current Evidence—A Narrative Review." *Frontiers in Psychiatry* 11. https://doi.org/10.3389/fpsyt.2020.572533.

3. Nollet, M., Wisden, W., & Franks, N. (2020). "Sleep Deprivation and Stress: A Reciprocal Relationship." *Interface Focus* 10 (3). https://doi.org/10.1098/rsfs.2019.0092. .

4. Lovallo, W., Whitsett, T., al'Absi, M., Sung, B., Vincent, A., & Wilson, M. (2005). "Caffeine Stimulation of Cortisol Secretion across the Waking Hours in Relation to Caffeine Intake Levels." *Psychosomatic Medicine* 67 (5): 734 – 739. https://doi.org/10.1097/01.psy.0000181270.20036.06.

5. Nagoski, E., & Nagoski, A. (2019). *Burnout: The Secret to Unlocking the Stress Cycle* (New York: Ballantine), 15.

6. Vighi, G., Marcucci, F., Sensi, L., Di Cara, G., & Frati, F. (2008). "Allergy and the Gastrointestinal System." Supplement, *Clinical and Experimental Immunology* 153 (S1): 3 – 6. https://doi.org/10.1111/j.1365-2249.2008.03713.x.

7. Hadhazy, A. (2010). "Think Twice: How the Gut's 'Second Brain' Influences Mood and Well-Being." *Scientific American*, February 12. www.scientificamerican.com/article/gut-second-brain.

8. Breit, Sigrid, et al. (2018). "Vagus Nerve as Modulator of the Brain – Gut Axis in Psychiatric and Inflammatory Disorders." *Frontiers in Psychiatry* 9: 44. https://dx.doi.org/10.3389%2Ffpsyt.2018.00044.

9. Pokusaeva, K., Johnson, C., Luk, B., Uribe, G., Fu, Y., Oezguen, N., Matsunami, R. K., et al. (2016). "GABA-Producing *Bifidobacterium dentium* Modulates Visceral Sensitivity in the Intestine." *Neurogastroenterology & Motility* 29 (1). https://doi.org/10.1111/nmo.12904.

10. Strandwitz, P., Kim, K. H., Terekhova, D., Liu, J. K., Sharma, A., Levering, J., McDonald, D., et al. (2018). "GABAModulating Bacteria of the Human Gut Microbiota." *Nature Microbiology* 4: 396 – 403. https://doi.org/10.1038/

s41564-018-0307-3.

11. Clapp, M., Aurora, N., Herrera, L., Bhatia, M., Wilen, E., & Wakefield, S. (2017). "Gut Microbiota's Effect on Mental Health: The Gut-Brain Axis." *Clinics and Practice* 7 (4): 987. https://doi.org/10.4081/cp.2017.987.

12. Cooper, P. J. (2009). "Interactions between Helminth Parasites and Allergy." *Current Opinion in Allergy and Clinical Immunology* 9 (1): 29–37. https://doi.org/10.1097/ACI.0b013e32831f44a6.

## 3장

1. Moody, L., in conversation with Glennon Doyle. (2020). "Glennon Doyle on Overcoming Lyme Disease, Hope During Hard Times, and the Best Relationship Advice." *Healthier Together* (podcast), https://www.lizmoody.com/healthiertogetherpodcast-glennon-doyle.

2. Wilson, Sarah. (2018). *First, We Make the Beast Beautiful: A New Journey through Anxiety* (New York: Dey Street), 164; 세라 윌슨, 엄자현 옮김,《내 인생, 방치하지 않습니다》(나무의철학, 2019).

3. Fitzgerald, F. Scott. (1936). "The Crack-Up." *Esquire*, February.

## 5장

1. Anxiety and Depression Association of America. (2021). "Sleep Disorders." https://adaa.org/understanding-anxiety/related-illnesses/sleep-disorders.

2. Rasch, B., & Born, J. (2013). "About Sleep's Role in Memory." *Physiological Reviews* 93 (2): 681–766. https://doi.org/10.1152/physrev.00032.2012.

3. Eugene, A. R., & Masiak, J. (2015). "The Neuroprotective Aspects of Sleep." MEDtube Science 3 (1): 35–40. https://pubmed.ncbi.nlm.nih.gov/26594659.

4. Dimitrov, S., Lange, T., Gouttefangeas, C., Jensen, A., Szczepanski, M., Lehnnolz, J., Soekadar, S., et al. (2019). "G$\alpha_s$-Coupled Receptor Signaling and Sleep Regulate Integrin Activation of Human Antigen-Specific T Cells." *Journal of Experimental Medicine* 216 (3): 517–526. https://doi.org/10.1084/jem.20181169.

5. Nunez, K., & Lamoreux, K. (2020). "What Is the Purpose of Sleep?" Healthline, July 20. www.healthline.com/health/why-do-we-sleep.

6. Scharf, M. T., Naidoo, N., Zimmerman, J. E., & Pack, A. I. (2008). "The

Energy Hypothesis of Sleep Revisited." *Progress in Neurobiology* 86 (3): 264 – 280. https://doi.org/10.1016/j.pneurobio.2008.08.003.

7.  Jessen, N. A., Munk, A. S., Lundgaard, I., & Nedergaard, M. (2015). "The Glymphatic System: A Beginner's Guide." *Neurochemical Research* 40 (12): 2583 – 2599. https://doi.org/10.1007/s11064-015-1581-6.

8.  Xie, L., Kang, H., Xu, Q., Chen, M. J., Liao, Y., Thiyagarajan, M., O'Donnell, J., Christensen, D. J., Nicholson, C., Iliff, J. J., Takano, T., Deane, R., & Nedergaard, M. (2013). "Sleep Drives Metabolite Clearance from the Adult Brain." *Science* 342 (6156): 373 – 377. https://doi.org/10.1126/science.1241224.

9.  Benveniste, H., Liu, X., Koundal, S., Sanggaard, S., Lee, H., & Wardlaw, J. (2019). "The Glymphatic System and Waste Clearance with Brain Aging: A Review." *Gerontology* 65 (2): 106 – 119. https://doi.org/10.1159/000490349.

10. Xie et al., "Sleep Drives Metabolite Clearance from the Adult Brain."

11. Reddy, O. C., & van der Werf, Y. D. (2020). "The Sleeping Brain: Harnessing the Power of the Glymphatic System through Lifestyle Choices." *Brain Sciences* 10 (11): 868. https://doi.org/10.3390/brainsci10110868.

12. Tähkämö, L., Partonen, T., & Pesonen, A.-K. (2019). "Systematic Review of Light Exposure Impact on Human Circadian Rhythm." *Chronobiology International* 36 (2): 151 – 170. https://doi.org/10.1080/07420528.2018.1527773.

13. Peplonska, B., Bukowska, A., & Sobala, W. (2015). "Association of Rotating Night Shift Work with BMI and Abdominal Obesity among Nurses and Midwives." *PLoS ONE* 10 (7). https://doi.org/10.1371/journal.pone.0133761.

14. Vetter, C., Devore, E. E., Wegrzyn, L. R., Massa, J., Speizer, F. E., Kawachi, I., Rosner, B., Stampfer, M. J., & Schernhammer, E. S. (2016). "Association between Rotating Night Shift Work and Risk of Coronary Heart Disease among Women." *JAMA* 315 (16): 1726 – 1734. https://doi.org/10.1001/jama.2016.4454.

15. Wegrzyn, L. R., Tamimi, R. M., Rosner, B. A., Brown, S. B., Stevens, R. G., Eliassen, A. H., Laden, F., Willett, W. C., Hankinson, S. E., & Schernhammer, E. S. (2017). "Rotating Night-Shift Work and the Risk of Breast Cancer in the Nurses' Health Studies." *American Journal of Epidemiology* 186 (5): 532 – 540. https://doi.org/10.1093/aje/kwx140.

16. Szkiela, M., Kusideł, E., Makowiec-Dąbrowska, T., & Kaleta, D. (2020). "Night Shift Work: A Risk Factor for Breast Cancer." *International Journal of*

내 몸이 불안을 말한다

Environmental Research and Public Health 17 (2): 659. https://doi.org/10.3390/ijerph17020659.

17. Taheri, S., Lin, L., Austin, D., Young, T., & Mignot, E. (2004). "Short Sleep Duration Is Associated with Reduced Leptin, Elevated Ghrelin, and Increased Body Mass Index." PLoS Medicine 1 (3). https://doi.org/10.1371/journal.pmed.0010062.

18. Yetish, G., Kaplan, H., Gurven, M., Wood, B., Pontzer, H., Manger, P. R., Wilson, C., McGregor, R., & Siegel, J. M. (2015). "Natural Sleep and Its Seasonal Variations in Three Pre-industrial Societies." Current Biology 25 (21): 2862–2868. https://doi.org/10.1016/j.cub.2015.09.046.

19. Whitwell, T. (2020). "52 Things I Learned in 2020." Medium, December 1. https://medium.com/fluxx-studio-notes/52-things-i-learned-in-2020-6a380692dbb8.

20. Institute of Medicine (US) Committee on Military Nutrition Research. (2001). "Pharmacology of Caffeine," in Caffeine for the Sustainment of Mental Task Performance: Formulations for Military Operations (Washington, DC: National Academies Press). www.ncbi.nlm.nih.gov/books/NBK223808/.

21. Roenneberg, Till. (2012). Internal Time: Chronotypes, Social Jet Lag, and Why You're So Tired (Cambridge, MA: Harvard University Press).

22. He, Y., Jones, C. R., Fujiki, N., Xu, Y., Guo, B., Holder Jr., J. L., Rossner, M. J., Nishino, S., & Fu, Y. H. (2009). "The Transcriptional Repressor DEC2 Regulates Sleep Length in Mammals." Science 325 (5942): 866–870. https://doi.org/10.1126/science.1174443.

23. Chaput, J. P., Dutil, C., & Sampasa-Kanyinga, H. (2018). "Sleeping Hours: What Is the Ideal Number and How Does Age Impact This?" Nature and Science of Sleep 10: 421–430. https://doi.org/10.2147/NSS.S163071.

24. Shi, G., Xing, L., Wu, D., Bhattacharyya, B. J., Jones, C. R., McMahon, T., Chong, S. Y. C., et al. (2019). "A Rare Mutation of $\beta_1$-Adrenergic Receptor Affects Sleep/Wake Behaviors." Neuron 103 (6): 1044–1055. https://doi.org/10.1016/j.neuron.2019.07.026.

25. Watson, N. F., Badr, M. S., Belenky, G., Bliwise, D. L., Buxton, O. M., Buysse, D., Dinges, D. F., Gangwisch, J., Grandner, M. A., Kushida, C., Malhotra, R. K., Martin, J. L., Patel, S. R., Quan, S. F., & Tasali, E. (2015). "Recommended Amount of Sleep for a Healthy Adult: A Joint Consensus Statement of the American Academy of Sleep Medicine and Sleep Research

Society." *Sleep* 38 (6): 843 – 844. https://doi.org/10.5665/sleep.4716.

26. Scullin, M. K., Krueger, M. L., Ballard, H. K., Pruett, N., & Bliwise, D. L. (2018). "The Effects of Bedtime Writing on Difficulty Falling Asleep: A Polysomnographic Study Comparing To-Do Lists and Completed Activity Lists." *Journal of Experimental Psychology: General* 147 (1): 139 – 146. https://doi.org/10.1037/xge0000374.

27. Boyle, N. B., Lawton, C. L., & Dye, L. (2017). "The Effects of Magnesium Supplementation on Subjective Anxiety and Stress—a Systematic Review." Nutrients 9 (5): 429. https://doi.org/10.3390/nu9050429.

28. Serefko, A., Szopa, A., & Poleszak, E. (2016). "Magnesium and Depression." *Magnesium Research* 29 (3): 112 – 119. https://pubmed.ncbi.nlm.nih.gov/27910808.

29. Chiu, H. Y., Yeh, T.-H., Huang, Y.-C., & Chen, P.-Y. (2016). "Effects of Intravenous and Oral Magnesium on Reducing Migraine: A Meta-Analysis of Randomized Controlled Trials." *Pain Physician* 19 (1): E97 – E112. https://pubmed.ncbi.nlm.nih.gov/26752497.

30. Parazzini, F., Di Martino, M., & Pellegrino, P. (2017). "Magnesium in the Gynecological Practice: A Literature Review." *Magnesium Research* 30 (1): 1 – 7. https://doi.org/10.1684/mrh.2017.0419.

31. Eron, K., Kohnert, L., Watters, A., Logan, C., Weisner-Rose, M., & Mehler, P. S. (2020). "Weighted Blanket Use: A Systematic Review." *AJOT: The American Journal of Occupational Therapy* 74 (2). https://ajot.aota.org/article.aspx?articleid=2763119.

32. Onen, S. H., Onen, F., Bailly, D., & Parquet, P. (1994). "Prévention et traitement des dyssomnies par une hygiène du sommeil" [Prevention and Treatment of Sleep Disorders through Regulation of Sleeping Habits]. *La Presse Médicale* 23 (10): 485 – 489. https://pubmed.ncbi.nlm.nih.gov/8022726.

33. Ebrahim, I., Shapiro, C., Williams, A., & Fenwick, P. (2013). "Alcohol and Sleep I: Effects on Normal Sleep." *Alcoholism: Clinical and Experimental Research* 37 (4): 539 – 549. https://doi.org/10.1111/acer.12006.

34. Amaral, F. G., & Cipolla-Neto, J. (2018). "A Brief Review about Melatonin, a Pineal Hormone." *Archives of Endocrinology and Metabolism* 62 (4): 472 – 479. https://doi.org/10.20945/2359-3997000000066.

35. Cipolla-Neto, J., & Amaral, F. (2018). "Melatonin as a Hormone: New Physiological and Clinical Insights." *Endocrine Reviews* 39 (6): 990 – 1028. https://doi.org/10.1210/er.2018-00084.

1. Haidt, J., & Twenge, J. (2019). "Social Media Use and Mental Health: A Review." Unpublished manuscript, New York University. https://docs.google.com/document/d/1wHOfseF2wF9YIpXwUUtP65-olnkPyWcgF5BiAtBEy0/edit#.

2. Yuen, E. K., Koterba, E. A., Stasio, M., Patrick, R., Gangi, C., Ash, P., Barakat, K., Greene, V., Hamilton, W., & Mansour, B. (2018). "The Effects of Facebook on Mood in Emerging Adults." *Psychology of Popular Media Culture* 8 (3): 198–206.

3. Shakya, H. B., & Christakis, N. A. (2017). "Association of Facebook Use with Compromised Well-Being: A Longitudinal Study." *American Journal of Epidemiology* 185 (3): 203–211. https://doi.org/10.1093/aje/kww189.

4. Ducharme, J. (2021). "COVID-19 Is Making America's Loneliness Epidemic Even Worse." Time, May 8. https://time.com/5833681/loneliness-covid-19/.

5. Loades, M. E., Chatburn, E., Higson-Sweeney, N., Reynolds, S., Shafran, R., Brigden, A., Linney, C., McManus, M. N., Borwick, C., & Crawley, E. (2020). "Rapid Systematic Review: The Impact of Social Isolation and Loneliness on the Mental Health of Children and Adolescents in the Context of COVID-19." *Journal of the American Academy of Child and Adolescent Psychiatry* 59 (11): 1218–1239. https://doi.org/10.1016/j.jaac.2020.05.009.

6. Twenge, J. M., Cooper, A. B., Joiner, T. E., Duffy, M. E., & Binau, S. G. (2019). "Age, Period, and Cohort Trends in Mood Disorder Indicators and Suicide-Related Outcomes in a Nationally Representative Dataset, 2005–2017." *Journal of Abnormal Psychology* 128 (3): 185–199. https://doi.org/10.1037/abn0000410.

7. Twenge, J. M., Martin, G. N., & Spitzberg, B. H. (2019). "Trends in U.S. Adolescents' Media Use, 1976–2016: The Rise of Digital Media, the Decline of TV, and the (Near) Demise of Print." *Psychology of Popular Media Culture* 8 (4): 329–345. http://dx.doi.org/10.1037/ppm0000203.

8. Riehm, K. E., Feder, K. A., Tormohlen, K. N., Crum, R. M., Young, A. S., Green, K. M., Pacek, L. R., La Flair, L. N., & Mojtabai, R. (2019). "Associations between Time Spent Using Social Media and Internalizing and Externalizing Problems among US Youth." *JAMA Psychiatry* 76 (12): 1266–1273. https://doi.org/10.1001/jamapsychiatry.2019.2325.

9.   Lukianoff, Greg, & Haidt, Jonathan. (2018). *The Coddling of the American Mind: How Good Intentions and Bad Ideas Are Setting Up a Generation for Failure* (New York: Penguin), 161.

10.  Barthorpe, A., Winstone, L., Mars, B., & Moran, P. (2020). "Is Social Media Screen Time Really Associated with Poor Adolescent Mental Health? A Time Use Diary Study." *Journal of Affective Disorders* 274: 864 – 870. https://doi.org/10.1016/j.jad.2020.05.106.

11.  Saeri, A. K, Cruwys, T., Barlow, F. K., Stronge, S., & Sibley, C. G. (2017). "Social Connectedness Improves Public Mental Health: Investigating Bidirectional Relationships in the New Zealand Attitudes and Values Survey." *Australian & New Zealand Journal of Psychiatry* 52 (4): 365 – 374. https://doi.org/10.1177/0004867417723990.

12.  Saeri et al., "Social Connectedness."

13.  Lieberman, Matthew D. (2013). *Social: Why Our Brains Are Wired to Connect* (Oxford: Oxford University Press), 9; 매슈 D. 리버먼, 최호영 옮김, 《사회적 뇌》 (시공사, 2015).

14.  Wheeler, M. J., Dunstan, D. W., Smith, B., Smith, K. J., Scheer, A., Lewis, J., Naylor, L. H., Heinonen, I., Ellis, K. A., Cerin, E., Ainslie, P. N., & Green, D. J. (2019). "Morning Exercise Mitigates the Impact of Prolonged Sitting on Cerebral Blood Flow in Older Adults." *Journal of Applied Physiology* 126 (4): 1049 – 1055. https://doi.org/10.1152/japplphysiol.00001.2019.

15.  Lee, Dave. (2017). "Facebook Founding President Sounds Alarm." BBC News, November 9. https://www.bbc.com/news/technology-41936791.

16.  Börchers, Stina. (2021). "Your Brain on Instagram, TikTok, & Co.—The Neuroscience of Social Media." *Biologista* (blog), June 29. https://biologista.org/2020/06/29/your-brain-on-instagram-tiktok-co-the-neuroscience-of-social-media/.

17.  Lee, "Facebook Founding President Sounds Alarm."

18.  Tolle, Eckhart. (1999). *The Power of Now: A Guide to Spiritual Enlightenment* (Novato, CA: New World Library), 22; 에크하르트 톨레, 노혜숙·유영일 옮김, 《지금 이 순간을 살아라》(2008, 양문).

19.  Packnett Cunningham, Brittany N. (@MsPackyetti). "back . . . but barely!" Twitter, September 2, 2021, https://twitter.com/MsPackyetti/status/1433294762153496576.

1. Nestle, M. (1993). "Food Lobbies, the Food Pyramid, and U.S. Nutrition Policy." *International Journal of Health Services* 23 (3): 483–496. https://doi.org/10.2190/32f2-2pfb-meg7-8hpu.

2. Brown, Brené. (2019). "What Being Sober Has Meant to Me." *Brené Brown* (blog), May 31. https://brenebrown.com/blog/2019/05/31/what-being-sober-has-meant-to-me.

3. Fukudome, S., & Yoshikawa, M. (1992). "Opioid Peptides Derived from Wheat Gluten: Their Isolation and Characterization." *FEBS Letters* 296 (1): 107–111. https://doi.org/10.1016/0014-5793(92)80414-c.

4. Malav, T., Zhang, Y., Lopez-Toledano, M., Clarke, A., & Deth, R. (2016). "Differential Neurogenic Effects of Casein-Derived Opioid Peptides on Neuronal Stem Cells: Implications for Redox-Based Epigenetic Changes." Journal of Nutritional Biochemistry 37: 39–46. https://doi.org/10.1016/j.jnutbio.2015.10.012.

5. Ekren, Cansu. (2021). "Jameela Jamil Opens Up about Eating Disorder She Suffered from for Years." The Red Carpet, January 3. https://theredcarpet.net/jameela-jamil-opens-up-about-the-eating-disorder-she-experienced-for-years.

6. Blanco-Rojo, R., Sandoval-Insausti, H., López-Garcia, E., Graciani, A., Ordovás, J. M., Banegas, J. R., RodríguezArtalejo, F., & Guallar-Castillón, P. (2019). "Consumption of Ultra-Processed Foods and Mortality: A National Prospective Cohort in Spain." *Mayo Clinic Proceedings* 94 (11): 2178–2188. https://doi.org/10.1016/j.mayocp.2019.03.035.

7. Swaminathan, S., Dehghan, M., Raj, J. M., Thomas, T., Rangarajan, S., Jenkins, D., Mony, P., et al. (2021). "Associations of Cereal Grains Intake with Cardiovascular Disease and Mortality across 21 Countries in Prospective Urban and Rural Epidemiology Study: Prospective Cohort Study." *BMJ* 372: m4948. https://doi.org/10.1136/bmj.m4948.

8. Elizabeth, L., Machado, P., Zinöcker, M., Baker, P., & Lawrence, M. (2020). "Ultra-Processed Foods and Health Outcomes: A Narrative Review." *Nutrients* 12 (7): 1955. https://doi.org/10.3390/nu12071955.

9. O'Connor, A. (2016). "How the Sugar Industry Shifted Blame to Fat." *New York Times*, September 12. www.nytimes=.com/2016/09/13/well/eat/how-the-

sugar-industry-shifted-blame-to-fat.html.

10. Tesfaye, N., & Seaquist, E. R. (2010). "Neuroendocrine Responses to Hypoglycemia." *Annals of the New York Academy of Sciences* 1212 (1): 12–28. https://doi.org/10.1111/j.1749-6632.2010.05820.x.

11. Gonder-Frederick, L. A., Cox, D. J., Bobbitt, S. A., & Pennebaker, J. W. (1989). "Mood Changes Associated with Blood Glucose Fluctuations in Insulin-Dependent Diabetes Mellitus." *Health Psychology* 8 (1): 45–59. https://doi.org/10.1037//0278-6133.8.1.45.

12. Urban, M. (2019). "Taming Your Sugar Dragon, Part 1." *Whole30* (blog), July 24. https://whole30.com/sugar-dragon-1. Revised per personal communication on March 30, 2021.

13. Alexander, Scott. (2015). "Things That Sometimes Work if You Have Anxiety." *Slate Star Codex* (blog), July 13. https://slatestarcodex.com/2015/07/13/things-that-sometimes-work-if-you-have-anxiety.

14. Ascherio, A., Zhang, S. M., Hernán, M. A., Kawachi, I., Colditz, G. A., Speizer, F. E., & Willett, W. C. (2001). "Prospective Study of Caffeine Consumption and Risk of Parkinson's Disease in Men and Women." *Annals of Neurology* 50 (1): 56–63. https://doi.org/10.1002/ana.1052.

15. Moore, Charles. (2015). "Coffee Drinking Lowers Risk of Parkinson's, Type 2 Diabetes, Five Cancers, and More—Harvard Researchers." *Parkinson's News Today*, October 2. https://parkinsonsnewstoday.com/2015/10/02/coffee-drinking-lowers-risk-parkinsons-type-2-diabetes-five-cancers-harvard-researchers.

16. Lovallo, W. R., Whitsett, T. L., al'Absi, M., Sung, B. H., Vincent, A. S., & Wilson, M. F. (2005). "Caffeine Stimulation of Cortisol Secretion across the Waking Hours in Relation to Caffeine Intake Levels." *Psychosomatic Medicine* 67 (5): 734–739. https://doi.org/10.1097/01.psy.0000181270.20036.06.

17. Lane, J. D., & Williams Jr., R. B. (1987). "Cardiovascular Effects of Caffeine and Stress in Regular Coffee Drinkers." *Psychophysiology* 24 (2): 157–164. https://doi.org/10.1111/j.1469-8986.1987.tb00271.x.

18. Winston, A., Hardwick, E., & Jaberi, N. (2005). "Neuropsychiatric Effects of Caffeine." *Advances in Psychiatric Treatment* 11 (6): 432–439. https://doi.org/10.1192/apt.11.6.432.

19. Brewer, Judson A. (2021). *Unwinding Anxiety: New Science Shows How to Break the Cycles of Worry and Fear to Heal Your Mind* (New York: Avery), 109; 저드슨 브루어, 김태훈 옮김, 《불안이라는 중독》(김영사, 2021).

20. Lewis, J. G. (2013). "Alcohol, Sleep, and Why You Might Re-think That Nightcap." *Scitable* (blog), Nature Education, October 28. https://www.nature.com/scitable/blog/mind-read/alcohol_sleep_and_why_you.

21. Griswold, M. G., Fullman, N., Hawley, C., Arian, N., Zimsen, S. R. M., Tymeson, H. D., Venkateswaran, V., et al. (2018). "Alcohol Use and Burden for 195 Countries and Territories, 1990 – 2016: A Systematic Analysis for the Global Burden of Disease Study 2016." *Lancet* 392 (10152): 1015 – 1035. https://doi.org/10.1016/s0140-6736(18)31310-2.

22. Georgetown Behavioral Hospital. (2021). "GABA and Alcohol: How Drinking Leads to Anxiety." *Behavioral Health News* (blog), May 6. www.gbhoh.com/gaba-and-alcohol-how-drinking-leads-to-anxiety/.

23. Camden and Islington NHS Foundation Trust. "The Unhealthy Mix between Alcohol and Mental Health." Accessed October 13, 2021. www.candi.nhs.uk/news/unhealthy-mix-between-alcohol-and-mental-health.

24. Aucoin, M., & Bhardwaj, S. (2016). "Generalized Anxiety Disorder and Hypoglycemia Symptoms Improved with Diet Modification." *Case Reports in Psychiatry*, https://doi.org/10.1155/2016/7165425.

25. Straub, R. H., & Cutolo, M. (2018). "Psychoneuroimmunology—Developments in Stress Research." *Wiener Medizinische Wochenschrift* 168: 76 – 84. https://doi.org/10.1007/s10354-017-0574-2.

26. Environmental Working Group. (2021). "Clean Fifteen™: EWG's 2021 Shopper's Guide to Pesticides in Produce." www.ewg.org/foodnews/clean-fifteen.php.

27. University of Rochester Medical Center. (2021). "Nutrition Facts: Chicken Liver." Health Encyclopedia. https://www.urmc.rochester.edu/encyclopedia/content.aspx?-contenttypeid=76&contentid=05028-1.

28. Hunt, Janet R. (2003). "Bioavailability of Iron, Zinc, and Other Trace Minerals from Vegetarian Diets." *American Journal of Clinical Nutrition* 78 (3): 633S – 639S. https://doi.org/10.1093/ajcn/78.3.633s.

29. Johnston, B. C., Zeraatkar, D., Han, M. A., Vernooij, R. W. M., Valli, C., El Dib, R., Marshall, C., et al. (2019). "Unprocessed Red Meat and Processed Meat Consumption: Dietary Guideline Recommendations from the Nutritional Recommendations (NutriRECS) Consortium." *Annals of Internal Medicine* 171 (10): 756 – 764. https://doi.org/10.7326/m19-1621.

30. Masters, R. C., Liese, A. D., Haffner, S. M., Wagenknecht, L. E., & Hanley,

A. J. (2010). "Whole and Refined Grain Intakes Are Related to Inflammatory Protein Concentrations in Human Plasma." *Journal of Nutrition* 140 (3): 587 – 594. https://doi.org/10.3945/jn.109.116640.

31. Giugliano, D., Ceriello, A., & Esposito, K. (2006). "The Effects of Diet on Inflammation: Emphasis on the Metabolic Syndrome." *Journal of the American College of Cardiology* 48 (4): 677 – 685. https://doi.org/10.1016/j.jacc.2006.03.052.

32. Gross, L. S., Li, L., Ford, E. S., & Liu, S. (2004). "Increased Consumption of Refined Carbohydrates and the Epidemic of Type 2 Diabetes in the United States: An Ecologic Assessment." *American Journal of Clinical Nutrition* 79 (5): 774 – 779. https://doi.org/10.1093/ajcn/79.5.774.

33. Saris, W. H. M., & Foster, G. D. (2006). "Simple Carbohydrates and Obesity: Fact, Fiction and Future." *International Journal of Obesity* 30 (S3): S1 – S3. https://doi.org/10.1038/sj.ijo.0803522.

34. Gentreau, M., Chuy, V., Féart, C., Samieri, C., Ritchie, K., Raymond, M., Berticat, C., & Artero, S. (2020). "Refined Carbohydrate-Rich Diet Is Associated with Long-Term Risk of Dementia and Alzheimer's Disease in Apolipoprotein E ε4 Allele Carriers." *Alzheimer's & Dementia* 16 (7): 1043 – 1053. https://doi.org/10.1002/alz.12114.

35. Temple, N. (2018). "Fat, Sugar, Whole Grains and Heart Disease: 50 Years of Confusion." *Nutrients* 10 (1): 39. https://doi.org/10.3390/nu10010039.

36. Swaminathan et al., "Associations of Cereal Grains Intake."

37. Marlett, J. A., McBurney, M. I., & Slavin, J. L. (2002). "Position of the American Dietetic Association: Health Implications of Dietary Fiber." *Journal of the American Dietetic Association* 102 (7): 993 – 1000. https://pubmed.ncbi.nlm.nih.gov/12146567/.

38. Swaminathan et al., "Associations of Cereal Grains Intake."

39. Sadeghi, O., Hassanzadeh-Keshteli, A., Afshar, H., Esmaillzadeh, A., & Adibi, P. (2017). "The Association of Whole and Refined Grains Consumption with Psychological Disorders among Iranian Adults." *European Journal of Nutrition* 58 (1): 211 – 225. https://doi.org/10.1007/s00394-017-1585-x.

40. Clarke, G., Fitzgerald, P., Hennessy, A. A., Cassidy, E. M., Quigley, E. M. M., Ross, P., Stanton, C., et al. (2010). "Marked Elevations in Pro-Inflammatory Polyunsaturated Fatty Acid Metabolites in Females with Irritable Bowel Syndrome." *Journal of Lipid Research* 51 (5): 1186 – 1192. https://doi.

내 몸이 불안을 말한다

org/10.1194/jlr.p000695.

41. Patterson, E., Wall, R., Fitzgerald, G. F., Ross, R. P., & Stanton, C. (2012). "Health Implications of High Dietary Omega-6 Polyunsaturated Fatty Acids." *Journal of Nutrition and Metabolism*: 1 - 16. https://doi. org/10.1155/2012/539426.

42. Ginter, E., & Simko, V. (2016). "New Data on Harmful Effects of Trans-Fatty Acids." *Bratislavske Lekarske Listy* 117 (5): 251 - 253. https://doi.org/10.4149/ bll_2016_048.

43. Mozaffarian, D., Aro, A., & Willett, W. C. (2009). "Health Effects of Trans-Fatty Acids: Experimental and Observational Evidence." Supplement 2, *European Journal of Clinical Nutrition* 63: S5 - S21. https://doi.org/10.1038/ sj.ejcn.1602973.

44. Mozaffarian, D., Katan, M. B., Ascherio, A., Stampfer, M. J., & Willett, W. C. (2006). "Trans Fatty Acids and Cardiovascular Disease." *New England Journal of Medicine* 354 (15): 1601 - 1613. https://doi.org/10.1056/NEJMra054035.

45. Perumalla Venkata, R., & Subramanyam, R. (2016). "Evaluation of the Deleterious Health Effects of Consumption of Repeatedly Heated Vegetable Oil." *Toxicology Reports* 3: 636 - 643. https://doi.org/10.1016/j.toxrep.2016.08.003.

46. Le, T. T., Huff, T. B., & Cheng, J.-X. (2009). "Coherent AntiStokes Raman Scattering Imaging of Lipids in Cancer Metastasis." *BMC Cancer* 9 (42). https:// doi.org/10.1186/1471-2407-9-42.

47. Strandwitz, P., Kim, K. H., Terekhova, D., Liu, J. K., Sharma, A., Levering, J., McDonald, D., et al. (2019). "GABAModulating Bacteria of the Human Gut Microbiota." *Nature Microbiology* 4 (3): 396 - 403. https://doi.org/10.1038/ s41564-018-0307-3.

48. Stasi, C., Sadalla, S., & Milani, S. (2019). "The Relationship between the Serotonin Metabolism, Gut-Microbiota and the Gut-Brain Axis." *Current Drug Metabolism* 20 (8): 646 - 655. https://doi.org/10.2174/1389200220666190725 115503.

49. Yano, J. M., Yu, K., Donaldson, G. P., Shastri, G. G., Ann, P., Ma, L., Nagler, C. R., et al. (2015). "Indigenous Bacteria from the Gut Microbiota Regulate Host Serotonin Biosynthesis." *Cell* 161 (2): 264 - 276. https://doi.org/10.1016/ j.cell.2015.02.047.

50. Kresser, Chris. (2019). "The Bountiful Benefits of Bone Broth: A Comprehensive Guide." *Chris Kresser* (blog), August 16. https://chriskresser.com/the-bountiful-

benefits-of-bone-broth-a-comprehensive-guide/#Bone_Broth_in_Traditional_
Cultures.

51. Todorov, A., Chumpalova-Tumbeva, P., Stoimenova-Popova, M., Popova, V. S.,
Todorieva-Todorova, D., Tzvetkov, N., Hristov, I. G., et al. (2018). "Correlation
between Depression and Anxiety and the Level of Vitamin B12 in Patients with
Depression and Anxiety and Healthy Controls." *Journal of Biomedical and Clinical
Research* 10 (2): 140 – 145. https://doi.org/10.1515/jbcr-2017-0023.

52. Pandey, A., Dabhade, P., & Kumarasamy, A. (2019). "Inflammatory Effects of
Subacute Exposure of Roundup in Rat Liver and Adipose Tissue." *Dose-Response*
17 (2). https://doi.org/10.1177/1559325819843380.

53. Vasiluk, L., Pinto, L. J., & Moore, M. M. (2005). "Oral Bioavailability of
Glyphosate: Studies Using Two Intestinal Cell Lines." *Environmental Toxicology
and Chemistry* 24 (1): 153. https://doi.org/10.1897/04-088r.1.

54. International Agency for Research on Cancer. (2015). "IARC Monograph on
Glyphosate." www.iarc.who.int/featured-news/media-centre-iarc-news-
glyphosate/.

55. Palmnäs, M. S. A., Cowan, T. E., Bomhof, M. R., Su, J., Reimer, R. A., Vogel,
H. J., Hittel, D. S., & Shearer, J. (2014). "LowDose Aspartame Consumption
Differentially Affects Gut Microbiota-Host Metabolic Interactions in the Diet-
Induced Obese Rat." *PLoS ONE* 9 (10). https://doi.org/10.1371/journal.
pone.0109841.

56. Gul, S. S., Hamilton, A. R. L., Munoz, A. R., Phupitakphol, T., Liu, W.,
Hyoju, S. J., Economopoulos, K. P., et al. (2017). "Inhibition of the Gut
Enzyme Intestinal Alkaline Phosphatase May Explain How Aspartame Promotes
Glucose Intolerance and Obesity in Mice." *Applied Physiology, Nutrition, and Me-
tabolism* 42 (1): 77 – 83. https://doi.org/10.1139/apnm-2016-0346.

57. Claesson, A.-L., Holm, G., Ernersson, A., Lindström, T., & Nystrom, F. H.
(2009). "Two Weeks of Overfeeding with Candy, but Not Peanuts, Increases
Insulin Levels and Body Weight." Scandinavian Journal of Clinical and Laboratory
Investigation 69 (5): 598 – 605. https://doi.org/10.1080/00365510902912754.

## 8장

1. Amodeo, G., Trusso, M. A., & Fagiolini, A. (2018). "Depression and
Inflammation: Disentangling a Clear Yet Complex and Multifaceted Link." *Neuro-*

psychiatry 7 (4). https://doi.org/10.4172/neuropsychiatry.1000236.

2.	Felger, J. C. (2018). "Imaging the Role of Inflammation in Mood and Anxiety-Related Disorders." Current Neuropharmacology 16 (5): 533 – 558. https://doi.org/10.2174/1570159X15666171123201142.

3.	Schiepers, O. J., Wichers, M. C., & Maes, M. (2005). "Cytokines and Major Depression." Progress in NeuroPsychopharmacology & Biological Psychiatry 29 (2): 201 – 217. https://doi.org/10.1016/j.pnpbp.2004.11.003.

4.	Felger, "Imaging the Role of Inflammation."

5.	Attwells, S., Setiawan, E., Wilson, A. A., Rusjan, P. M., Mizrahi, R., Miler, L., Xu, C., et al. (2017). "Inflammation in the Neurocircuitry of Obsessive-Compulsive Disorder." JAMA Psychiatry 74 (8): 833 – 840. https://doi.org/10.1001/jamapsychiatry.2017.1567.

6.	Gerentes, M., Pelissolo, A., Rajagopal, K., Tamouza, R., & Hamdani, N. (2019). "Obsessive-Compulsive Disorder: Autoimmunity and Neuroinflammation." Current Psychiatry Reports 21 (8): 78. https://doi.org/10.1007/s11920-019-1062-8.

7.	Johns Hopkins Medicine: Pathology. (2021). "Prevalence of Autoimmune Diseases—Autoimmune Disease." https://pathology.jhu.edu/autoimmune/prevalence.

8.	National Institutes of Health. (2021). "Autoimmunity May Be Rising in the United States." April 8. www.nih.gov/news-events/news-releases/autoimmunity-may-be-rising-united-states.

9.	National Institutes of Health, "Autoimmunity May Be Rising." 10. Fasano, A. (2011). "Zonulin and Its Regulation of Intestinal Barrier Function: The Biological Door to Inflammation, Autoimmunity, and Cancer." Physiological Reviews 91 (1): 151 – 175. https://doi.org/10.1152/physrev.00003.2008.

11.	Rowley, B., & Monestier, M. (2005). "Mechanisms of Heavy Metal-Induced Autoimmunity." Molecular Immunology 42 (7): 833 – 838. https://doi.org/10.1016/j.molimm.2004.07.050.

12.	Harding, C., Pytte, C., Page, K., Ryberg, K., Normand, E., Remigio, G., DeStefano, R. A., et al. (2020). "Mold Inhalation Causes Innate Immune Activation, Neural, Cognitive and Emotional Dysfunction." Brain, Behavior, and Immunity 87: 218 – 228. https://doi.org/10.1016/j.bbi.2019.11.006.

13.	Benros, M. E., Waltoft, B. L., Nordentoft, M., Østergaard, S. D., Eaton, W. W., Krogh, J., & Mortensen, P. B. (2013). "Autoimmune Diseases and Severe

주    343

Infections as Risk Factors for Mood Disorders: A Nationwide Study." *JAMA Psychiatry* 70 (8): 812 – 820. https://doi.org/10.1001/jamapsychiatry.2013.1111.

14. Dube, S. R., Fairweather, D., Pearson, W. S., Felitti, V. J., Anda, R. F., & Croft, J. B. (2009). "Cumulative Childhood Stress and Autoimmune Diseases in Adults." *Psychosomatic Medicine* 71 (2): 243 – 250. https://doi.org/10.1097/PSY.0b013e3181907888.

15. Vighi, G., Marcucci, F., Sensi, L., Di Cara, G., & Frati, F. (2008). "Allergy and the Gastrointestinal System." *Clinical & Experimental Immunology* 153 (S1): 3 – 6. https://doi.org/10.1111/j.1365-2249.2008.03713.x.

16. Bonaz, B., Bazin, T., & Pellissier, S. (2018). "The Vagus Nerve at the Interface of the Microbiota–Gut–Brain Axis." *Frontiers in Neuroscience* 12. https://doi.org/10.3389/fnins.2018.00049.

17. Petra, A. I., Panagiotidou, S., Hatziagelaki, E., Stewart, J. M., Conti, P., & Theoharides, T. C. (2015). "Gut–Microbiota–Brain Axis and Its Effect on Neuropsychiatric Disorders with Suspected Immune Dysregulation." *Clinical Therapeutics* 37 (5): 984 – 995. https://doi.org/10.1016/j.clinthera.2015.04.002.

18. Marin, I., Goertz, J., Ren, T., Rich, S., Onengut-Gumuscu, S., Farber, E., Wu, M., et al. (2017). "Microbiota Alteration Is Associated with the Development of Stress–Induced Despair Behavior." *Scientific Reports* 7 (1): 43859. https://doi.org/10.1038/srep43859.

19. Lurie, I., Yang, Y.-X., Haynes, K., Mamtani, R., & Boursi, B. (2015). "Antibiotic Exposure and the Risk for Depression, nxiety, or Psychosis: A Nested Case–Control Study." *Journal of Clinical Psychiatry* 76 (11): 1522 – 1528. https://doi.org/10.4088/JCP.15m09961.

20. Marotta, A., Sarno, E., Del Casale, A., Pane, M., Mogna, L., Amoruso, A., Felis, G. E., & Fiorio, M. (2019). "Effects of Probiotics on Cognitive Reactivity, Mood, and Sleep Quality." *Frontiers in Psychiatry* 10: 164. https://doi.org/10.3389/fpsyt.2019.00164.

21. Kato-Kataoka, A., Nishida, K., Takada, M., Suda, K., Kawai, M., Shimizu, K., Kushiro, A., et al. (2016). "Fermented Milk Containing *Lactobacillus casei* Strain Shirota Prevents the Onset of Physical Symptoms in Medical Students under Academic Examination Stress." *Beneficial Microbes* 7 (2): 153 – 156. https://doi.org/10.3920/BM2015.0100.

22. Guo, Y., Xie, J.-P., Deng, K., Li, X., Yuan, Y., Xuan, Q., Xie, J., et al. (2019). "Prophylactic Effects of *Bifidobacterium adolescentis* on Anxiety and

Depression-Like Phenotypes after Chronic Stress: A Role of the Gut Microbiota-Inflammation Axis." *Frontiers in Behavioral Neuroscience* 13: 126. https://doi.org/10.3389/fnbeh.2019.00126.

23. Noonan, S., Zaveri, M., Macaninch, E., & Martyn, K. (2020). "Food & Mood: A Review of Supplementary Prebiotic and Probiotic Interventions in the Treatment of Anxiety and Depression in Adults." *BMJ Nutrition, Prevention & Health* 3 (2): 351 – 362. https://doi.org/10.1136/bmjnph-2019-000053.

24. Strandwitz, P., Kim, K. H., Terekhova, D., Liu, J. K., Sharma, A., Levering, J., McDonald D., et al. (2018). "GABAModulating Bacteria of the Human Gut Microbiota." *Nature Microbiology* 4 (3): 396 – 403. https://doi.org/10.1038/s41564-018-0307-3.

25. Guo et al., "Prophylactic Effects of *Bifidobacterium adolescentis* on Anxiety."

26. Daulatzai, M. (2015). "Non-Celiac Gluten Sensitivity Triggers Gut Dysbiosis, Neuroinflammation, Gut-Brain Axis Dysfunction, and Vulnerability for Dementia." *CNS & Neurological Disorders—Drug Targets* 14 (1): 110 – 131. www.ingentaconnect.com/content/ben/cnsnddt/2015/00000014/00000001/art00018#Refs.

27. Kaliannan, K., Wang, B., Li, X.-Y., Kim, K.-J., & Kang, J. X. (2015). "A Host-Microbiome Interaction Mediates the Opposing Effects of Omega-6 and Omega-3 Fatty Acids on Metabolic Endotoxemia." *Scientific Reports* 5. https://doi.org/10.1038/srep11276.

28. Scaioli, E., Liverani, E., & Belluzzi, A. (2017). "The Imbalance between N-6/N-3 Polyunsaturated Fatty Acids and Inflammatory Bowel Disease: A Comprehensive Review and Future Therapeutic Perspectives." *International Journal of Molecular Sciences* 18 (12): 2619. https://doi.org/10.3390/ijms18122619.

29. Clarke, G., Fitzgerald, P., Hennessy, A. A., Cassidy, E. M., Quigley, E. M. M., Ross, P., Stanton, C., et al. (2010). "Marked Elevations in Pro-Inflammatory Polyunsaturated Fatty Acid Metabolites in Females with Irritable Bowel Syndrome." *Journal of Lipid Research* 51 (5): 1186 – 1192. https://doi.org/10.1194/jlr.P000695.

30. Shil, A., & Chichger, H. (2021). "Artificial Sweeteners Negatively Regulate Pathogenic Characteristics of Two Model Gut Bacteria, *E. coli and E. faecalis*." *International Journal of Molecular Sciences* 22 (10): 5228. https://doi.org/10.3390/ijms22105228.

31. Wu, W., Zhou, J., Chen, J., Han, H., Liu, J., Niu, T., & Weng, F.

(2020). "Dietary $\kappa$-Carrageenan Facilitates Gut MicrobiotaMediated Intestinal Inflammation." Preprint, submitted August 18. https://doi.org/10.21203/rs.3.rs-56671/v1.

32. Aitbali, Y., Ba-M'hamed, S., Elhidar, N., Nafis, A., Soraa, N., & Bennis, M. (2018). "Glyphosate-Based Herbicide Exposure Affects Gut Microbiota, Anxiety and Depression-Like Behaviors in Mice." *Neurotoxicology and Teratology* 67: 44 – 49. https://doi.org/10.1016/j.ntt.2018.04.002.

33. Imhann, F., Bonder, M. J., Vich Vila, A., Fu, J., Mujagic, Z., Vork, L., Tigchelaar, E. F., et al. (2016). "Proton Pump Inhibitors Affect the Gut Microbiome." *Gut* 65 (5): 740 – 748. https://doi.org/10.1136/gutjnl-2015-310376.

34. Rogers, M. A. M., & Aronoff, D. M. (2015). "The Influence of Non-Steroidal Anti-Inflammatory Drugs on the Gut Microbiome." *Clinical Microbiology and Infection* 22 (2): 178. e1 – 178.e9. https://doi.org/10.1016/j.cmi.2015.10.003.

35. Camilleri, M., Lembo, A., & Katzka, D. A. (2017). "Opioids in Gastroenterology: Treating Adverse Effects and Creating Therapeutic Benefits." *Clinical Gastroenterology and Hepatology* 15 (9): 1338 – 1349. https://doi.org/10.1016/j.cgh.2017.05.014.

36. Khalili, H. (2015). "Risk of Inflammatory Bowel Disease with Oral Contraceptives and Menopausal Hormone Therapy: Current Evidence and Future Directions." Drug Safety 39 (3): 193 – 197. https://doi.org/10.1007/s40264-015-0372-y.

37. Levy, J. (2000). "The Effects of Antibiotic Use on Gastrointestinal Function." American Journal of Gastroenterology 95 (1 Suppl.): S8 – S10. https://doi.org/10.1016/s0002-9270(99)00808-4.

38. Olivera, A., Moore, T. W., Hu, F., Brown, A. P., Sun, A., Liotta, D. C., Snyder, J. P., et al. (2012). "Inhibition of the NF-$\kappa$B Signaling Pathway by the Curcumin Analog, 3,5-Bis(2-Pyridinylmethylidene)-4-piperidone (EF31): AntiInflammatory and Anti-Cancer Properties." *International Immunopharmacology* 12 (2): 368 – 377. https://doi.org/10.1016/j.intimp.2011.12.009.

39. Chainani-Wu, Nita. (2003). "Safety and Anti-Inflammatory Activity of Curcumin: A Component of Tumeric (*Curcumalonga*)." *Journal of Alternative and Complementary Medicine* 9 (1): 161 – 168. https://doi.org/10.1089/107555303321223035.

40. Grzanna, R., Lindmark, L., & Frondoza, C. G. (2005). "Ginger—An Herbal Medicinal Product with Broad AntiInflammatory Actions." *Journal of Medicinal*

내 몸이 불안을 말한다

*Food* 8 (2): 125–132. https://doi.org/10.1089/jmf.2005.8.125.

41. Arreola, R., Quintero-Fabián, S., López-Roa, R. I., FloresGutiérrez, E. O., Reyes-Grajeda, J. P., Carrera-Quintanar, L., & Ortuño-Sahagún, D. (2015). "Immunomodulation and Anti-Inflammatory Effects of Garlic Compounds." *Journal of Immunology Research* 2015: 1–13. https://doi.org/10.1155/2015/401630.

42. Dorsch, W., Schneider, E., Bayer, T., Breu, W., & Wagner, H. (1990). "Anti-Inflammatory Effects of Onions: Inhibition of Chemotaxis of Human Polymorphonuclear Leukocytes by Thiosulfinates and Cepaenes." *International Archives of Allergy and Applied Immunology* 92 (1): 39–42. https://doi.org/10.1159/000235221.

43. Calder, Philip C. (2010). "Omega-3 Fatty Acids and Inflammatory Processes." *Nutrients* 2 (3): 355–374. https://doi.org/10.3390/nu2030355.

44. Zhu, F., Du, B., & Xu, B. (2017). "Anti-Inflammatory Effects of Phytochemicals from Fruits, Vegetables, and Food Legumes: A Review." *Critical Reviews in Food Science and Nutrition* 58 (8): 1260–1270. https://doi.org/10.1080/10408398.2016.1251390.

45. Centers for Disease Control and Prevention (2021). "Births—Method of Delivery." FastStats, CDC. www.cdc.gov/nchs/fastats/delivery.htm.

46. Shin, H., Pei, Z., Martinez II, K. A., Rivera-Vinas, J. I., Mendez, K., Cavallin, H., & Dominguez-Bello, M. G. (2015). "The First Microbial Environment of Infants Born by C-Section: The Operating Room Microbes." *Microbiome* 3. https://doi.org/10.1186/s40168-015-0126-1.

47. Ledger, W. J., & Blaser, M. J. (2013). "Are We Using Too Many Antibiotics during Pregnancy?" *BJOG: An International Journal of Obstetrics and Gynaecology* 120 (12): 1450–1452. https://doi.org/10.1111/1471-0528.12371.

48. Blaser, Martin J. (2014). *Missing Microbes: How the Overuse of Antibiotics Is Fueling Our Modern Plagues* (New York: Henry Holt), 219; 마틴 J. 블레이저, 서자영 옮김, 《인간은 왜 세균과 공존해야 하는가》(처음북스, 2014).

49. Prescott, J. (2015). "[Review of] *Missing Microbes: How the Overuse of Antibiotics Is Fueling Our Modern Plagues*." *Canadian Veterinary Journal* 56 (12): 1260.

50. Anand, D., Colpo, G. D., Zeni, G., Zeni, C. P., & Teixeira, A. L. (2017). "Attention-Deficit/Hyperactivity Disorder and Inflammation: What Does Current Knowledge Tell Us? A Systematic Review." *Frontiers in Psychiatry* 8: 228. https://doi.org/10.3389/fpsyt.2017.00228.

51. Yudkin, J. S., Kumari, M., Humphries, S. E., & MohamedAli, V. (2000).

주 347

"Inflammation, Obesity, Stress and Coronary Heart Disease: Is Interleukin-6 the Link?" *Atherosclerosis* 148 (2): 209 – 214. https://doi.org/10.1016/s0021-9150(99)00463-3.

52. Grivennikov, S. I., Greten, F. R., & Karin, M. (2010). "Immunity, Inflammation, and Cancer." *Cell* 140 (6): 883 – 899. https://doi.org/10.1016/j.cell.2010.01.025.

53. Leonard, B. E. (2007). "Inflammation, Depression and Dementia: Are They Connected?" *Neurochemical Research* 32 (10): 1749 – 1756. https://doi.org/10.1007/s11064-007-9385-y.

54. Berk, M., Williams, L. J., Jacka, F. N., O'Neil, A., Pasco, J. A., Moylan, S., Allen, N. B., et al. (2013). "So Depression Is an Inflammatory Disease, but Where Does the Inflammation Come From?" *BMC Medicine* 11 (1): 200. https://doi.org/10.1186/1741-7015-11-200.

55. Felger, "Imaging the Role of Inflammation in Mood and Anxiety-Related Disorders."

56. Jolliffe, D. A., Camargo, C. A., Sluyter, J. D., Aglipay, M., Aloia, J. F., Ganmaa, D., Bergman P., et al. (2021). "Vitamin D Supplementation to Prevent Acute Respiratory Infections: A Systematic Review and Meta-Analysis of Aggregate Data from Randomised Controlled Trials." *The Lancet Diabetes & Endocrinology* 9 (5): 276 – 292. https://doi.org/10.1016/S2213-8587(21)00051-6.

57. Picotto, G., Liaudat, A. C., Bohl, L., & Tolosa de Talamoni, N. (2012). "Molecular Aspects of Vitamin D Anticancer Activity." *Cancer Investigation* 30 (8): 604 – 614. https://doi.org/10.3109/07357907.2012.721039.

58. Martineau, A. R., Jolliffe, D. A., Hooper, R. L., Greenberg, L., Aloia, J. F., Bergman, P., Dubnov-Raz, G., et al. (2017). "Vitamin D Supplementation to Prevent Acute Respiratory Tract Infections: Systematic Review and Meta-Analysis of Individual Participant Data." BMJ 2017 (356): i6583. https://doi.org/10.1136/bmj.i6583.

59. Akbar, N. A., & Zacharek, M. A. (2011). "Vitamin D: Immunomodulation of Asthma, Allergic Rhinitis, and Chronic Rhinosinusitis." *Current Opinion in Otolaryngology and Head and Neck Surgery* 19 (3): 224 – 228. https://doi.org/10.1097/MOO.0b013e3283465687.

60. Aranow, C. (2011). "Vitamin D and the Immune System." *Journal of Investigative Medicine: The Official Publication of the American Federation for Clinical Research* 59 (6): 881 – 886. https://doi.org/10.2310/JIM.0b013e31821b8755.

61. Littlejohns, T. J., Henley, W. E., Lang, I. A., Annweiler, C., Beauchet, O., Chaves, P. H. M., Fried, L., et al. (2014). "Vitamin D and the Risk of Dementia and Alzheimer Disease." *Neurology* 83 (10): 920 – 928. https://doi.org/10.1212/wnl.0000000000000755.

62. Wang, T. J., Pencina, M. J., Booth, S. L., Jacques, P. F., Ingelsson, E., Lanier, K., Benjamin, E. J., et al. (2008). "Vitamin D Deficiency and Risk of Cardiovascular Disease." *Circulation* 117 (4): 503 – 511. https://doi.org/10.1161/circulationaha.107.706127.

63. Lips, P., & van Schoor, N. M. (2011). "The Effect of Vitamin D on Bone and Osteoporosis." *Best Practice & Research Clinical Endocrinology & Metabolism* 25 (4): 585 – 591. https://doi.org/10.1016/j.beem.2011.05.002.

64. Pilz, S., Zittermann, A., Obeid, R., Hahn, A., Pludowski, P., Trummer, C., Lerchbaum, E., et al. (2018). "The Role of Vitamin D in Fertility and during Pregnancy and Lactation: A Review of Clinical Data." *International Journal of Environmental Research and Public Health* 15 (10): 2241. https://doi.org/10.3390/ijerph15102241.

65. Picotto et al., "Molecular Aspects of Vitamin D Anticancer Activity."

66. Garland, C. F., Garland, F. C., Gorham, E. D., Lipkin, M., Newmark, H., Mohr, S. B., & Holick, M. F. (2006). "The Role of Vitamin D in Cancer Prevention." *American Journal of Public Health* 96 (2): 252 – 261. https://doi.org/10.2105/ajph.2004.045260.

67. Fleet, J. C., DeSmet, M., Johnson, R., & Li, Y. (2012). "Vitamin D and Cancer: A Review of Molecular Mechanisms." *Biochemical Journal* 441 (1): 61 – 76. https://doi.org/10.1042/BJ20110744.

68. Hargrove, L., Francis, T., & Francis, H. (2014), "Vitamin D and GI Cancers: Shedding Some Light on Dark Diseases." *Annals of Translational Medicine* 2 (1): 9. https://doi.org/10.3978/j.issn.2305-5839.2013.03.04.

69. Vuolo, L., Di Somma, C., Faggiano, A., & Colao, A. (2012). "Vitamin D and Cancer." *Frontiers in Endocrinology* 3: 58. https://doi.org/10.3389/fendo.2012.00058.

70. Chakraborti, C. K. (2011). "Vitamin D as a Promising Anticancer Agent." *Indian Journal of Pharmacology* 43 (2): 113 – 120. https://doi.org/10.4103/0253-7613.77335.

71. Menon, V., Kar, S. K., Suthar, N., & Nebhinani, N. (2020). "Vitamin D and Depression: A Critical Appraisal of the Evidence and Future Directions." *Indian*

*Journal of Psychological Medicine* 42 (1): 11 – 21. https://doi.org/10.4103/
IJPSYM.IJPSYM_160_19.

72. Armstrong, D. J., Meenagh, G. K., Bickle, I., Lee, A. S. H., Curran, E.-S.,
& Finch, M. B. (2007). "Vitamin D Deficiency Is Associated with Anxiety and
Depression in Fibromyalgia." *Clinical Rheumatology* 26 (4): 551 – 554. https://
doi.org/10.1007/s10067-006-0348-5.

73. Parva, N. R., Tadepalli, S., Singh, P., Qian, A., Joshi, R., Kandala, H.,
Nookala, V. K., & Cheriyath, P. (2018). "Prevalence of Vitamin D Deficiency
and Associated Risk Factors in the US Population (2011 – 2012)." *Cureus* 10 (6).
https://doi.org/10.7759/cureus.2741.

74. Mithal, A., Wahl, D. A., Bonjour, J.-P., Burckhardt, P., Dawson-Hughes, B.,
Eisman, J. A., El-Hajj Fuleihan, G., et al. (2009). "Global Vitamin D Status
and Determinants of Hypovitaminosis D." *Osteoporosis International* 20 (11):
1807 – 1820. https://doi.org/10.1007/s00198-009-0954-6.

75. Kumar, J., Muntner, P., Kaskel, F. J., Hailpern, S. M., & Melamed, M. L.
(2009). "Prevalence and Associations of 25-Hydroxyvitamin D Deficiency in US
Children: NHANES 2001 – 2004." *Pediatrics* 124 (3): e362 – e370. https://doi.
org/10.1542/peds.2009-0051.

76. Amrein, K., Scherkl, M., Hoffmann, M., NeuwerschSommeregger, S.,
Köstenberger, M., Tmava Berisha, A., Martucci, G., et al. (2020). "Vitamin D
Deficiency 2.0: An Update on the Current Status Worldwide." *European Journal of
Clinical Nutrition* 74 (11): 1498 – 1513. https://doi.org/10.1038/s41430-020-
0558-y.

77. Bradford, P. T. (2009). "Skin Cancer in Skin of Color." *Dermatology Nursing* 21
(4): 170 – 178. https://www.ncbi.nlm.nih.gov/pmc/articles/PMC2757062.

78. University of Pennsylvania. (2017). "Genes Responsible for Diversity of Human
Skin Colors Identified." *ScienceDaily*, October 12. www.sciencedaily.com/
releases/2017/10/171012143324.htm.

79. University of Pennsylvania, "Genes Responsible."

80. Bradford, "Skin Cancer in Skin of Color."

81. Brenner, M., & Hearing, V. J. (2008). "The Protective Role of Melanin against
UV Damage in Human Skin." *Photochemistry and Photobiology* 84 (3): 539 –
549. https://doi.org/10.1111/j.1751-1097.2007.00226.x.

82. Montagna, W., & Carlisle, K. (1991). "The Architecture of Black and White
Facial Skin." *Journal of the American Academy of Dermatology* 24 (6): 929 – 937.

https://doi.org/10.1016/0190-9622(91)70148-u.

83. Mezza, T., Muscogiuri, G., Sorice, G. P., Prioletta, A., Salomone, E., Pontecorvi, A., & Giaccari, A. (2012). "Vitamin D Deficiency: A New Risk Factor for Type 2 Diabetes?" *Annals of Nutrition & Metabolism* 61 (4): 337 – 348. https://doi.org/10.1159/000342771.

84. Martin, T., & Campbell, R. K. (2011). "Vitamin D and Diabetes." *Diabetes Spectrum* 24 (2): 113 – 118. https://doi.org/10.2337/diaspect.24.2.113.

85. Marks, R. (2020). "Obesity, COVID-19 and Vitamin D: Is There an Association Worth Examining?" *Advances in Obesity, Weight Management & Control* 10 (3): 59 – 63. https://doi.org/10.15406/aowmc.2020.10.00307.

86. Castillo, M. E., Costa, L. M. E., Barrios, J. M. V., Díaz, J. F. A., Miranda, J. L., Bouillon, R., & Gomez, J. M. Q. (2020). "Effect of Calcifediol Treatment and Best Available Therapy versus Best Available Therapy on Intensive Care Unit Admission and Mortality among Patients Hospitalized for COVID-19: A Pilot Randomized Clinical Study." *Journal of Steroid Biochemistry and Molecular Biology* 203. https://doi.org/10.1016/j.jsbmb.2020.105751.

87. Meltzer, D. O., Best, T. J., Zhang, H., Vokes, T., Arora, V., & Solway, J. (2020). "Association of Vitamin D Status and Other Clinical Characteristics with COVID-19 Test Results." *JAMA Network Open* 3 (9). https://doi.org/10.1001/jamanetworkopen.2020.19722.

88. Littlejohns et al., "Vitamin D and the Risk of Dementia and Alzheimer Disease."

89. Garland et al., "The Role of Vitamin D in Cancer Prevention."

90. Bilinski, K., & Boyages, J. (2013). "Association between 25-Hydroxyvitamin D Concentration and Breast Cancer Risk in an Australian Population: An Observational Case-Control Study." *Breast Cancer Research and Treatment* 137 (2): 599 – 607. https://doi.org/10.1007/s10549-012-2381-1.

91. Holick, M. F. (2004). "Sunlight and Vitamin D for Bone Health and Prevention of Autoimmune Diseases, Cancers, and Cardiovascular Disease." Supplement, *American Journal of Clinical Nutrition* 80 (6): 1678S – 1688S. https://doi.org/10.1093/ajcn/80.6.1678S.

92. Brøndum-Jacobsen, P., Benn, M., Jensen, G. B., & Nordestgaard, B. G. (2012). "25-Hydroxyvitamin D Levels and Risk of Ischemic Heart Disease, Myocardial Infarction, and Early Death: Population-Based Study and Meta-Analyses of 18 and 17 Studies." *Arteriosclerosis, Thrombosis, and Vascular Biology* 32 (11): 2794 – 2802. https://doi.org/10.1161/ATV BAHA.112.248039.

93. Wang et al., "Vitamin D Deficiency and Risk of Cardiovascular Disease."

94. Lips & van Schoor, "The Effect of Vitamin D on Bone and Osteoporosis."

95. Brehm, J. M., Celedón, J. C., Soto-Quiros, M. E., Avila, L., Hunninghake, G. M., Forno, E., Laskey, D., et al. (2009). "Serum Vitamin D Levels and Markers of Severity of Childhood Asthma in Costa Rica." *American Journal of Respiratory and Critical Care Medicine* 179 (9): 765–771. https://doi.org/10.1164/rccm.200808-1361OC.

96. Munger, K. L., Levin, L. I., Hollis, B. W., Howard, N. S., & Ascherio, A. (2006). "Serum 25-Hydroxyvitamin D Levels and Risk of Multiple Sclerosis." *JAMA* 296 (23): 2832–2838. https://doi.org/10.1001/jama.296.23.2832.

97. Kriegel, M. A., Manson, J. E., & Costenbader, K. H. (2011). "Does Vitamin D Affect Risk of Developing Autoimmune Disease?: A Systematic Review." *Seminars in Arthritis and Rheumatism* 40 (6): 512–531. https://doi.org/10.1016/j.semarthrit.2010.07.009.

98. Anglin, R. E. S., Samaan, Z., Walter, S. D., & McDonald, S. D. (2013). "Vitamin D Deficiency and Depression in Adults: Systematic Review and Meta-Analysis." *British Journal of Psychiatry* 202 (2): 100–107. https://doi.org/10.1192/bjp.bp.111.106666.

99. Armstrong et al., "Vitamin D Deficiency Is Associated with Anxiety and Depression in Fibromyalgia."

100. Hansen, J. P., Pareek, M., Hvolby, A., Schmedes, A., Toft, T., Dahl, E., & Nielsen, C. T. (2019). "Vitamin D3 Supplementation and Treatment Outcomes in Patients with Depression (D3-Vit-Dep)." *BMC Research Notes* 12 (1): 203. https://doi.org/10.1186/s13104-019-4218-z.

101. Lansdowne, A. T. G., & Provost, S. C. (1998). "Vitamin D3 Enhances Mood in Healthy Subjects during Winter." *Psychopharmacology* 135 (4): 319–323. https://doi.org/10.1007/s002130050517.

102. Mead, M. N. (2008). "Benefits of Sunlight: A Bright Spot for Human Health." *Environmental Health Perspectives* 116 (4): A160–A167. https://doi.org/10.1289/ehp.116-a160.

103. Kresser, C. (2021). "Vitamin D: More Is Not Better." *Chris Kresser* (blog), June 12. https://chriskresser.com/vitamin-d-more-is-not-better/.

104. Sprouse-Blum, A. S., Smith, G., Sugai, D., & Parsa, F. D. (2010). "Understanding Endorphins and Their Importance in Pain Management." *Hawaii Medical Journal* 69 (3): 70–71. https://www.ncbi.nlm.nih.gov/pmc/articles/

PMC3104618.

105. Fell, G. L., Robinson, K. C., Mao, J., Woolf, C. J., & Fisher, D. E. (2014). "Skin β-Endorphin Mediates Addiction to UV Light." *Cell* 157 (7): 1527 – 1534. https://doi.org/10.1016/j.cell.2014.04.032.

106. Smillie, S. J., King, R., Kodji, X., Outzen, E., Pozsgai, G., Fernandes, E., Marshall, N., et al. (2014). "An Ongoing Role of α-Calcitonin Gene-Related Peptide as Part of a Protective Network against Hypertension, Vascular Hypertrophy, and Oxidative Stress." *Hypertension* 63 (5): 1056 – 1062. https://doi.org/10.1161/HYPERTENSIONAHA.113.02517.

107. Staniek, V., Liebich, C., Vocks, E., Odia, S. G., Doutremepuich, J. D., Ring, J., Claudy, A., et al. (1998). "Modulation of Cutaneous SP Receptors in Atopic Dermatitis after UVA Irradiation." *Acta Dermato-Venereologica* 78 (2): 92 – 94. https://doi.org/10.1080/000155598433386.

108. Pavlovic, S., Liezmann, C., Blois, S. M., Joachim, R., Kruse, J., Romani, N., Klapp, B. F., & Peters, E. M. J. (2010). "Substance P Is a Key Mediator of Stress-Induced Protection from Allergic Sensitization via Modified Antigen Presentation." *Journal of Immunology* 186 (2): 848 – 855. https://doi.org/10.4049/jimmunol.0903878.

109. Holliman, G., Lowe, D., Cohen, H., Felton, S., & Raj, K. (2017). "Ultraviolet Radiation-Induced Production of Nitric Oxide: A Multi-Cell and Multi-Donor Analysis." *Scientific Reports* 7 (1): 11105. https://doi.org/10.1038/s41598-017-11567-5.

110. Lindqvist, P. G., Epstein, E., Nielsen, K., Landin-Olsson, M., Ingvar, C., & Olsson, H. (2016). "Avoidance of Sun Exposure as a Risk Factor for Major Causes of Death: A Competing Risk Analysis of the Melanoma in Southern Sweden Cohort." *Journal of Internal Medicine* 280 (4): 375 – 387. https://doi.org/10.1111/joim.12496.

111. Lindqvist et al. "Avoidance of Sun Exposure as a Risk Factor."

112. Aziz, I., Lewis, N. R., Hadjivassiliou, M., Winfield, S. N., Rugg, N., Kelsall, A., Newrick, L., & Sanders, D. S. (2014). "A UK Study Assessing the Population Prevalence of Self-Reported Gluten Sensitivity and Referral Characteristics to Secondary Care." *European Journal of Gastroenterology & Hepatology* 26 (1): 33 – 39. https://doi.org/10.1097/01.meg.0000435546.87251.f7.

113. *Industrial Safety and Hygiene News*. (2021). "Another Country Bans Glyphosate Use." January 21. www.ishn.com/articles/112144-another-country-bans-

glyphosate-use.

114. Reuters staff. (2021). "German Cabinet Approves Legislation to Ban Glyphosate from 2024." Reuters, February 10. www.reuters.com/article/us-germany-farming-lawmaking/german-cabinet-approves-legislation-to-ban-glyphosate-from-2024-idUSKBN2AA1GF.

115. Samsel, A., & Seneff, S. (2013). "Glyphosate, Pathways to Modern Diseases II: Celiac Sprue and Gluten Intolerance." *Interdisciplinary Toxicology* 6 (4): 159 – 184. https://doi.org/10.2478/intox-2013-0026.

116. Center for Biological Diversity. (2020). "EPA Finds Glyphosate Is Likely to Injure or Kill 93% of Endangered Species." November 25. https://biologicaldiversity.org/w/news/press-releases/epa-finds-glyphosate-likely-injure-or-kill-93-endangered-species-2020-11-25.

117. Wong, K. V. (2017). "Gluten and Thyroid Health." *Juniper Online Journal of Public Health* 1 (3). https://doi.org/10.19080/jojph.2017.01.555563.

118. Benvenga, S., & Guarneri, F. (2016). "Molecular Mimicry and Autoimmune Thyroid Disease." *Reviews in Endocrine & Metabolic Disorders* 17 (4): 485 – 498. https://doi.org/10.1007/s11154-016-9363-2.

119. International Agency for Research on Cancer. (2015). "IARC Monograph on Glyphosate." www.iarc.who.int/featured-news/media-centre-iarc-news-glyphosate/.

120. Caio, G., Volta, U., Tovoli, F., & De Giorgio, R. (2014). "Effect of Gluten Free Diet on Immune Response to Gliadin in Patients with Non-Celiac Gluten Sensitivity." *BMC Gastroenterology* 14 (1): 26. https://doi.org/10.1186/1471-230x-14-26.

121. Hillman, M., Weström, B., Aalaei, K., Erlanson-Albertsson, C., Wolinski, J., Lozinska, L., Sjöholm, I., et al. (2019). "Skim Milk Powder with High Content of Maillard Reaction Products Affect Weight Gain, Organ Development and Intestinal Inflammation in Early Life in Rats." *Food and Chemical Toxicology* 125: 78 – 84. https://doi.org/10.1016/j.fct.2018.12.015.

122. Fukudome, S., & Yoshikawa, M. (1992). "Opioid Peptides Derived from Wheat Gluten: Their Isolation and Characterization." *FEBS Letters* 296 (1): 107 – 111. https://doi.org/10.1016/0014-5793(92)80414-c.

123. Trivedi, M., Zhang, Y., Lopez-Toledano, M., Clarke, A., & Deth, R. (2016). "Differential Neurogenic Effects of CaseinDerived Opioid Peptides on Neuronal Stem Cells: Implications for Redox-Based Epigenetic Changes." *Journal of Nutri-

*tional Biochemistry* 37: 39 - 46. https://doi.org/10.1016/j.jnutbio.2015.10.012.

124. Liu, Z., & Udenigwe, C. C. (2018). "Role of Food-Derived Opioid Peptides in the Central Nervous and Gastrointestinal Systems." *Journal of Food Biochemistry* 43 (1). https://doi.org/10.1111/jfbc.12629.

125. Trivedi, M. S., Shah, J. S., Al-Mughairy, S., Hodgson, N. W., Simms, B., Trooskens, G. A., Van Criekinge, W., & Deth, R. C. (2014). "Food-Derived Opioid Peptides Inhibit Cysteine Uptake with Redox and Epigenetic Consequences." *Journal of Nutritional Biochemistry* 25 (10): 1011 - 1018. https://doi.org/10.1016/j.jnutbio.2014.05.004.

126. ScienceDirect. "Casomorphin." (2021). www.sciencedirect.com/topics/ agricultural-and-biological-sciences/casomorphin.

127. Teschemacher, H., Koch, G., & Brantl, V. (1997). "Milk Protein-Derived Opioid Receptor Ligands." Biopolymers 43 (2): 99 - 117. https://doi. org/10.1002/(SICI)1097-0282(1997)43:2〈99::AID-BIP3〉3.0.CO;2-V.

128. Goldmeier, D., Garvey, L., & Barton, S. (2008). "Does Chronic Stress Lead to Increased Rates of Recurrences of Genital Herpes—A Review of the Psychoneuroimmunological Evidence?" *International Journal of STD & AIDS* 19 (6): 359 - 362. https://doi.org/10.1258/ijsa.2007.007304.

129. Mindel, A., & Marks, C. (2005). "Psychological Symptoms Associated with Genital Herpes Virus Infections: Epidemiology and Approaches to Management." *CNS Drugs* 19 (4): 303 - 312. https://doi.org/10.2165/00023210-200519040-00003.

## 9장

1. Tasca, C., Rapetti, M., Carta, M. G., & Fadda, B. (2012). "Women and Hysteria in the History of Mental Health." *Clinical Practice and Epidemiology in Mental Health* 8: 110 - 19. https://dx.doi.org/10.2174% 2F1745017901208010110.

2. Minerbi, A., & Fitzcharles, M. A. (2020). "Gut Microbiome: Pertinence in Fibromyalgia." Supplement 123, *Clinical and Experimental Rheumatology* 38 (1): 99 - 104. https://pubmed.ncbi.nlm.nih.gov/32116215/.

3. Myhill, S., Booth, N. E., & McLaren-Howard, J. (2009). "Chronic Fatigue Syndrome and Mitochondrial Dysfunction." *International Journal of Clinical and Experimental Medicine* 2 (1): 1 - 16. https://pubmed.ncbi.nlm.nih.

gov/19436827.

4. Bartels, E. M., Dreyer, L., Jacobsen, S., Jespersen, A., Bliddal, H., & Danneskiold-Samsøe, B. (2009). "Fibromyalgi, diagnostik og praevalens. Kan kønsforskellen forklares?" [Fibromyalgia, Diagnosis and Prevalence. Are Gender Differences Explainable?]. *Ugeskr Laeger* 171 (49): 3588 – 3592. https://pubmed.ncbi.nlm.nih.gov/19954696/.

5. American Thyroid Association. "General Information/Press Room." Accessed August 19, 2021. www.thyroid.org/media-main/press-room/.

6. American Thyroid Association, "General Information/Press Room."

7. Harvard Health. (2021). "The Lowdown on Thyroid Slowdown." August 17. www.health.harvard.edu/diseases-and-conditions/the-lowdown-on-thyroid-slowdown.

8. Chiovato, L., Magri, F., & Carlé, A. (2019). "Hypothyroidism in Context: Where We've Been and Where We're Going." *Advances in Therapy* 36: 47 – 58. https://doi.org/10.1007/s12325-019-01080-8.

9. Mayo Clinic. (2021). "Premenstrual Syndrome (PMS)—Symptoms and Causes." www.mayoclinic.org/diseases-conditions/premenstrual-syndrome/symptoms-causes/syc-20376780.

10. Dodson, R. E., Nishioka, M., Standley, L. J., Perovich, L. J., Brody, J. G., & Rudel, R. A. (2012). "Endocrine Disruptors and Asthma-Associated Chemicals in Consumer Products." *Environmental Health Perspectives* 120 (7): 935 – 943. https://doi.org/10.1289/ehp.1104052.

11. Peinado, Francisco M., Iribarne-Durán, Luz M., Ocón-Hernández, Olga, Olea, Nicolás, & Artacho-Cordón, Francisco. (2020). "Endocrine Disrupting Chemicals in Cosmetics and Personal Care Products and Risk of Endometriosis." IntechOpen, February 25. https://www.intechopen.com/chapters/72654.

12. Patel, S. (2017). "Fragrance Compounds: The Wolves in Sheep's Clothings." *Medical Hypotheses* 102: 106 – 111. https://doi.org/10.1016/j.mehy.2017.03.025.

13. Dodson et al., "Endocrine Disruptors and Asthma-Associated Chemicals in Consumer Products."

14. Weatherly, L. M., & Gosse, J. A. (2017). "Triclosan Exposure, Transformation, and Human Health Effects." *Journal of Toxicology and Environmental Health. Part B, Critical Reviews* 20 (8): 447 – 469. https://doi.org/10.1080/10937404.2017.1399306.

내 몸이 불안을 말한다

15. Rowdhwal, S. S. S., & Chen, J. (2018). "Toxic Effects of Di-2-ethylhexyl Phthalate: An Overview." *BioMed Research International*, 1750368. https://doi.org/10.1155/2018/1750368.

16. Hormann, A. M., Vom Saal, F. S., Nagel, S. C., Stahlhut, R. W., Moyer, C. L., Ellersieck, M. R., Welshons, W. V., Toutain, P. L., & Taylor, J. A. (2014). "Holding Thermal Receipt Paper and Eating Food after Using Hand Sanitizer Results in High Serum Bioactive and Urine Total Levels of Bisphenol A (BPA)." *PLoS ONE* 9 (10): e110509. https://doi.org/10.1371/journal.pone.0110509.

17. Hayes, T. B., Khoury, V., Narayan, A., Nazir, M., Park, A., Brown, T., Adame, L., et al. (2010). "Atrazine Induces Complete Feminization and Chemical Castration in Male African Clawed Frogs (*Xenopus laevis*)." *Proceedings of the National Academy of Sciences* 107 (10): 4612–4617. https://doi.org/10.1073/pnas.0909519107.

18. Sanders, R. (2010). "Pesticide Atrazine Can Turn Male Frogs into Females." Berkeley News, March 1. https://news.berkeley.edu/2010/03/01/frogs/.

19. Berg, J. M., Tymoczko, J. L., & Stryer, L. (2002). "Important Derivatives of Cholesterol Include Bile Salts and Steroid Hormones," in *Biochemistry*, 5th ed. (New York: W. H. Freeman). www.ncbi.nlm.nih.gov/books/NBK22339/.

20. Solano, M. E., & Arck, P. C. (2020). "Steroids, Pregnancy and Fetal Development." *Frontiers in Immunology* 10. https://doi.org/10.3389/fimmu.2019.03017.

21. Pickworth, C. K. (2016). "Women's Health and Hormonal Axes." Women in Balance Institute. https://womeninbalance.org/2016/12/13/womens-health-and-hormonal-axes/.

22. Skovlund, C. W., Mørch, L. S., Kessing, L. V., & Lidegaard, Ø. (2016). "Association of Hormonal Contraception with Depression." *JAMA Psychiatry* 73 (11): 1154–1162. https://doi.org/10.1001/jamapsychiatry.2016.2387. Erratum in *JAMA Psychiatry* 74 (7): 764. https://doi.org/10.1001/jamapsychiatry.2017.1446.

23. Anderl, C., Li, G., & Chen, F. S. (2020). "Oral Contraceptive Use in Adolescence Predicts Lasting Vulnerability to Depression in Adulthood." *Journal of Child Psychology and Psychiatry* 61 (2): 148–156. https://doi.org/10.1111/jcpp.13115.

24. Williams, W. V. (2017). "Hormonal Contraception and the Development of Autoimmunity: A Review of the Literature." *Linacre Quarterly* 84 (3): 275–295.

https://doi.org/10.1080/00243639.2017.1360065.

25. Palmery, M., Saraceno, A., Vaiarelli, A., & Carlomagno, G. (2013). "Oral Contraceptives and Changes in Nutritional Requirements." *European Review for Medical and Pharmacological Sciences* 17 (13): 1804 – 1813. https://pubmed.ncbi.nlm.nih.gov/23852908.

26. Williams, A.-I., Cotter, A., Sabina, A., Girard, C., Goodman, J., & Katz, D. L. (2005). "The Role for Vitamin B-6 as Treatment for Depression: A Systematic Review." Family Practice 22 (5): 532 – 537. https://doi.org/10.1093/fampra/cmi040.

27. Khalili, H., Granath, F., Smedby, K. E., Ekbom, A., Neovius, M., Chan, A. T., & Olen, O. (2016). "Association between Long-Term Oral Contraceptive Use and Risk of Crohn's Disease Complications in a Nationwide Study." *Gastroenterology* 150 (7): 1561 – 1567. https://doi.org/10.1053/j.gastro.2016.02.041.

28. Etminan, M., Delaney, J. A. C., Bressler, B., & Brophy, J. M. (2011). "Oral Contraceptives and the Risk of Gallbladder Disease: A Comparative Safety Study." *Canadian Medical Association Journal* 183 (8): 899 – 904. https://doi.org/10.1503/cmaj.110161.

29. Benagiano, G., Benagiano, M., Bianchi, P., D'Elios, M. M., & Brosens, I. (2019). "Contraception in Autoimmune Diseases." *Best Practice & Research Clinical Obstetrics & Gynaecology* 60: 111 – 123. https://doi.org/10.1016/j.bpobgyn.2019.05.003.

30. Williams, "Hormonal Contraception and the Development of Autoimmunity: A Review of the Literature."

31. Zimmerman, Y., Eijkemans, M. J., Coelingh Bennink, H. J., Blankenstein, M. A., & Fauser, B. C. (2014). "The Effect of Combined Oral Contraception on Testosterone Levels in Healthy Women: A Systematic Review and Meta-Analysis." *Human Reproduction Update* 20 (1): 76 – 105. https://doi.org/10.1093/humupd/dmt038.

32. Zimmerman et al., "The Effect of Combined Oral Contraception on Testosterone Levels in Healthy Women: A Systematic Review and Meta-Analysis."

33. Skovlund et al., "Association of Hormonal Contraception with Depression."

34. Barthelmess, E. K., & Naz, R. K. (2014). "Polycystic Ovary Syndrome: Current Status and Future Perspective." *Frontiers in Bioscience (Elite Edition)* 6 (1): 104 – 119. https://doi.org/10.2741/e695.

35. Jingjing Liu, Qunhong Wu, Yanhua Hao, Mingli Jiao, Xing Wang, Shengchao

내 몸이 불안을 말한다

Jiang, & Liyuan Han. (2021). "Measuring the Global Disease Burden of Polycystic Ovary Syndrome in 194 Countries: Global Burden of Disease Study 2017." *Human Reproduction* 36 (4): 1108 – 1119. https://doi.org/10.1093/humrep/deaa371.

36. Barkley, G. S. (2008). "Factors Influencing Health Behaviors in the National Health and Nutritional Examination Survey, III (NHANES III)." *Social Work in Health Care* 46 (4): 57 – 79. https://doi.org/10.1300/J010v46n04_04.

37. Franks, S., Gharani, N., Waterworth, D., Batty, S., White, D., Williamson, R., & McCarthy, M. (1997). "The Genetic Basis of Polycystic Ovary Syndrome." *Human Reproduction* 12 (12): 2641 – 2648. https://doi.org/10.1093/humrep/12.12.2641.

38. Kasim-Karakas, S. E., Cunningham, W. M., & Tsodikov, A. (2007). "Relation of Nutrients and Hormones in Polycystic Ovary Syndrome." *American Journal of Clinical Nutrition* 85 (3): 688 – 694. https://doi.org/10.1093/ajcn/85.3.688.

39. Basu, B. R., Chowdhury, O., & Saha, S. K. (2018). "Possible Link between Stress-Related Factors and Altered Body Composition in Women with Polycystic Ovarian Syndrome." *Journal of Human Reproductive Sciences* 11 (1): 10 – 18. https://doi.org/10.4103/jhrs.JHRS_78_17.

40. Dunaif, A. (1997). "Insulin Resistance and the Polycystic Ovary Syndrome: Mechanism and Implications for Pathogenesis." *Endocrine Reviews* 18 (6): 774 – 800. https://doi.org/10.1210/edrv.18.6.0318.

41. González, F. (2012). "Inflammation in Polycystic Ovary Syndrome: Underpinning of Insulin Resistance and Ovarian Dysfunction." *Steroids* 77 (4): 300 – 305. https://doi.org/10.1016/j.steroids.2011.12.003.

42. Gorpinchenko, I., Nikitin, O., Banyra, O., & Shulyak, A. (2014). "The Influence of Direct Mobile Phone Radiation on Sperm Quality." *Central European Journal of Urology* 67 (1): 65 – 71. https://doi.org/10.5173/ceju.2014.01.art14.

43. Chua, T.-E., Bautista, D. C., Tan, K. H., Yeo, G., & Chen, H. (2018). "Antenatal Anxiety: Prevalence and Patterns in a Routine Obstetric Population." *Annals of the Academy of Medicine, Singapore* 47 (10): 405 – 412. http://www.annals.edu.sg/pdf/47VolNo10Oct2018/MemberOnly/V47N10p405.pdf.

44. Linnakaari, R., Nelle, N., Mentula, M., Bloigu, A., Gissler, M., Heikinheimo, O., & Niinimäki, M. (2019). "Trends in the Incidence, Rate and Treatment of Miscarriage—Nationwide Register-Study in Finland, 1998 – 2016." *Human Reproduction* 34 (11): 2120 – 2128. https://doi.org/10.1093/humrep/dez211.

45. Declercq, E., & Zephyrin, L. (2021). "Maternal Mortality in the United States: A Primer." Commonwealth Fund, December 16. www.commonwealthfund.org/publications/issue-brief-report/2020/dec/maternal-mortality-united-states-primer.

46. Centers for Disease Control and Prevention. (2021). "Working Together to Reduce Black Maternal Mortality." Minority Health and Health Equity, CDC. www.cdc.gov/healthequity/features/maternal-mortality/index.html.

47. Berman, J. (2021). "Women's Unpaid Work Is the Backbone of the American Economy." Marketwatch, April 15. www.marketwatch.com/story/this-is-how-much-more-unpaid-work-women-do-than-men-2017-03-07.

48. Tolbert, J., Orgera, K., & Damico, A. (2020). "Key Facts about the Uninsured Population." KFF, November 6. https://www.kff.org/uninsured/issue-brief/key-facts-about-the-uninsured-population.

49. Mental Health America. (2021). "The State of Mental Health in America." www.mhanational.org/issues/state-mental-health-america.

50. Fairbrother, N., Janssen, P., Antony, M. M., Tucker, E., & Young, A. H. (2016). "Perinatal Anxiety Disorder Prevalence and Incidence." *Journal of Affective Disorders* 200: 148 – 155. https://doi.org/10.1016/j.jad.2015.12.082.

51. MGH Center for Women's Mental Health. (2015). "Is It Postpartum Depression or Postpartum Anxiety? What's the Difference?" September 30. https://womensmentalhealth.org/posts/is-it-postpartum-depression-or-postpartum-anxiety-whats-the-difference/.

52. Jamieson, D. J., Theiler, R. N., & Rasmussen, S. A. (2006). "Emerging Infections and Pregnancy." *Emerging Infectious Diseases* 12 (11): 1638 – 1643. https://pubmed.ncbi.nlm.nih.gov/17283611.

53. Khashan, A. S., Kenny, L. C., Laursen, T. M., Mahmood, U., Mortensen, P. B., Henriksen, T. B., & O'Donoghue, K. (2011). "Pregnancy and the Risk of Autoimmune Disease." *PLoS ONE* 6 (5). https://doi.org/10.1371/journal.pone.0019658.

**10장**

1. Martin, C. B., Hales, C. M., Gu, Q., & Ogden, C. L. (2019). "Prescription Drug Use in the United States, 2015 – 2016." NCHS Data Brief No. 334, May. Centers for Disease Control and Prevention. www.cdc.gov/nchs/products/

databriefs/db334.htm.

2. "America's State of Mind Report." (2020). Express Scripts, April 16. https://www.express-scripts.com/corporate/americas-state-of-mind-report.

3. Christensen, J. C. (2021). "Benzodiazepines Might Be a 'Hidden Element' of the US Overdose Epidemic." CNN, January 20. www.cnn.com/2020/01/20/health/benzodiazepines-prescriptions-study/index.html.

4. Nemeroff, C. B. (2003). "The Role of GABA in the Pathophysiology and Treatment of Anxiety Disorders." *Psychopharmacology Bulletin* 37 (4): 133–146. https://pubmed.ncbi.nlm.nih.gov/15131523/.

5. Lydiard, R. B. (2003). "The Role of GABA in Anxiety Disorders." Supplement 3, *Journal of Clinical Psychiatry* 64: 21–27. https://pubmed.ncbi.nlm.nih.gov/12662130.

6. Griffin III, C. E., Kaye, A. M., Bueno, F. R., & Kaye, A. D. (2013). "Benzodiazepine Pharmacology and Central Nervous System–Mediated Effects." *Ochsner Journal* 13 (2): 214–223. https://www.ncbi.nlm.nih.gov/pmc/articles/PMC3684331.

7. Barnes Jr., E. M. (1996). "Use-Dependent Regulation of GABAA Receptors." *International Review of Neurobiology* 39: 53–76. https://doi.org/10.1016/s0074-7742(08)60663-7.

8. Higgitt, A., Fonagy, P., & Lader, M. (1988). "The Natural History of Tolerance to the Benzodiazepines." Monograph supplement, *Psychological Medicine* 13: 1–55. https://doi.org/10.1017/s0264180100000412.

9. Cookson, J. C. (1995). "Rebound Exacerbation of Anxiety during Prolonged Tranquilizer Ingestion." *Journal of the Royal Society of Medicine* 88 (9): 544. https://pubmed.ncbi.nlm.nih.gov/7562864.

10. Alexander, Scott. (2015). "Things That Sometimes Work if You Have Anxiety." *Slate Star Codex* (blog), June 13. https:// =slatestarcodex.com/2015/07/13/things-that-sometimes-work-if-you-have-anxiety.

11. Davies, J., & Read, J. (2019). "A Systematic Review into the Incidence, Severity and Duration of Antidepressant Withdrawal Effects: Are Guidelines Evidence-Based?" *Addictive Behaviors* 97: 111–121. https://doi.org/10.1016/j.addbeh.2018.08.027.

12. Wilson, E., & Lader, M. (2015). "A Review of the Management of Antidepressant Discontinuation Symptoms." *Therapeutic Advances in Psychopharmacology* 5 (6): 357–368. https://doi.org/10.1177/2045125315612334.

1.  Breit, S., Kupferberg, A., Rogler, G., & Hasler, G. (2018). "Vagus Nerve as Modulator of the Brain – Gut Axis in Psychiatric and Inflammatory Disorders." *Frontiers in Psychiatry* 9. https://doi.org/10.3389/fpsyt.2018.00044.

2.  Tubbs, R. S., Rizk, E., Shoja, M. M., Loukas, M., Barbaro, N., & Spinner, R. J., eds. (2015). *Nerves and Nerve Injuries: Vol. 1: History, Embryology, Anatomy, Imaging, and Diagnostics* (Cambridge, MA: Academic Press).

3.  Sengupta, P. (2012). "Health Impacts of Yoga and Pranayama: A State-of-the-Art Review." *International Journal of Preventive Medicine* 3 (7): 444 – 458. http://doi.org/10.13016/LXQD-LC0O.

4.  Nemati, A. (2013). "The Effect of Pranayama on Test Anxiety and Test Performance." *International Journal of Yoga* 6 (1): 55 – 60. https://doi.org/10.4103/0973-6131.105947.

5.  Roelofs, K. (2017). "Freeze for Action: Neurobiological Mechanisms in Animal and Human Freezing." *Philosophical Transactions of the Royal Society, Series B, Biological Sciences* 372. https://doi.org/10.1098/rstb.2016.0206.

6.  Tsuji, H., Venditti Jr., F. J., Manders, E. S., Evans, J. C., Larson, M. G., Feldman, C. L., & Levy, D. (1994). "Reduced Heart Rate Variability and Mortality Risk in an Elderly Cohort. The Framingham Heart Study." *Circulation* 90 (2): 878 – 883. https://doi.org/10.1161/01.cir.90.2.878.

7.  Buccelletti, E., Gilardi, E., Scaini, E., Galiuto, L., Persiani, R., Biondi, A., Basile, F., & Gentiloni Silveri, N. (2009). "Heart Rate Variability and Myocardial Infarction: Systematic Literature Review and Metanalysis." *European Review for Medical and Pharmacological Sciences* 13 (4): 299 – 307. https://pubmed.ncbi.nlm.nih.gov/19694345.

8.  Taylor, S. E., Klein, L. C., Lewis, B. P., Gruenewald, T. L., Gurung, R. A. R., & Updegraff, J. A. (2000). "Biobehavioral Responses to Stress in Females: Tend-and-Befriend, Not Fight-or-Flight." *Psychological Review* 107 (3): 411 – 429. https://doi.org/10.1037/0033-295x.107.3.411.

9.  Taylor et al., "Biobehavioral Responses to Stress in Females," 412.

10. Taylor et al., "Biobehavioral Responses to Stress in Females," 413.

11. Kübler-Ross, Elisabeth, and Kessler, David. (2014). *On Grief and Grieving: Finding the Meaning of Grief through the Five Stages of Loss* (New York: Scribner), 66; 엘리자베스 퀴블러로스·데이비드 케슬러, 김소향 옮김, 《상실 수업》(인빅투

내 몸이 불안을 말한다

스, 2014).

12. Konopacki, M., & Madison, G. (2018). "EEG Responses to Shamanic Drumming: Does the Suggestion of Trance State Moderate the Strength of Frequency Components?" *Journal of Sleep and Sleep Disorder Research* 1 (2): 16–25. https://doi.org/10.14302/issn.2574-4518.jsdr-17-1794.

13. Drisdale III, J. K., Thornhill, M. G., & Vieira, A. R. (2017). "Specific Central Nervous System Medications Are Associated with Temporomandibular Joint Symptoms." *International Journal of Dentistry*. https://doi.org/10.1155/2017/1026834.

14. Goodwin, A. K., Mueller, M., Shell, C. D., Ricaurte, G. A., & Ator, N. A. (2013). "Behavioral Effects and Pharmacokinetics of (±)-3,4-Methylenedioxymethamphetamine (MDMA, Ecstasy) after Intragastric Administration to Baboons." *Journal of Pharmacology and Experimental Therapeutics* 345 (3): 342–353. https://doi.org/10.1124/jpet.113.203729.

15. Fujita, Y., & Maki, K. (2018). "Association of Feeding Behavior with Jaw Bone Metabolism and Tongue Pressure." *Japanese Dental Science Review* 54 (4): 174–182. https://doi.org/10.1016/j.jdsr.2018.05.001.

16. De Moor, M. H., Beem, A. L., Stubbe, J. H., Boomsma, D. I., & De Geus, E. J. (2006). "Regular Exercise, Anxiety, Depression and Personality: A Population-Based Study." *Preventive Medicine* 42 (4): 273–279. https://doi.org/10.1016/j.ypmed.2005.12.002.

17. Byrne, A., & Byrne, D. G. (1993). "The Effect of Exercise on Depression, Anxiety and Other Mood States: A Review." *Journal of Psychosomatic Research* 37 (6): 565–574. https://doi.org/10.1016/0022-3999(93)90050-p.

18. Jayakody, K., Gunadasa, S., & Hosker, C. (2014). "Exercise for Anxiety Disorders: Systematic Review." *British Journal of Sports Medicine* 48 (3): 187–196. https://pubmed.ncbi.nlm.nih.gov/23299048.

19. Gleeson, M., Bishop, N., Stensel, D., Lindley, M. R., Mastana, S. S., & Nimmo, M. A. (2011). "The Anti-Inflammatory Effects of Exercise: Mechanisms and Implications for the Prevention and Treatment of Disease." *Nature Reviews Immunology* 11: 607–615. https://doi.org/10.1038/nri3041.

20. Jackson, E. (2013). "Stress Relief: The Role of Exercise in Stress Management." *ACSM's Health & Fitness Journal* 17 (3): 14–19. https://doi.org/10.1249/fit.0b013e31828cb1c9.

21. Harber, V. J., & Sutton, J. R. (1984). "Endorphins and Exercise." *Sports Medi-*

cine 1 (2): 154 – 171. https://pubmed.ncbi.nlm.nih.gov/6091217.

22. McDonagh, B. (2015). *Dare: The New Way to End Anxiety and Stop Panic Attacks* (Williamsville, NY: BMD Publishing), 32.

23. McDonagh, *Dare*, 49.

## 12장

1. Brackett, Marc. (2019). *Permission to Feel: The Power of Emotional Intelligence to Achieve Well-Being and Success* (New York: Celadon Books), 11; 마크 브래킷, 임지연 옮김, 《감정의 발견》(북라이프, 2020).

2. Miller, J. J., Fletcher, K., & Kabat-Zinn, J. (1995). "ThreeYear Follow-Up and Clinical Implications of a Mindfulness Meditation – Based Stress Reduction Intervention in the Treatment of Anxiety Disorders." *General Hospital Psychiatry* 17 (3): 192 – 200. https://doi.org/10.1016/0163-8343(95)00025-m.

3. Hofmann, S. G., Sawyer, A. T., Witt, A. A., & Oh, D. (2010). "The Effect of Mindfulness-Based Therapy on Anxiety and Depression: A Meta-Analytic Review." *Journal of Consulting and Clinical Psychology* 78 (2): 169 – 183. https://doi.org/10.1037/a0018555.

4. Hofmann et al., "Effect of Mindfulness-Based Therapy."

5. Creswell, J. D., Way, B. M., Eisenberger, N. I., & Lieberman, M. D. (2007). "Neural Correlates of Dispositional Mindfulness during Affect Labeling." *Psychosomatic Medicine* 69 (6): 560 – 565. https://doi.org/10.1097/PSY.0b013e3180f6171f.

6. Singer, Michael. (2007). *The Untethered Soul: The Journey Beyond Yourself* (Oakland, CA: New Harbinger Publications), 10; 마이클 A. 싱어, 이균형 옮김, 《상처받지 않는 영혼》(라이팅하우스, 2014).

7. Tolle, Eckhart. (1999). *Practicing the Power of Now: Essential Teachings, Meditations, and Exercises from* The Power of Now (Novato, CA: New World Library), 40.

8. Kini, P., Wong, J., McInnis, S., Gabana, N., & Brown, J. W. (2016). "The Effects of Gratitude Expression on Neural Activity." *NeuroImage* 128: 1 – 10. https://doi.org/10.1016/j.neuroimage.2015.12.040.

9. Whitaker, Holly. (2019). *Quit Like a Woman: The Radical Choice Not to Drink in a Culture Obsessed with Alcohol* (New York: Dial Press), 151.

10. Moody, L., in conversation with Glennon Doyle. (2020). "Glennon Doyle on Overcoming Lyme Disease, Hope During Hard Times, and the Best Relationship Advice." *Healthier Together* (podcast), August 19. https://www.lizmoody.com/

내 몸이 불안을 말한다

healthiertogetherpodcast-glennon-doyle.

11.  Urban, M. (@melissau). (2021). "Six real-life boundaries I have recently set, word for word." Instagram, March 23. https://www.instagram.com/p/CMx0fWwsLmN.

12.  Whitaker, *Quit Like a Woman*, 115.

13.  Collignon, O., Girard, S., Gosselin, F., Saint-Amour, D., Lepore, F., & Lassonde, M. (2010). "Women Process Multisensory Emotion Expressions More Efficiently Than Men." *Neuropsychologia* 48 (1): 220–225. https://doi.org/10.1016/j.neuropsychologia.2009.09.007.

14.  Marling, Brit. (2020). "I Don't Want to Be the Strong Female Lead." *New York Times Sunday Review*, February 7. https://www.nytimes.com/2020/02/07/opinion/sunday/brit-marling-women-movies.html.

## 13장

1.   Eschner, K. (2021). "The Story of the Real Canary in the Coal Mine." *Smithsonian*, December 30. www.smithsonianmag.com/smart-news/story-real-canary-coal-mine-180961570/.

2.   Chevalier, G., Sinatra, S. T., Oschman, J. L., Sokal, K., & Sokal, P. (2012). "Earthing: Health Implications of Reconnecting the Human Body to the Earth's Surface Electrons." *Journal of Environmental and Public Health*. https://doi.org/10.1155/2012/291541.

3.   Wilson, Sarah. (2018). *First, We Make the Beast Beautiful: A New Journey through Anxiety* (New York: Dey Street), 165.

4.   Thompson, D. (2021). "Workism Is Making Americans Miserable." *The Atlantic*, February 24. www.theatlantic.com/ideas/archive/2019/02/religion-workism-making-americans-miserable/583441/.

5.   Moore, K. (2014). "Millennials Work for Purpose, Not Paycheck." *Forbes*, October 2. www.forbes.com/sites/karlmoore/2014/10/02/millennials-work-for-purpose-not-paycheck.

6.   Vesty, L. (2016). "Millennials Want Purpose over Paychecks. So Why Can't We Find It at Work?" *The Guardian*, September 14. www.theguardian.com/sustainable-business/2016/sep/14/millennials-work-purpose-linkedin-survey.

7.   Bertino, J. (2017). "Council Post: Five Things Millennial Workers Want More Than a Fat Paycheck." *Forbes*, October 26. www.forbes.com/sites/forbescoachescouncil/2017/10/26/five-things-millennial-workers-want-more-

than-a-fat-paycheck.

8.  Thompson, "Workism."

9.  Wigert, B. (2020). "Employee Burnout: The Biggest Myth." Gallup, March 13. www.gallup.com/workplace/288539/employee-burnout-biggest-myth.aspx.

10. Brown, Brené. (@BreneBrown). (2015). "The danger of exhaustion as a status symbol and productivity as a metric for self-worth." Twitter, March 4. https://twitter.com/BreneBrown/status/573209964119867392.

11. Klein, E., in conversation with Anne Helen Petersen and Derek Thompson. (2019). "Work as Identity, Burnout as Lifestyle." *Vox Conversations* (podcast), December 26. https://podcasts.apple.com/us/podcast/work-as-identity-burnout-as-lifestyle/id1081584611?i=1000436045971.

12. McKeown, G. (2014). *Essentialism: The Disciplined Pursuit of Less* (New York: Random House), 8; 그레그 맥커운, 김원호 옮김, 《에센셜리즘》(RHK코리아, 2014).

13. Thompson, Derek. (2020). "How Civilization Broke Our Brains," review of *Work: A Deep History, from the Stone Age to the Age of Robots*, by James Suzman. *The Atlantic*, December 13. https://www.theatlantic.com/magazine/archive/2021/01/james-suzman-work/617266.

## 14장

1.  Shankar, A., Hamer, M., McMunn, A., & Steptoe, A. (2013). "Social Isolation and Loneliness." *Psychosomatic Medicine* 75 (2): 161–170. https://doi.org/10.1097/psy.0b013e31827f09cd.

2.  Alcaraz, K. I., Eddens, K. S., Blase, J. L., Diver, W. R., Patel, A. V., Teras, L. R., Stevens, V. L., et al. (2018). "Social Isolation and Mortality in US Black and White Men and Women." *American Journal of Epidemiology* 188 (1): 102–109. https://doi.org/10.1093/aje/kwy231.

3.  National Academies of Sciences, Engineering, and Medicine. (2020). "Risk and Protective Factors for Social Isolation and Loneliness," in *Social Isolation and Loneliness in Older Adults: Opportunities for the Health Care System* (Washington, DC: National Academies Press). www.ncbi.nlm.nih.gov/books/NBK557971/.

4.  Teo, A. R., Lerrigo, R., & Rogers, M. A. M. (2013). "The Role of Social Isolation in Social Anxiety Disorder: A Systematic Review and Meta-Analysis." *Journal of Anxiety Disorders* 27 (4): 353–364. https://doi.org/10.1016/

내 몸이 불안을 말한다

j.janxdis.2013.03.010.

5. Venniro, M., Zhang, M., Caprioli, D., Hoots, J. K., Golden, S. A., Heins, C., Morales, M., Epstein, D. H., & Shaham, Y. (2018). "Volitional Social Interaction Prevents Drug Addiction in Rat Models." *Nature Neuroscience* 21 (11): 1520 – 1529. https://doi.org/10.1038/s41593-018-0246-6.

6. ScienceDaily. (2013). "Socially Isolated Rats Are More Vulnerable to Addiction, Report Researchers." January 23. www.sciencedaily.com/releases/2013/01/130123165040. htm.

7. Katie, B., & Mitchell, S. (2002). *Loving What Is: Four Questions That Can Change Your Life* (New York: Harmony Books), 2.

8. Roelofs, K. (2017). "Freeze for Action: Neurobiological Mechanisms in Animal and Human Freezing." *Philosophical Transactions of the Royal Society, Series B, Biological Sciences* 372. https://doi.org/10.1098/rstb.2016.0206.

9. Abdulbaghi, A., Larsson, B., & Sundelin-Wahlsten, V. (2007). "EMDR Treatment for Children with PTSD: Results of a Randomized Controlled Trial." *Nordic Journal of Psychiatry* 61 (5): 34 – 354. https://doi.org/10.1080/08039480701643464.

10. Marcus, S. V., Marquis, P., & Sakai, C. (1997). "Controlled Study of Treatment of PTSD Using EMDR in an HMO Setting." *Psychotherapy: Theory, Research, Practice, Training* 34 (3): 307 – 315. https://doi.org/10.1037/h0087791.

11. Rosenberg, Marshall. (2015). "Requesting That Which Would Enrich Life," chap. 6 in *Nonviolent Communication: A Language of Life*, 3rd ed. (Encinitas, CA: PuddleDancer Press).

12. Burdette, H. L., & Whitaker, R. C. (2005). "Resurrecting Free Play in Young Children: Looking beyond Fitness and Fatness to Attention, Affiliation, and Affect." *Archives of Pediatrics & Adolescent Medicine* 159 (1): 46 – 50. https://doi.org/10.1001/archpedi.159.1.46.

13. Brown, S. L. (2014). "Consequences of Play Deprivation." *Scholarpedia* 9 (5): 30449. https://doi.org/10.4249/scholarpedia.30449.

14. Gray, P. (2011). "The Decline of Play and the Rise of Psychopathology in Children and Adolescents." *American Journal of Play* 3 (4): 443 – 463. https://www.psychologytoday.com/files/attachments/1195/ajp-decline-play-published.pdf.

15. Carmichael, M. S., Humbert, R., Dixen, J., Palmisano, G., Greenleaf, W., & Davidson, J. M. (1987). "Plasma Oxytocin Increases in the Human Sexual Response." *Journal of Clinical Endocrinology and Metabolism* 64 (1): 27 – 31.

https://doi.org/10.1210/jcem-64-1-27.

16. Blum, Kenneth, Chen, Amanda L. C., Giordano, John, Borsten, Joan, Chen, Thomas J. H., Hauser, Mary, Simpatico, Thomas, Femino, John, Braverman, Eric R., & Barh, Debmalya. (2012). "The Addictive Brain: All Roads Lead to Dopamine." *Journal of Psychoactive Drugs* 44 (2): 134 – 143. https://doi.org/10.1080/02791072.2012.685407.

17. Antonelli, M., Barbieri, G., & Donelli, D. (2019). "Effects of Forest Bathing (Shinrin-Yoku) on Levels of Cortisol as a Stress Biomarker: A Systematic Review and Meta-Analysis." *International Journal of Biometeorology* 63 (8): 1117 – 1134. https://doi.org/10.1007/s00484-019-01717-x.

18. Li, Q. (2019). "Effets des forêts et des bains de forêt (shinrinyoku) sur la santé humaine: Une revue de la littérature" [Effect of Forest Bathing (Shinrin-Yoku) on Human Health: A Review of the Literature]. *Santé publique* S1 (HS): 135 – 143. https://doi.org/10.3917/spub.190.0135.

19. Bratman, G., Hamilton, J., Hahn, K., Daily, G., & Gross, J. (2015). "Nature Experience Reduces Rumination and Subgenual Prefrontal Cortex Activation." *Proceedings of the National Academy of Sciences* 112 (28): 8567 – 8572. https://doi.org/10.1073/pnas.1510459112.

20. Berkowitz, R. L., Coplan, J. D., Reddy, D. P., & Gorman, J. M. (2007). "The Human Dimension: How the Prefrontal Cortex Modulates the Subcortical Fear Response." *Reviews in the Neurosciences* 18 (3 – 4): 191 – 207. https://doi.org/10.1515/revneuro.2007.18.3-4.191.

21. Chevalier, G., Sinatra, S. T., Oschman, J. L., Sokal, K., & Sokal, P. (2012). "Earthing: Health Implications of Reconnecting the Human Body to the Earth's Surface Electrons." *Journal of Environmental and Public Health*. https://doi.org/10.1155/2012/291541.

22. Kox, M., van Eijk, L. T., Zwaag, J., van den Wildenberg, J., Sweep, F. C., van der Hoeven, J. G., & Pickkers, P. (2014). "Voluntary Activation of the Sympathetic Nervous System and Attenuation of the Innate Immune Response in Humans." *Proceedings of the National Academy of Sciences of the United States of America* 111 (20): 7379 – 7384. https://doi.org/10.1073/pnas.1322174111.

23. Mäkinen, T. M., Mäntysaari, M., Pääkkönen, T., Jokelainen, J., Palinkas, L. A., Hassi, J., Leppäluoto, J., et al. (2008). "Autonomic Nervous Function during Whole-Body Cold Exposure before and after Cold Acclimation." *Aviation, Space, and Environmental Medicine* 79 (9): 875 – 882. https://doi.org/10.3357/

asem.2235.2008.

24. "Wim Hof Method." Accessed October 15, 2021. www.wimhofmethod.com.

25. Brown, Brené, interview with Barack Obama. (2020). "Brené with President Barack Obama on Leadership, Family and Service." In *Unlocking Us with Brené Brown* (podcast, 1:04),, December 7. https://brenebrown.com/podcast/brene-with-president-barack-obama-on-leadership-family-and-service.

## 15장

1. Wilson, Sarah. (2018). *First, We Make the Beast Beautiful: A New Journey through Anxiety* (New York: Dey Street), 297.

2. Gilbert, Elizabeth. (2018). "I AM WILLING." Facebook, June 6. https://www.facebook.com/227291194019670/posts/i-am-willingdear-onesthis-picture-of-me-and-rayya-was-taken-one-year-ago-today-t/1850682221680551.

3. Oprah Winfrey, W. interview with Elizabeth Gilbert. (2019). "Elizabeth Gilbert Says: I Came Here to Live a Life, Fully, All of It | SuperSoul Sunday." OWN (YouTube video, 2:01), June 6. https://www.youtube.com/watch?v=q8E1gKuwS7I.

4. Brach, Tara. (2021). "A Heart That Is Ready for Anything." *Tara Brach* (blog), May 15. http://blog.tarabrach.com/2013/05/a-heart-that-is-ready-for-anything.html.

# 찾아보기

내 몸이 불안을 말한다

내 몸이 불안을 말한다

옮긴이 **신유희**

텍사스주립대학교 화학과를 졸업하고 직장 생활을 하다가 책과 관련된 일을 하고
싶다는 오랜 꿈으로 번역가가 되었다. 글밥아카데미 수료 후 바른번역 소속 번역가
로 활동 중이다. 옮긴 책으로《인생을 운에 맡기지 마라》《전념》《제일 처음 굴을 먹
은 사람은 누구일까》《식탁 위의 미생물》《시간도둑에 당하지 않는 기술》《단식 모
방 다이어트》등이 있다.

# 내 몸이 불안을 말한다

**초판 1쇄 인쇄** 2023년 2월 14일
**초판 1쇄 발행** 2023년 2월 28일

**지은이** 엘런 보라
**옮긴이** 신유희
**펴낸이** 이승현

**출판2 본부장** 박태근
**W&G 팀장** 류혜정
**편집** 남은경
**디자인** 조은덕

**펴낸곳** ㈜위즈덤하우스   **출판등록** 2000년 5월 23일 제13-1071호
**주소** 서울특별시 마포구 양화로 19 합정오피스빌딩 17층
**전화** 02) 2179-5600   **홈페이지** www.wisdomhouse.co.kr

ISBN 979-11-6812-585-8 03180